I0820972

LOS NAZIS SABÍAN MI NOMBRE

LOS NAZIS SABÍAN MI NOMBRE

Magda Hellinger · Maya Lee
y David Brewster

Una historia real de supervivencia y coraje

Traducción de
Alejandra Ramos Aragón

Papel certificado por el Forest Stewardship Council®

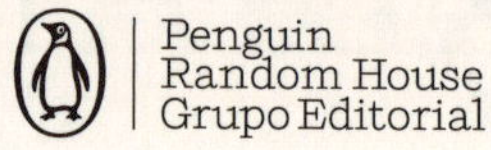

Título original: *The Nazis Knew my Name*

Primera edición: julio de 2025

Printed in Spain – Impreso en España

ISBN: 978-84-03-52538-2
Depósito legal: B-8.783-2025

Impreso en Black Print CPI Ibérica
Sant Andreu de la Barca (Barcelona)

AG25382

En memoria de mi madre, Magda Hellinger Blau.
Esta es la historia que ella siempre quiso contar.

Índice

SEGUNDA PARTE

MI MADRE SIGUE ADELANTE

Introducción

Muy pocos pueden entender lo que significó ser prisionero en Auschwitz-Birkenau. En realidad, solo quienes estuvieron ahí. Incluso menos personas pueden comprender lo que significaba que lo forzaran a uno a asumir el puesto de «prisionero funcionario» dentro de un campo de concentración. Ser funcionario era encontrarse en una posición en la que, si se era valiente y astuto, era posible salvar algunas vidas. Al mismo tiempo, sin embargo... uno se sentía siempre impotente, incapaz de evitar el asesinato sin tregua de quienes lo rodeaban. Ser funcionario significaba vivir con la consciencia permanente de que, en cualquier momento, podrías perder tu propia vida a manos de un guardia aburrido o contrariado, si este notaba que estabas siendo demasiado amable con un compañero prisionero, aunque lo único que trataras de hacer fuera conservar tu humanidad.

Aunque incluso dentro de su familia muy pocos conocían su historia, Magda Hellinger Blau, mi madre, fue ese tipo de prisionera.

Magda siempre fue un enigma. A pesar de todo lo que vivió, no era como muchos otros de los supervivientes del Holocausto que continuaron mostrando las cicatrices emocionales de su experiencia el resto de su vida. Ella siempre miraba hacia delante, era positiva y trabajadora. Cuando mi hermana y yo éramos pequeñas, de vez en cuando nos llegó a contar algunas historias de los campos de concentración y del peculiar puesto que ocupó ahí, pero siempre lo hizo de una manera mesurada y reservada, como cualquier madre contaría historias de su infancia y juventud en la granja en que vivió. No teníamos idea de lo que se ocultaba en sus narraciones. Tarde o temprano solo poníamos los ojos en blanco y decíamos: «Ay, ya, mamá, olvídalo».

Al final, escribió y reescribió su historia a mano sin decirle a nadie, ni a nosotras. En algún momento contrató a un joven para que transcribiera sus palabras y mecanografiara el manuscrito, y fue entonces cuando tuve la oportunidad de leer la historia. Sin embargo, para ese momento ya no le interesaba que le hicieran comentarios o pidieran explicaciones. En 2003, cuando tenía ochenta y siete años, llevó el archivo a una imprenta y ahí fabricaron un librito, luego organizó una presentación para apoyar a una asociación caritativa con la que colaboraba y vendió cierta cantidad de copias. Eso fue todo.

En los últimos años de su vida no habló para nada de su historia ni sobre el tema del Holocausto. Así fue hasta que murió, poco antes de cumplir noventa. A pesar de que todavía quedaba más por contar, estaba cansada del asunto y quería dejar atrás la pesadilla que significaba reunir sus recuerdos. Era como si el acto de escribirlos hubiera despejado su mente de las memorias y de cualquier resentimiento o trauma profundo. Volvió a ser la madre que conocíamos, la que solo pensaba en el futuro y tenía un propósito y planes.

No fue sino hasta que falleció que empecé a apreciar la complejidad de su historia. A finales de los ochenta y principios de los noventa proveyó testimonios en audio y vídeo para el Monumento Conmemorativo del Holocausto Yad Vashem, en Israel, el Museo Conmemorativo del Holocausto en Estados Unidos, el Centro Judío del Holocausto en Melbourne y, algunos años después, la Fundación Shoah de Steven Spielberg. Pasaron horas entrevistándola para estos proyectos, pero a nosotros no nos mencionó nada. Cuando vi y escuché las grabaciones, me di cuenta de que, debido a la prisa que tenía por imprimir su historia, omitió muchos detalles. Magda también omitió una gran cantidad de fuentes primarias que amplificaban su relato, entre ellas, los testimonios de las muchas mujeres cuyas vidas salvó manipulando con delicadeza a los nazis. A medida que ahondé en la historia me fui percatando de que en su libro solo había contado un fragmento.

Desde que murió me he comprometido con la tarea de entender mejor lo que vivieron Magda y las personas que la rodearon. Así descubrí la historia única y notable de una mujer que tuvo una perspectiva cercana y peculiar de las SS y de sus asesinatos, sus mentiras y sus engañosos trucos, pero que, de alguna manera, encontró la fuerza interior necesaria para ponerse por encima de la crueldad y el horror del campo de concentración más importante de los nazis, y salvarse a sí misma y a cientos de otras personas en un periodo infernal de tres años y medio.

Se ha escrito muy poco sobre la gente como Magda, es decir, sobre quienes fueron prisioneros, pero también ocuparon algunos puestos por orden de las SS, y estuvieron a cargo de otros: los llamados «prisioneros funcionarios» de los campos de concentración. Lo que se ha escrito suele enfocarse en los *Kapos*: personas con una responsabilidad específica sobre los grupos de trabajo o *Kommandos* que desarrollaban una labor esclavizante para las SS. La mayoría de los *Kapos* eran prisioneros alemanes: criminales más insensibles de lo común, conocidos por su enorme crueldad. Por desgracia, esta reputación provocó que la gente estigmatizara a otros prisioneros funcionarios y los considerara iguales a los *Kapos*. A lo largo de los años algunos sobrevivientes han descrito a Magda de manera equivocada y la han juzgado injustamente solo porque ocupó el puesto de funcionaria. La mayoría de las acusaciones se han basado en rumores para denunciarla y condenarla. En los primeros años tras el Holocausto, los judíos trataron de cuestionar a quienes ocuparon puestos como el de Magda, porque necesitaban alguien a quien culpar. Ella y muchos más fueron acusados de colaborar con los nazis. Esta cultura del señalamiento ha provocado que la mayoría de quienes fueron prisioneros funcionarios se mantengan en silencio para evitar que haya más acusaciones.

Sin embargo, juzgar a Magda o a cualquiera de los otros funcionarios es ignorar el hecho de que, cada vez que actuaron para salvar a alguien más, pusieron en riesgo su propia vida. Es necesario que contemos sus historias.

Magda nunca esperó el agradecimiento de las personas a las que les salvó la vida, solo quería que reconocieran que hizo todo lo que pudo en medio de una situación aterradora. Lo que sí quería, como muchos otros sobrevivientes, era responsabilizar a quienes negaban el Holocausto. Según sus propias palabras: «A menudo he deseado tener la oportunidad de preguntarle a esa gente por qué niega mi sufrimiento, por qué nos desacreditan, a mí y a millones más. ¿Acaso no sufrimos lo suficiente para, ahora, tener que escuchar sus negaciones?». Y, al igual que muchos otros, también quería asegurarse de que el Holocausto nunca se repitiera.

> Me dirijo a ustedes, lectores, padres, maestros, profesores, científicos, sacerdotes, rabinos. Eduquen a los niños y al público en general respecto a los horrores perpetrados a todas las naciones bajo el régimen nazi, no solo al pueblo judío... No puedo deshacer lo que me hicieron a mí y a un sinnúmero de personas más. Todas las noches, al cerrar los ojos, me despiertan el tormento y las pesadillas. Quiero contar mi historia para que ustedes y otros se fijen como propósito garantizar que las raíces de ese mal no vuelvan a llegar a campos fértiles donde puedan extenderse.

En un principio, Magda escribió su historia según la recordaba. En su mente tenía claros los sucesos y la manera en que lidió con los monstruos de las SS y con sus compañeros prisioneros. Ahora que yo vuelvo a relatarla e intento llenar los huecos del panorama de lo que fue vivir en Auschwitz-Birkenau durante los años que ella estuvo encarcelada, he tratado de ser lo más fiel posible a sus recuerdos y, al mismo tiempo, añadir los detalles necesarios para ofrecer un recuento honesto y legítimo. Además de los escritos y los testimonios que grabó Magda, he tomado información de las crónicas de algunos supervivientes que la conocieron, de otros que ocuparon puestos similares como funcionarios y del trabajo de varios académicos. En los instantes en que la verdad no es del todo clara, como los que suelen surgir con frecuencia en relatos como este, he permitido que Magda cuente su versión de la manera que siempre lo hizo, a partir de su recuerdo. Esto sucede en particular con las interacciones personales: los diálogos recreados en este libro aparecen tal como Magda los escribió o los narró en sus propios testimonios, y solo fueron editados para esclarecerlos cuando era necesario.

Para finalizar esta introducción, me gustaría compartir un extracto de una carta abierta escrita por la doctora Gisella Perl, sobreviviente de Auschwitz. Este documento fue publicado en Tel Aviv el 28 de julio de 1953 bajo el título «Magda, la *Lagerälteste* del *C Lager*». Apareció en el periódico *Új Kelet*, en lengua húngara. La doctora Perl era una ginecóloga rumana judía cuya familia fue separada y deportada a varios campos de concentración en 1944. Tiempo después publicaría su propia crónica de lo que sucedió en los campos bajo el título *I Was a Doctor in Auschwitz* (Fui médica en Auschwitz). La carta fue escrita poco después de que la doctora se reuniera con Magda Hellinger en Israel por casualidad.

> Solo llevamos algunas semanas en Auschwitz-Birkenau. En aquel entonces solo lo intuí, pero ahora estoy segura. Nosotros, numerados o no, nosotros, seres degradados, bestias humanas, no teníamos idea, no comprendíamos lo que sucedía a nuestro alrededor. ¿Qué era cierto? ¿Qué era falso? ¿A quién creerle? ¿Quién dirige este infierno? ¿Qué reglas y normas gobiernan el destino a cada minuto, a cada hora?
>
> Sencillamente no lo sabemos. Yo no lo sabía.
>
> He sido prisionera durante seis semanas. Estuve de pie, vestida en andrajos cuando pasaron lista, y observé. Miré y observé. En el campo había algunos prisioneros a cargo, y había una a la que llamaban *Lagerälteste*.

Comencé a observarla. La vi a través de mi mirada clínica, es decir, como si fuera psicóloga. Debajo de los rasgos endurecidos, de ese rostro rígido que se imponía a sí misma, vi el miedo en sus ojos, el tremor de sus dedos y el pulso aterrado de las venas en su cuello cada vez que los prisioneros pasaban frente a una o un oficial de las SS.

—¿Quién es ella? —pregunté.

Una noche fui a ver a la *Lagerälteste*, su nombre era Magda.

—¿Quién es usted? —me preguntó—. ¿Y qué quiere?

—Soy médica. Quisiera conseguir un par de zapatos y hablar con usted —dije agitada y mirando en otra dirección.

—Vamos, siéntese. Le daré los zapatos, pero primero hablaremos porque veo que es usted una persona inteligente.

Cuando Magda habló, me reveló las complejas y enrevesadas leyes del infierno de Auschwitz-Birkenau. Me contó los horrores de las cámaras de gas, los crematorios, el Bloque 10 de experimentos, los horrores del comando de «castigo» y otras instituciones. Han pasado diez años y no creo que la gente pueda imaginar que todo eso existió, a pesar de que no sucedió hace tanto tiempo. No podrían imaginar que cientos de polacos y millones de judíos fueron asesinados de esa manera tan sádica.

Magda habló y susurró, su expresión fue cambiando minuto a minuto. A los rígidos gestos de su rostro los sustituyeron surcos desbordantes de lágrimas.

—Siempre eligen a algunas personas de nuestro grupo, muy a capricho, sin alguna razón en particular. Luego los colocan en los mal llamados «puestos de liderazgo» para que sean el vínculo entre los asesinos y las víctimas. ¿Por qué? ¿Para qué? No tenemos idea. Lo único que sabemos es que somos responsables. Somos responsables de todo lo que no le agrada a las SS. Créame, es muy difícil.

Continuó hablando con la cabeza agachada.

—Usted es médica. ¡Tenga cuidado! No lo olvide, tenga cuidado y no lo olvide. Todo lo que le digan los alemanes será mentira. Siempre hay algo maligno detrás. Aquí tiene los zapatos. Venga cuando pueda y hablaremos de varias cosas. Usted y yo podemos ayudar mucho.

Esa fue mi primera reunión con Magda. Así fue como me reveló el horror. La observé un año y sentí pena por ella todo ese tiempo. Cada vez que yo tenía problemas la visitaba, y ella siempre me ayudaba.

Lo supe entonces y lo sé ahora: ser *Lagerälteste* era un destino amargo, mantener juntos a entre treinta mil y cuarenta mil seres humanos degradados al nivel de bestias para asegurarse de que prevaleciera el orden y, al mismo tiempo, obedecer las diabólicas órdenes de los supervisores de las SS…

[…] nuestra *Lagerälteste*, nuestra Magda, era una persona recta. Luchó como una mujer honrada. Agradezco a la providencia que fuera así, que creyera y tuviera fe en que algún día volveríamos a ser humanos. Que nos ayudara en todo lugar y momento con su amabilidad, que nos defendiera y nos salvara, a veces con rudeza, a veces sonriendo, a veces frunciendo el ceño.

Siento que con este testimonio estoy pagando una deuda de gratitud en nombre de muchísimos prisioneros —y, sin duda, a título personal— con quienes Magda, la *Lagerälteste* de Auschwitz-Birkenau, fue siempre amable.

Espero que la historia de Magda sea una inspiración en un mundo en el que, a pesar de las condiciones más horrorosas, desafiantes e inhumanas, lo mejor del espíritu humano triunfe y sobreviva.

MAYA LEE

PRIMERA PARTE

LA HISTORIA DE MAGDA

1

Orígenes

Me senté en una limusina negra tan reluciente como un espejo. A mi lado estaba el *Hauptsturmführer* Josef Kramer, comandante del campo de concentración nazi Auschwitz II-Birkenau. Vestía el imponente uniforme verde grisáceo de las SS, incluyendo el gorro con el amenazante símbolo *Totenkopf* al frente de la banda: el cráneo y las tibias cruzadas.

Era mayo de 1944.

Kramer acababa de llegar a Birkenau, pero lo precedía su reputación como uno de los comandantes más notables de las SS. Era un hombre enorme, medía más de un metro ochenta y sus manos eran particularmente grandes. Según los rumores, había matado a más de un prisionero sin más arma que esas mismas manos. En los siguientes dos meses supervisaría la llegada de cerca de cuatrocientos treinta mil judíos húngaros hacinados en vagones de ferrocarril, y luego controlaría la ejecución por gaseo de más de tres cuartos de los recién llegados, en las fábricas de la muerte del campo. Fue la época en que la población de Auschwitz alcanzó su nivel más elevado, y también fue el apogeo del exterminio. De las cerca de un millón de víctimas de los campos de Auschwitz durante la Segunda Guerra Mundial, aproximadamente la mitad moriría en ese breve periodo bajo las órdenes de Kramer.

Yo era prisionera. Por alguna razón, había sobrevivido más de dos años en el campo de la muerte Auschwitz-Birkenau. Sobreviví a la enfermedad y la inanición, a crueles castigos y al abuso. Por lo menos en tres ocasiones me salvé por poco de ser enviada a las cámaras de gas. En el antebrazo izquierdo me marcaron con un tatuaje que se convirtió en mi nombre para la mayoría de los guardias de las SS: «2318», *dreiundzwanzig achtzehn.* Sin embargo, fui una de las poquísimas prisioneras a las que algunos, incluso Kramer y otros oficiales de mayor rango, llamaban por su propio nombre: Magda.

La limusina de Kramer recorrió la corta distancia hasta lo que se llegaría a conocer como el «*C Lager*», Campo C o, de manera oficial, sector B-IIc: una prisión que acababan de terminar de construir en el interior del complejo Birkenau. Cuando llegamos a la puerta principal, el vehículo se detuvo y salimos de él. Frente a mí se extendían dos hileras paralelas de edificios idénticos tipo barracas de madera, rodeados de altas cercas electrificadas. A los lados había dos «campos» idénticos. La repetición era siniestra y parecía infinita.

Kramer me miró desde lo alto.

—Aquí estará usted, *Lagerälteste* —dijo.

Lagerälteste. La de mayor edad del campo. «Supervisora» del campo. El pináculo de la estrambótica jerarquía de los mal llamados «prisioneros funcionarios». Sin dejarme opinar siquiera, me eligieron para hacerme cargo de las treinta mil compañeras prisioneras que acababan de llegar. Mi trabajo consistiría en coordinar la distribución de alimentos y la higiene en esta serie de treinta barracas. Cada una habría servido como un establo para albergar con comodidad a cuarenta caballos, pero, en lugar de eso, ahora iban a hacinar a mil mujeres. Y yo sería responsable de garantizar que todas salieran cada mañana, al amanecer, y luego de nuevo por la tarde, a formarse en ordenadas filas de cinco y permanecer ahí, por horas en algunas ocasiones, para que se realizara la *Zählappell* o pasaje de lista. Cualquier contratiempo o mal comportamiento de la prisionera, cualquier ausencia para este evento, y la *Lagerführerin*, líder SS del campo, Irma Grese, o alguna de sus guardias, me culparía a mí en primer lugar. Cualquier oficial ebrio o contrariado de las SS podría enviarme por capricho a las cámaras de gas si llegara a sentir que fallé en mis responsabilidades. Cualquier problema de higiene, cualquier brote de enfermedad bajo mi supervisión, y a mí y a mis treinta mil prisioneras del Campo C nos podrían hacer pasar «por la chimenea».

Contemplé la escena entrecerrando los ojos. Impasible ante la persistente y acre neblina que se originaba como humo desde las altas chimeneas de ladrillo que apenas se alcanzaban a ver a pesar de no estar tan lejos. ¿Impasible? Esa era la emoción que me permitía mostrarle a Kramer, pero en el fondo trataba de contener una tormenta de sentimientos, una versión amplificada de lo mismo que había sentido todos los días en los últimos dos años. Miedo, el mismo con el que vivían todos los prisioneros. Día tras día. Temor por las miles de vidas que sabía que se perderían sin importar lo que yo hiciera, y determinación para continuar la misión que creía tener: salvar cuantas pudiera a pesar de todo.

Uno de mis primeros recuerdos es el de la confrontación con un hombre uniformado. Es uno de esos recuerdos que no estoy segura de que en verdad sea mío porque únicamente tenía tres años. Tal vez solo recuerdo la historia. El vestido rojo brillante en el centro del relato, la prenda a la que, con la necedad de una niña de tres años, me negaba a renunciar a cambio de otra ropa, ignorando todo ese tiempo la conmoción que se vivía en la casa de al lado. Nada de esto habría sido un verdadero problema, excepto por el hecho de que, en aquel tiempo, mezclar el judaísmo con el color rojo era peligroso.

Era 1919, dos años después del ascenso al poder de los comunistas revolucionarios bolcheviques en Rusia bajo su bandera roja. Checoslovaquia, la flamante democracia producto del colapso posguerra del Imperio austrohúngaro, era uno de los países aliados y comprometidos a derrocar a los bolcheviques. A medida que el sentimiento anticomunista aumentó, la cacería de quienes eran considerados simpatizantes de los comunistas también se extendió en buena parte de Europa. Asimismo, empezó a gestarse una teoría de conspiración que culpaba a los judíos de haber empezado la Revolución rusa, la cual provocó que muchos fueran culpados de dicho «crimen».

Michalovce, nuestro pueblo natal, estaba en el extremo este de Checoslovaquia. Ahí circulaban rumores de que los judíos serían ejecutados por ser comunistas. Una delegación de judíos del pueblo se acercó al señor Elefant, vecino nuestro y ciudadano prominente. Le imploraron que les ofreciera seguridad. El señor Elefant estuvo de acuerdo en ocultarlos, pero en cuanto los rumores de su resistencia llegaron a los oficiales checos de alto nivel, le ordenaron que los entregara. Él se negó, así que los oficiales irrumpieron en su casa, reunieron a todas las personas que se escondían ahí, y les ordenaron salir y pararse junto a un muro para ejecutarlos.

En nuestra casa yo mantuve mi propia resistencia y, después de un rato, tal vez distraída por el barullo de la casa de junto, mi madre cedió y me permitió ponerme mi vestido favorito. Unos instantes después, uno de los oficiales checos entró intempestivamente a nuestra casa para buscar a más judíos comunistas, y lo primero que vio fue el rojo brillante de mi atuendo. Al oficial lo seguía de cerca el señor Elefant, quien continuaba suplicando por la vida de los judíos.

Sin percibir el temor que se extendía en la sala, mi mirada se fijó en los brillantes botones y demás parafernalia del uniforme del oficial. Extendí ambos brazos y, de forma recíproca, él me levantó en los suyos. Parloteé y le hice preguntas típicas de un bebé mientras jugaba con los botones y acariciaba su serio rostro.

El señor Elefant y mi madre se quedaron petrificados. Poco después, el oficial me dio unas palmaditas en la mano, me bajó, se despidió del señor Elefant, reunió a sus colegas y partió.

—Lo siento, señor Elefant —dijo mi madre sollozando—. Yo no quería que se pusiera el vestido rojo, pero ella insistió.

—No hay problema —dijo nuestro vecino—. Esta pequeña distrajo al oficial y salvó la vida de estos pobres judíos aterrados.

Nací tres años antes, el 19 de agosto de 1916. Fui la segunda hija y única niña de Ignac y Berta Hellinger.

Los primeros recuerdos que tengo de mi madre son los de una joven feliz que se la pasaba cantando fragmentos de las óperas a las que asistió en Budapest cuando era niña. Teníamos un gran jardín que siempre estaba lleno de fruta y verduras, y, en el verano, mi madre se levantaba temprano para cosechar patatas, maíz, tomates… lo que hubiera de temporada. Cuando yo era niña, a veces trepaba los árboles frutales para recoger los mejores frutos. A veces encontraba el desayuno en uno, el almuerzo en otro y la cena en un tercer árbol. Mi madre siempre estaba cocinando u horneando nuestro pan y el *challah*, un pan trenzado que se preparaba para el *sabbat*. Gracias al jardín, siempre teníamos bastante comida, y mi madre la compartía con nuestros vecinos sin siquiera pensarlo. Si alguien necesitaba algo, dejaba cualquier cosa que estuviera haciendo para ir a ayudar.

Un día, siendo todavía muy pequeña, fui a casa de una de mis amigas y noté que la estufa estaba fría y no se estaba cocinando nada. Le conté a mi madre cuando volví a casa, y ella interrumpió los preparativos para el *sabbat*.

—¡Mañana es *sabbat* y no tendrán nada que comer! —dijo—. Vamos a llevarles alimentos para que puedan cocinarlos.

Cuando salimos, me explicó un detalle importante.

—La señora Finfitter es una mujer muy agradable, pero demasiado orgullosa para aceptar comida. Voy a entrar y a hablar con ella, y, mientras tanto, tú dejarás los alimentos en su cocina.

Cuando dejé la bolsa con las piezas de pollo, la manteca y el azúcar en la banca de la cocina de los Finfitter, sentí un discreto orgullo.

En otra ocasión, una compañera de juegos me dijo que su familia comía pan sin mantequilla y que no tenían leche. Su padre padecía tuberculosis, y solo una de sus hermanas mayores trabajaba. Corrí a casa y le conté la historia a mi madre. Ella me envió de vuelta con azúcar, mantequilla, leche y algunas piezas de ganso para preparar una sustanciosa sopa.

Cuando tenía veintitantos años, mi padre, uno de dieciséis hermanos, cambió de carrera: dejó de ser contador para volverse profesor. Poco después de que el maestro de historia judía de nuestro pueblo falleciera, papá solicitó el puesto y fue aceptado, pero antes de ocuparlo, empezó a viajar mucho para visitar lugares sagrados y estudiar nuestra historia. Poco después de haberse establecido como maestro, le propuso matrimonio a Berta, quien tenía entonces diecisiete años. Al principio, papá enseñaba en la única escuela judía de Michalovce, pero con el paso de los años el pueblo creció y surgieron nuevas escuelas estatales sectarias en las que también pudo dar clase. Asimismo, comenzó a dar clases de alemán porque conocía bien el idioma y porque se puso de moda; a mí también me enseñó, pero ni él ni yo imaginamos lo útil que me sería más adelante. Luego empezó a dar clases a adultos que no sabían ni leer ni escribir, y su gentileza y generosidad como maestro les permitió a los alumnos superar la vergüenza que les causaba su analfabetismo. Como su labor de profesor exigía mucho tiempo, a veces iba a casa a comer por las noches y regresaba a trabajar. Ignac era apreciado en Michalovce y tenía buenos contactos, conocía en persona al alcalde, el señor Alexa, y aunque era un judío religioso, con frecuencia hablaba con los líderes de las Iglesias ortodoxa griega y católica del pueblo. Todos estos prominentes ciudadanos estaban de acuerdo con el principio de la libertad de credo, y pensaban que los judíos y los cristianos deberían poder vivir en el mismo lugar y en paz.

Yo tenía cuatro hermanos: Max era mayor que yo, pero Ojzer, Yankel y Arje, eran más pequeños. Excepto por Arje, la mayor parte del tiempo yo no tenía gran cosa que hacer con ellos porque se iban temprano por las mañanas para asistir al *jéder* y aprender historia y religión judías antes de ir a la escuela. Mi amiga más cercana era Marta, una huérfana que tenía más o menos la misma edad que yo y vivía con nosotros. Su nombre hebreo era Jaffa. Perdió a su padre en la guerra, y luego su madre y su abuela murieron de tristeza. Entonces su abuelo tuvo que hacerse cargo de ella, pero era una tarea demasiado pesada y él era un anciano. Por eso mis padres la adoptaron. Marta y yo crecimos como hermanas.

Además de nosotros siete y de Marta, en nuestra casa con frecuencia alojábamos a estudiantes del internado que no podían viajar de vuelta a su hogar el viernes antes del *sabbat*. Y como no era aceptable que una joven soltera viviera sola, en la semana también residía con nosotros una costurera de otro pueblo que nos confeccionaba hermosos vestidos a mi madre y a mí. Luego estaban los invitados adicionales a nuestra mesa los viernes por la noche para el *sabbat* o para celebrar los días judíos sagrados; podían ser amigos visitantes de la escuela o familias necesitadas. Por suerte, en nuestra casa había bastante espacio, mi padre la construyó y luego fue añadiendo una habitación tras otra como se fue necesitando. Los sábados visitábamos a los miembros de la numerosa familia extendida Hellinger en todo Michalovce para desearles *Sabbat Shalom*: *sabbat* de paz.

Vivíamos en un vecindario muy agradable con muchos niños, judíos y no judíos; también teníamos cerca a muchos parientes. En la casa de al lado vivía una niña no judía, pero su padre colocó una puerta en la verja para que ella, Marta y yo pudiéramos entrar y salir corriendo de su jardín y del nuestro. Nos juntábamos con otro grupo de niñas y siempre teníamos actividades. Montábamos obras de teatro, cantábamos y bailábamos, o jugábamos. A veces los chicos se nos unían también.

Yo disfrutaba mucho de la escuela y me iba muy bien. En algún momento incluso les di clases a mis compañeros por las tardes, uno de ellos era hijo del alcalde. No era un estudiante muy dedicado, pero nos volvimos buenos amigos y logré ayudarlo a concentrarse un poco más. En una ocasión, ambos preparamos un discurso como parte de las celebraciones del cumpleaños del respetado presidente checo Tomáš Garrigue Masaryk, el 7 de marzo. Todo el pueblo estuvo presente y el alcalde se sintió muy orgulloso de ver a su hijo en esa situación.

Teníamos una vida muy plena y gozábamos de la libertad que nos brindaba el hecho de crecer en un ambiente sano y de abundancia.

Mi padre estaba orgulloso de su herencia judía. En lugar de los tradicionales cuentos infantiles para antes de dormir, me sentaba junto a él y me contaba relatos de nuestra historia. Con el tiempo, sus narraciones plantaron en mí las semillas de la pasión por el sionismo, la cual creció aún más durante mi adolescencia, cuando un maestro hebreo polaco llegó a nuestra escuela.

En ese momento yo no hablaba nada de hebreo, pero cuando conocí a ese maestro, volví a casa y le conté a mi padre acerca de mi día.

—Hoy llegó a la escuela un señor muy agradable y nos enseñó a decir *Lo sham* —dije. Mi padre se rio.

—Creo que quieres decir *Shalom.*

—Ah, sí, eso —dije—: *Shalom.*

El maestro empezó a organizar algunas actividades después de clases, como un taller de teatro y canto, y más adelante nos presentó el *mo'adon*, una especie de club juvenil sionista. Yo lo disfruté mucho y en poco tiempo llegué a involucrarme mucho. Poco después, mi entusiasmo fue reconocido, y me dieron el puesto de *menahélet* de los niños pequeños, es decir, organizadora líder. Ahora era yo quien les contaba a ellos los relatos de la historia judía, y quien divulgaba la idea de que algún día los judíos tendríamos nuestra propia tierra, nuestro hogar. Pocos años después llegué a ser *menahélet* de niños mayores y, más adelante, de todo el *mo'adon.*

No tardé mucho en aprender que cuando una organización encuentra a alguien entusiasta y capaz, aprovecha y hace uso de sus habilidades y capacidades. Me involucré en el movimiento juvenil sionista Hashomer Hatzair, al que nos referíamos como los «scouts judíos». Poco después ya estaba muy ocupada con este tipo de actividades: ayudando a organizaciones como Keren Hayesod y Keren

Kayemet LeIsrael, las cuales recaudaban fondos para ayudar a los judíos a establecerse en lo que más adelante sería Israel.

Me volví buena para organizar a la gente y nunca me faltó *chutzpah* —confianza o desenfado— para pedirle ayuda a gente mucho mayor que yo. A pesar de que todavía era adolescente, viajé para establecer una filial de Hashomer Hatzair en el pueblo de Trenčín, a unos cuatrocientos kilómetros, en la zona oeste de Eslovaquia. Ahí me reuní con tres simpáticos concejales locales que no eran judíos, así que solo les dije que iba a establecer un nuevo movimiento scout para la comunidad. Sugerí organizar un evento para recaudar fondos y erigir un asta para ir mostrando con marcas las donaciones que se fueran acumulando. Durante la inauguración le daríamos a la gente un clavo dorado y una etiqueta con su nombre para que cada persona pudiera marcar su donación añadiendo el clavo al asta. A los concejales les impresionó la idea y ofrecieron generosas donaciones personales, las cuales resultaron muy útiles porque después pude acercarme a miembros de la comunidad judía local y hablarles de las donaciones de estos tres gentiles. Por supuesto, ellos tendrían que donar más dinero que los no judíos, así que obtuve contribuciones más generosas de su parte. Luego me puse en contacto con una maestra local de costura para que donara tela para confeccionar una bandera y que sus alumnas bordaran nuestro emblema en ella. También convencí a los herreros locales de que fabricaran los clavos. Organizamos una formidable ceremonia de izamiento que fue todo un éxito, y así nació la nueva sucursal de scouts.

También organicé muchas fiestas Purim y Janucá, así como bailes para recolectar fondos. En uno de ellos, cuando todavía tenía unos dieciséis o diecisiete años, se acercó un caballero y me invitó a bailar. Le dije que yo no bailaba, lo cual era hasta cierto punto verdad porque Hashomer Hatzair no creía en bailar a menos de que fuera la hora, es decir, la versión judía del tradicional baile de Europa del Este, en el que la gente se toma de las manos y forma un gran círculo. El hombre fue a hablar con el líder de la organización para la que estábamos recaudando el dinero y le dijo que, si yo bailaba con él, haría una donación. De todas formas, me negué y dije que no bailaría con nadie. Entonces el precio aumentó más y más, hasta que el líder dijo: «Mira, si el señor va a donar tanto, ¿por qué no bailas con él? ¿Qué pasaría si le concedieras solo un baile?». Así que bailé, ¡pero a él le salió carísimo!

A los diecisiete años también fui al *hakhshara* o «preparación». Se trataba de un programa de entrenamiento para que los jóvenes sionistas aprendiéramos el tipo de habilidades manuales que necesitaríamos en Israel, en especial en los *kibutz*. Yo fui a Bratislava y trabajé en una fábrica de revestimientos que pertenecía a un hombre judío apellidado Wolf. Sin embargo, por alguna razón yo era la única persona judía en el lugar. De hecho, los compañeros me intimidaban un poco porque desde el principio siempre usé ropa bonita en lugar de prendas de trabajo como todos los demás. En algún momento incluso decidí usar la ropa de trabajo, pero continuaron acosándome. Así descubrí que, para sobrevivir en un ambiente hostil, solo tenía que mantenerme alejada y trabajar con mucho ahínco. Por eso siempre estaba corriendo de un lado a otro.

Como muchos padres e hijas, papá y yo tuvimos un sinfín de debates a lo largo de mi juventud. Discutíamos sobre todo respecto al sionismo. En ese momento, la religión tradicional *yiddishe gemeinde*, o congregación yídish, consideraba que el movimiento sionista buscaba establecer una forma de nacionalismo sectario que tenía muy poco que ver con la fe judía. El nacionalismo en Europa ya había provocado la Gran Guerra, y ahora volvía a tener efervescencia en todo el continente. Aunque mi padre apoyaba a la causa sionista, también sabía que era necesario ser cauteloso, quizá no promoverla con demasiado fervor, y, en algún momento, fue obvio que yo había desarrollado una visión distinta.

—Es esencial que trabajemos, nos organicemos y viajemos a Palestina para empezar de nuevo. Cuando tengamos nuestro nuevo Estado, será necesario que alguien esté ahí —solía decirle.

Nuestros debates eran intensos y a veces hasta ruidosos, pero, por suerte, éramos suficientemente inteligentes para, a fin de cuentas, respetar la opinión del otro.

El sionismo, sin embargo, no fue suficiente para calmar mi energía. En una ocasión, cuando tenía dieciséis o diecisiete años, Marta y yo llegamos a la conclusión de que Michalovce necesitaba un jardín de niños para entretener a los más pequeños del pueblo durante las prolongadas vacaciones de verano. Por supuesto, no teníamos dinero ni un lugar para instalar nuestro pequeño negocio, así que nos acercamos a una prominente dama, ya mayor, de nuestra comunidad. Le llamaban Gleich Mamma. Gleich Mamma era el tipo de persona que se interesaba profundamente en los problemas de los demás y los hacía propios, por eso se convirtió en una especie de tía adoptiva para varios niños en nuestro pueblo. También tenía contactos que servían para que las cosas sucedieran. Nos dijo que conocía a una persona que se iba a casar en tres meses, pero, mientras tanto, la casa que había comprado estaría vacía. Sería perfecta para nuestro proyecto porque todavía no habían construido el jardín, así que podríamos tener un arenero. Como el dueño de la casa era fabricante de muebles, Gleich Mamma le pidió que hiciera algunas mesitas y sillas para nuestro plan. Luego nos ayudó a ponernos en contacto con las tiendas locales, y así reunimos donaciones de juguetes, libros y alfombras. Amueblamos el salón más grande de la casa para que fuera nuestro jardín de niños, y muy pronto estuvimos listas para comenzar. Dimos una vuelta por el pueblo y les dijimos a los padres interesados que podríamos recoger a sus niños por la mañana y llevarlos de vuelta a casa por la noche. La primera mañana descubrimos con alegría que cuarenta niños nos esperaban fuera de sus casas gritando nuestros nombres en hebreo: «Malka, Yaffa». Como si fuéramos las flautistas de Hamelín, reunimos a todos y caminamos hasta nuestro jardín de niños; seguimos haciéndolo durante todas las vacaciones a cambio de un pago por parte de los padres. Nos daban lo que podían, pero eso bastó para cubrir una parte de la renta y el coste de la arena, entre otras cosas.

Para realizar todas estas actividades, y en especial las de Hashomer Hatzair, dependí mucho de mi madre. Al principio, cuando yo todavía era muy joven, ella me llevaba a las juntas y me recogía por la noche.

—Creo que ni el gobierno organiza tantas reuniones —solía decir—. Siempre estás demasiado ocupada.

En una ocasión, cuando asistimos al *kever avot*, una fecha anual en la que la familia extendida se reunía para orar en el cementerio donde estaban nuestros ancestros, escuché a mi madre quejarse con su hermana.

—Mi hija siempre está muy ocupada con esto y aquello, y con las asociaciones Keren Hayesod y Keren Kayemeth, y todo lo demás. Sea lo que sea, siempre tiene que involucrarse.

—No puede evitarlo, es su misión en la vida —explicó mi tía—. ¿Acaso el rabino Belzer no dijo que tenía una misión? Sé paciente, es una chica inteligente y fuera de lo común, y está haciendo muchas buenas acciones. Acéptalo. No puede evitarlo, es su destino.

Yo no sabía de qué hablaba mi tía, pero me dio gusto que me respaldara. Y la verdad es que, incluso si no siempre me apoyaron con entusiasmo, mis padres solían aceptar todo lo que yo quería hacer.

En uno de mis viajes con Hashomer Hatzair para organizar actividades, me alojé en la casa del médico del pueblo, el doctor Tomashov, y su mujer. Era un hombre de bastante edad con una personalidad peculiar; era popular porque sabía tratar la gota que, por aquel entonces, era muy común. Recuerdo que tenía una máquina de escribir que aprendí a usar para hacer listas y programas, e incluso el libreto de una obra de teatro que interpretaría un grupo de niños.

Un año después, el doctor Tomashov me escribió y me preguntó si me gustaría trabajar con él y aprender algo sobre medicina. La idea era que fuera su asistente para que su mujer pudiera retirarse.

Durante mucho tiempo me agradó la idea de ser médica, y ahora tenía diecinueve años y estaba tratando de elegir una carrera, así que acepté su oferta y volví a mudarme a su casa. Me envió al hospital para que aprendiera algunos rudimentos, pero también me encargué de mecanografiar todos sus documentos y aprendí a hacer cosas como vendar heridas. Estuve muy ocupada en esa época. La mujer del doctor se fue por una temporada y, como no teníamos tiempo para cocinar, él y yo solíamos comer en un restaurante cercano.

Un día recibí una carta de una amiga de mi pueblo. Decía que había escuchado rumores: Gleich Mamma comentó que el doctor Tomashov se había enamorado de mí, y que quería divorciarse de su mujer para casarse conmigo. Me quedé pasmada. Me parecía ridículo, empezando porque era mucho mayor que yo. De hecho, me parecía tan indignante que, después de mucho pensarlo, llegué a la conclusión de que la única manera de lidiar con el rumor era preguntando.

Esa noche, mientras cenábamos en el restaurante, le hablé de la carta y de los chismes. Al escuchar esto, dejó caer sus cubiertos y se me quedó mirando hasta que terminé de hablar.

—Lo lamento, pero yo nunca podría hacer eso —le dije.

Poco después, cuando regresó su mujer y pudo trabajar de nuevo como su asistente, volví a casa.

Después de esa experiencia tuve dudas respecto a una carrera como médica. Pensé en todo el tiempo que me tomarían los estudios y lo costoso que sería establecer un consultorio. Tal vez debería enfocarme en dar clases en un jardín de niños, era algo que ya conocía, disfrutaba y podía hacer. Quizá también podría encontrar un médico y casarme con él, pero claro, ¡alguien más acorde con mi edad!

Me inscribí para estudiar formalmente en una institución en el pueblo de Trebišov, a veinticinco kilómetros de Michalovce. En ese momento no tenía ninguna otra actividad, había cumplido veinte años y dejado atrás mi trabajo juvenil en favor del sionismo, así que pude consagrarme a los estudios. Viajé a Bratislava, la ciudad más grande de Eslovaquia, realicé mis exámenes y en dos años terminé con éxito un programa que, por lo general, se cursa en cuatro.

Regresé a casa con la intención de establecer un jardín de niños permanente en Michalovce: el primero del pueblo.

Poco después de mi regreso me encontré en la calle al señor Alexa, quien seguía siendo el alcalde del pueblo. Me preguntó dónde había estado en los últimos años, así que le conté sobre mis planes, y abrió los ojos desmesuradamente, muy entusiasmado.

—Magda, ven conmigo —dijo—. Tengo una casa en la calle Turecká. Al frente hay algunas oficinas, pero el resto está vacío.

Me llevó a una casa muy limpia que contaba con un vestíbulo y tres habitaciones adyacentes. Incluso tenía algunos muebles que me permitiría usar para comenzar, hasta que pudiera pagar algo más.

—Es perfecta. ¿Cuánto hay que pagar de renta?

—¿Te cobraría renta a ti? —preguntó antes de encender un cigarro y continuar—. ¿Sabes? Hace muchos años hubo un jardín de niños en Michalovce. Creo que sé dónde podría estar el mobiliario. Lo voy a organizar y lo enviaré a tu escuelita.

Me quedé muda, no sabía qué decir, pero él insistió.

—Vamos, lo mereces —dijo.

Poco después pude abrir las puertas del jardín de niños. Algunos días más tarde ya estaba registrado en la oficina de inspección y tenía cupo lleno gracias a las inscripciones de niños de familias judías y no judías. No tardé mucho en adoptar una rutina. Cada mañana realizaba una corta caminata al trabajo y en el camino saludaba al zapatero local, el señor Kahot, quien, además de ser un dedicado hombre de familia, me hizo varios pares de hermosas botas. Los fines de semana pasaba tiempo con Marta y otros amigos. Cuando comenzó 1940 sentí que mi vida estaba en curso, estaba orgullosa de haberme hecho cargo de mis asuntos y tener un negocio propio.

A principios de 1942, un conductor de tren le dijo a una persona, que a su vez les dijo a otras personas, quienes les dijeron a otras personas más, que había escuchado que las mujeres judías jóvenes y solteras estaban siendo llevadas a trabajar en las fábricas alemanas. El pánico y la incredulidad estremecieron a nuestra comunidad. Según los rumores, el conductor de tren envió a su novia a la provincia para que se ocultara. Luego empecé a escuchar historias respecto a otras chicas cuyas familias también enviaron lejos: una a Irlanda, otra a Inglaterra y algunas más a Hungría.

Hacia finales de 1938 la vida empezó a cambiar para buena parte de la población judía de Checoslovaquia, pero yo en realidad no lo noté. Vivía en un universo muy pequeño regido por las actividades cotidianas de mi jardín de niños. En cualquier caso, todavía pasó algún tiempo antes de que la situación cambiara para los cuatro mil judíos de Michalovce, en parte porque nuestra región estaba en el extremo este del país.

Desde su creación, al final de la Primera Guerra Mundial, Checoslovaquia se convirtió en una de las pocas democracias en pleno funcionamiento en Europa Central o del Este. Permaneció así hasta que Hitler empezó a expandir su régimen por la fuerza y asumió el control de la mitad checa del país, en 1939. Poco después, gracias a la ayuda del fascista y nacionalista Partido Popular Eslovaco y de su ejército entrenado por las SS, la Guardia Hlinka, la Eslovaquia que aún quedaba se volvió un Estado marioneta de la Alemania nazi. Poco después se promulgó una política de «arianización», seguida de un mal llamado «Código judío». La mayoría de los médicos y abogados judíos fueron forzados a dejar de ejercer. Más adelante, cuatrocientos treinta y seis negocios judíos y otras decenas de propiedades fueron confiscados en Michalovce, y obsequiados a miembros leales del partido y de la Guardia Hlinka. Los judíos fueron reemplazados en sus empleos, en especial los que trabajaban como funcionarios. Los niños judíos fueron expulsados de las escuelas públicas. Al igual que en Alemania, a los judíos se les ordenó usar la estrella de David.

A mi jardín de niños se le permitió continuar operando de cierta forma, tal vez porque lo autorizó la oficina de inspección o porque también recibíamos a niños de familias no judías, nunca supe bien por qué. Ni siquiera me exigieron que usara la estrella amarilla. El cambio más evidente no se notó en las madres, sino en los padres, quienes empezaron a traer y recoger a sus niños todos los días. Como les habían arrebatado su manera de ganarse la vida, tal vez esta actividad era la única manera de conservar una noción de propósito. Solo le solicitamos que pagara a la gente que aún podía hacerlo. Fuera de eso, la vida continuó. Por las noches, si todavía tenía energía, iba al cine con amigos, judíos y no judíos. Si acaso pensaba en los rumores o las dificultades políticas, terminaba convenciéndome de que, si algo llegaba a suceder, mi posición como maestra de jardín de niños me exentaría de cualquier situación desfavorable.

En casa también hubo algunos cambios. Los únicos que aún vivíamos con mis padres éramos Arje, mi hermano más chico, y yo. Max, mi hermano mayor, se había mudado a Palestina en 1933, y Ojzer y Yankel se fueron para unirse a los partisanos eslovacos en sus intentos clandestinos por combatir el régimen fascista.

A principios de 1942 me encontraba muy ocupada con Marta y su marido. Organizamos un gran espectáculo de marionetas para la escuela con motivo de la celebración del festival judío Purim. Esperábamos que el acto reanimara a todos. Tuvimos que escribir guiones y dirigir ensayos. Recuerdo con toda claridad las risas y los «¡Hurra!» de los pequeños cuando disfrutaron del espectáculo, a principios de marzo. Nos llenó el corazón de alegría.

Y como mi madre solía decir: «Es mejor no saber lo que nos espera al dar vuelta en la esquina».

2

Deportación

Principios de 1942

No esperaba ver en mi jardín de niños al señor Kahot, el zapatero local, pero ahí estaba. Llegó sin anunciarse una mañana a finales de marzo de 1942. Se sacudió la nieve del saco antes de preguntarme si podía hablar conmigo en privado. Me resultó muy extraño; salvo por ser su clienta y saludarlo cuando iba y venía del trabajo, casi no lo conocía. Sabía que era hombre de familia y que lo apreciaban en nuestra pequeña comunidad, pero eso era todo.

Cuando entró a la oficina bajó la voz y empezó a susurrar.

—Dentro de poco se llevarán a las judías jóvenes y solteras. Las llevarán a trabajar en la fábrica de zapatos Bata, tal vez durante varios meses. Pero yo puedo ayudarla.

—¿Qué quiere decir con que puede ayudarme?

—Elija a uno de sus niños y yo declararé que es nuestro. Así la protegeré.

Me le quedé mirando perpleja.

—¿Y por qué haría algo así? —pregunté después de un rato.

—Porque la quiero y me gustaría salvarla —dijo, pero con poca emoción.

Fruncí el ceño.

—Pero solo es mi vecino —contesté—. Y conozco a su mujer; ella se esfuerza mucho por cuidar a sus tres hijos. ¿Me está pidiendo que sea su amante?

—¿Acaso se lo tengo que deletrear? Voy a hacer todo esto por usted.

Me quedé atónita.

—Necesito pensarlo —le dije cuando logré hablar—. Lo veré mañana.

Esa tarde, mientras volvía a casa caminando y enfrentando otra densa nevada, reflexioné sobre la extrañísima propuesta del señor Kahot. Cuando le conté a mi madre, se quedó azorada. Ella también había escuchado los rumores, claro, pero, al igual que yo, no entendía la propuesta del zapatero.

—Qué atrevido —me dijo.

A la mañana siguiente, en todos los muros de Michalovce había avisos pegados en los que se declaraba que las mujeres solteras mayores de dieciséis años debían reportarse al ayuntamiento esa noche. La gente corría entre las casas agachada para evadir un poco el frío y con el ceño profundamente fruncido. Cuando los padres dejaron a sus hijos en el jardín de niños, entre las conversaciones se escuchaban, por aquí y por allá, las palabras «chicas», «deportadas», «Bata», «exención» y «¿por qué?». Mis subordinadas, en su mayoría mujeres solteras y dentro del rango de edad afectado, no hablaban de otra cosa.

El zapatero regresó temprano ese día.

—Muchas gracias, señor Kahot —le dije—. Es muy amable y sé que sus intenciones son buenas, pero no puedo hacer lo que me pide. Creo que recibiré una exención, pero si tengo que ir a la fábrica Bata, lo haré. No me causa mayor problema.

Esa tarde, las familias judías se reunieron en grupos fuera de sus casas. Todos estaban tratando de encontrarle la lógica al decreto. Un vecino que trabajaba para el gobierno regional dijo que él ocultaría a su hija.

—También puedo ocultar a Magda —nos dijo.

Pero cuando fui a ver el lugar donde nos esconderíamos me encontré con una diminuta alacena en la que no había espacio ni para moverse. No tenía ni ventanas ni luz. ¿Cuánto tiempo sobreviviría ahí? Me sentiría como en prisión, así que decidí que mejor probaría suerte con la exención.

Algunas horas después, dos oficiales de la Guardia Hlinka vinieron a la casa y preguntaron por mí. Nos dijeron que tenían instrucciones expresas del líder regional de la Guardia, el señor Kahot. Nosotros no teníamos idea de que estaba involucrado con la Guardia.

Mi madre corrió a la casa del zapatero para implorarle ayuda. Golpeó y golpeó la puerta gritando.

—¡Señor Kahot, señor Kahot! —pero no hubo respuesta.

Fui con los guardias al ayuntamiento. Cuando llegué, vi que otras chicas de la comunidad ya estaban ahí, entre ellas algunas antiguas compañeras de clase. Ya las habían llevado o solo llegaron por su propia cuenta, porque eso debían hacer según los avisos. Muchas otras chicas que esperaba ver ahí, en cambio, no estaban. Tal vez escaparon o las ocultaron. A un lado del corredor había un grupo de padres. Los estaban interrogando porque no encontraban a sus hijas. Por lo que se veía, a algunos ya los habían golpeado. Otras chicas venían de pueblos más pequeños alrededor de Michalovce, muchas eran de familias campesinas pobres. Al final se reunieron alrededor de ciento veinte jóvenes de entre dieciséis y veinticinco años, como era mi caso. Y unas cuantas un poco mayores. Muchas provenían de familias ultraortodoxas *jaredíes* y tenían poca experiencia en el mundo fuera de su comunidad. Afuera del ayuntamiento había otro grupo de padres a los que no les permitían entrar. Caminaban como leones enjaulados en la oscuridad. Por momentos se detenían para tratar de identificar a sus hijas entre la muchedumbre.

Más o menos una hora después, llegó mi padre al ayuntamiento con una maleta. No sé por qué, pero me permitieron reunirme con él en la puerta. Abrí la maleta y vi que, de todos los vestidos confeccionados por nuestra huésped costurera, mi madre había empacado mis favoritos. También había un par de zapatos nuevos y un edredón de plumón, pero se los devolví a mi padre en ese momento.

—No los necesitaré —le dije—. Guárdalos para cuando regrese.

Me dijo que por la mañana iría a la oficina del inspector escolar y que le solicitaría documentos de exención para mí por ser maestra de jardín de niños. Como conocía el sistema magisterial, sabía que mi empleo era considerado un servicio esencial. Me aseguró que me dejarían salir del ayuntamiento y volver a casa, solo tendría que soportar esa larga y helada noche de espera.

El ansioso murmullo en el vestíbulo terminó apagándose cuando los presentes agotaron todas las posibilidades que imaginaban respecto a nuestro destino. Como yo era una de las chicas de mayor edad en el lugar, decidí pasearme entre las otras y ofrecerles aunque fuera algo de consuelo. En uno de los grupos encontré a Ilonka, una de mis jóvenes asistentes del jardín de niños. Se veía pálida y asustada, se aferró a mí como una niña. Luego hallé a un grupo de unas diez chicas que habían sido traídas de los pueblos periféricos. Vestían los atuendos tradicionales de las campesinas con mascadas rojas en el cuello anudadas debajo la barbilla y delantales sobre faldones largos en capas. Me preocupó que las menospreciaran y discriminaran en la fábrica Bata, así que decidí intervenir. Tomé mi maleta y la llevé a donde estaban reunidas.

—Por favor, es necesario que se vistan con vestidos modernos —les expliqué.

Las conduje hasta el baño y les pedí que eligieran el vestido que les gustara; después de una ráfaga de prendas y animada conversación, las chicas de los pueblos salieron con su herencia campesina bien oculta. Alguien observador habría notado que algunos de los vestidos eran demasiado grandes o chicos para ellas, pero era solo un inconveniente menor en mi plan. Dejé a un lado la maleta vacía y me quedé con lo que traía puesto, incluyendo el abrigo, mis botas, un pequeño bolso y un manguito.

Poco después se acercó a mí un gendarme checo, era un policía local que había sido incorporado a la Guardia Hlinka. Me dijo que me había reconocido porque su estación estaba cerca de nuestra casa.

—¿Por qué hizo eso? —me preguntó—. ¿Por qué regaló sus vestidos? Nunca vi a nadie hacer algo así.

—Vamos a la fábrica Bata y no quiero que estas chicas destaquen entre las otras y sean marginadas por ello. Además, mi padre me va a conseguir una exención.

—¿Cómo puede ser tan ingenua? —preguntó antes de retirarse.

A la mañana siguiente, mi padre fue muy temprano a la oficina del inspector, y cuando regresó al ayuntamiento me habló a través de una ventana con rostro sombrío.

—El empleado me dijo que la joven maestra de enseñanzas religiosas de la escuela judía ya le había pagado veinte mil coronas para que le diera tus papeles a ella. Para usar la exención —me explicó.

—¿Cómo? Pero es una mujer religiosa, le reza a Dios.

Mi padre me dijo que el empleado le había hecho una propuesta:

—«Los tiempos están cambiando, señor Hellinger. Si me trae veinte mil coronas mandaré a buscar a la maestra de religión para que me devuelva los documentos de exención y se los daré a usted», me dijo. Pero no tengo esa cantidad. Lo lamento, hija —me dijo con lágrimas en los ojos.

—No te preocupes, estaré bien. Solo es una fábrica de zapatos —le dije. «Han arrancado de mi jardín a mi más preciosa flor», escuché que le decía a un conocido mientras se alejaba.

En ese momento, el gendarme checo se acercó a mí de nuevo.

—Escuché lo que sucedió y quiero ayudarla. Tengo un tío en el ministerio, le puedo pedir que organice una exención para usted.

No comprendí por qué sentía la necesidad de ayudarme, por eso le agradecí, pero no tomé su oferta muy en serio.

Esa tarde del 26 de marzo de 1942, las ciento veinte chicas que fuimos sacadas de nuestros hogares seríamos llevadas a la estación de tren. La multitud nos vio salir del ayuntamiento y caminar sobre el camino nevado hasta los autobuses en que nos transportarían. Las madres gritaron al reconocer a sus hijas. Cuando la mía me vio, se separó de las otras mujeres y corrió hasta donde me encontraba.

Con el rostro bañado en lágrimas, tomó mi cabeza entre sus manos.

—Mi querida hija, debo decirte algo. No creo que recuerdes esto, pero cuando eras pequeña, cuando tenías ocho años, tu padre te llevó a ver al famoso rabino Belzer. Él colocó sus manos en tu cabeza y dijo: «Esta chica tiene una misión especial en la vida. Va a salvar a cientos y cientos de almas judías». No lo olvides. No lo olvides.

Nos abrazamos y besamos hasta que, finalmente, un guardia la jaló y nos separó.

—No te preocupes —le dije—. Pronto tendrán noticias mías.

Me forcé a mantener la compostura y subí al autobús. Me despedí de mis padres ondeando la mano mientras nos alejábamos. Fue la última vez que los vi.

Al llegar a la estación nos hicieron subir a un tren de cercanías con destino al pueblo de Poprad, ciento cincuenta kilómetros al oeste de Michalovce. Una vez a bordo, el ánimo colectivo volvió a oscilar entre la anticipación de la aventura, una preocupación apremiante y la inquietud sumisa en espera de algo que no sabíamos qué era. La relativa calidez y comodidad del tren, en comparación con la noche que pasamos en el ayuntamiento, hizo que muchas se quedaran dormidas durante las casi dos horas del viaje. Yo continué pensando en las palabras de mi madre, en lo que dijo sobre la bendición del rabino, y traté de reconfortarme a mí misma.

Cuando el tren se detuvo, descendimos en desorden. Había una multitud de chicas en toda la estación, a todas las habían traído de otros pueblos y ciudades del este de Eslovaquia. Muchas estaban sentadas sobre sus maletas en pequeños grupos, y otras permanecían de pie entre la multitud. Algunas más deambulaban por toda la estación, todas hacían lo que podían para mantener al margen el penetrante frío. La mayoría se preguntaba adónde nos llevarían a continuación, los rumores se encendían y fenecían como rescoldos.

Los guardias Hlinka estaban ahí para asegurarse de que nadie escapara, pero en realidad no impusieron ningún tipo de organización.

De alguna manera, entre toda la gente, el gendarme checo me volvió a encontrar.

—Le escribí a mi tío. Usted se quedará aquí y, pasados dos días, tendré sus documentos de exención —me dijo, y luego me invitó a escribir una carta a mis padres. Me prometió que sería entregada, así que escribí algunas palabras en una página en su libreta, solo para reconfortarlos y hacerles saber que estaba bien. Luego le devolví la libreta y se fue.

En algún momento nos hicieron caminar hasta un edificio grande donde pasaríamos otra noche incómoda. Era una construcción de dos pisos con amplias habitaciones vacías. No había ningún tipo de comodidades, no había ni alfombras ni calefacción y tampoco organización. Teníamos hambre y sed, pero no nos ofrecieron nada. Las únicas que comieron fueron las que guardaron algo del viaje en tren. Nos apiñamos en los rincones para mantener el calor, algunas chicas sollozaban, otras vociferaban sobre las atroces condiciones que soportaríamos y se quejaban con quien estuviera dispuesta a escucharlas. Si íbamos a proveer fuerza laboral para el gobierno, ¿por qué nos trataban tan mal? Pero nadie escuchaba.

Como le pasa a la mayoría, mis recuerdos de esa noche son vagos, se perdieron en la conmoción y la neblina de la historia.

Poco después del amanecer, los guardias recorrieron el edificio gritando instrucciones, nos ordenaron reunir nuestras maletas y salir. Fue casi un alivio volver a movernos; cuanto más pronto llegáramos a nuestro destino, mejor. Lo más seguro era que nos dieran alimentos y un lugar cálido para dormir, ¿no? Cuando estuvimos de pie en un solo grupo sobre el gélido campo, fue un poco más sencillo darse una idea de cuántas éramos. Me dio la impresión de que las ciento veinte provenientes de Michalovce se habían multiplicado por diez. De pronto los soldados formaron un gran círculo alrededor de nosotras, reunidos en pares y grupos de tres, fumando y pateando la sucia nieve a sus pies. Alguien vestido de traje anunció que pronto nos harían subir a trenes para ir a Alemania a trabajar, y que tres meses después regresaríamos a casa. Las noticias provocaron una oleada de optimismo entre las chicas, pero no duró mucho.

Después de un rato, un tren se detuvo en la estación, pero no era de pasajeros… sino de ganado. En cuanto dejó de moverse, los guardias que nos rodeaban se animaron. Empezaron a gritar y empujar, a arrearnos hacia los vagones. Las chicas no cesaban de gritar, y trataban de no perder a sus amigas y familiares. Cayeron las rampas y nos hicieron subir a los vagones. Quienes tenían maletas las subieron y treparon como pudieron. En los vagones no había nada, salvo pequeñas ventanas estrechas con barras a los lados, en lo alto. En un rincón había un cubo que supusimos serviría como retrete. Una vez más, no había ni alimentos ni agua.

Cuando las pesadas puertas se deslizaron y fueron cerradas con candados por fuera, la promesa del gendarme pasó de manera fugaz por mi mente. Dijo que nos quedaríamos dos noches en Poprad, pero solo fue una. Nunca supe si tuvo éxito en conseguirme una exención, pero tiempo después me enteré de que la carta que escribí fue entregada a mis padres y les proporcionó un poco de paz.

La atmósfera era sofocante. Sentíamos como si nos ahogáramos, había muy poco aire. También estaba oscuro, tanto que no podíamos saber si era día o noche. Al principio todo estaba en silencio porque el miedo tiene un aroma y una inmovilidad característicos, pero poco después las chicas empezaron a sentir pánico. Nadie entendía del todo por qué nos habían hacinado en aquel tren para ganado. Nadie sabía cuánto tiempo permaneceríamos ahí. En el fondo, creo que todas intuíamos que no íbamos a la fábrica Bata. Mientras el mundo se iba cerrando a nuestro alrededor, otro recuerdo vino a mi mente: la historia sobre el rabino Belzer que me contó mi madre. Entrecerré los ojos, traté de mirar los rostros temerosos entre las sombras y me pregunté si ella habría entendido la gravedad de la situación mejor que la mayoría de la gente.

Si nos mantenemos juntas y nos ayudamos, no será tan malo, continuaba repitiéndome. Haciendo uso de toda mi experiencia en el jardín de niños, caminé en el vagón para tratar de reconfortar a las chicas más estresadas, una tras otra. Sin embargo, la incomodidad aumentó a medida que las horas transcurrieron. El olor era espantoso, la angustia se tornó más densa y los sollozos se convirtieron en alaridos.

De vez en cuando le pedía a una de las chicas más fuertes que me levantara para poder asomarme por las ventanillas en la parte superior del vagón. Veía principalmente tierra de labranza cubierta de nieve, pero, en algún momento, cuando el tren subía lentamente por una colina, vi a un grupo de hombres judíos trabajando junto a las vías.

—*Hem lokchim otanu. Ani lo yodaat le'an. Tishal.* Nos están secuestrando. No sabemos a dónde nos llevan ¡Avisen a la gente! —grité.

Uno de ellos agitó la mano y con su gesto me hizo saber que me había escuchado.

Más tarde, el tren se detuvo un rato y volví a asomarme. Vi que estábamos en Žilina, una ciudad en el oeste de Eslovaquia. Cuando las chicas me bajaron anuncié que seguíamos en nuestro país para tratar de infundirles un poco de esperanza.

El tren empezó a moverse de nuevo, pero ahora íbamos en dirección opuesta y en una vía distinta. Más o menos una hora después, nos detuvimos de nuevo y, al asomarme, vi que el idioma en los letreros de fuera había cambiado. Ya no podía saber dónde estábamos exactamente, pero vi lo suficiente para comprender que íbamos a cruzar la frontera para entrar a Polonia, y mi optimismo se desvaneció.

Si nos mantenemos unidas estaremos bien, me repetí, pero cada vez me costaba más trabajo creerlo.

En ese momento no lo sabíamos, pero cuando cruzamos la frontera hacia Polonia lo hicimos como divisa. Fuimos parte de un acuerdo entre los nazis y el complaciente gobierno eslovaco: Eslovaquia le pagaría a Alemania quinientos Reichsmark más gastos de transporte por cada judío deportado para «reubicación y entrenamiento». Esa fue la solución del Partido Popular Eslovaco a su «problema judío». Los judíos eslovacos proveerían a los alemanes la fuerza laboral que tanto necesitaban, pero lo más importante era que los alemanes prometieron a cambio que ningún judío deportado regresaría, y que el gobierno eslovaco podría conservar toda propiedad judía que confiscara. A pesar de ser ciudadanas eslovacas, en cuanto cruzáramos la frontera con Polonia nuestro bienestar dejaría de interesarle al gobierno en Bratislava.

Mi tren fue el segundo que transportaba a mujeres jóvenes, el segundo millar de las siete mil mujeres y trece mil hombres que el gobierno eslovaco planeaba deportar en la primera fase de su acuerdo con Alemania. Cerca de cuatro mil mujeres serían deportadas antes de que principiaran a trasladar a los hombres. Sin embargo, los eslovacos pronto empezaron a tener problemas para encontrar judíos «jóvenes y en buena forma» para cubrir su cuota, por lo que, hacia finales de abril, también comenzaron a enviar familias completas. En el periodo entre abril y octubre de 1942, más de cincuenta y siete mil judíos eslovacos fueron deportados a Polonia: cerca de dos tercios de la población judía.

Mucho tiempo después me enteraría de que, en mayo de 1942, mis padres y mi hermano menor fueron deportados a la zona de Łuków, en el este de Polonia. Gracias a que mi padre hablaba bien alemán, durante un periodo breve trabajó en la oficina postal de un pequeño pueblo. Esto le dio la oportunidad de enviar tarjetas postales a Ojzer y Yankel, mis hermanos, las cuales firmaron otras personas deportadas para hacerles saber a sus familias que habían sobrevivido. En una tarjeta postal del 28 de mayo de 1942, mi padre escribió que no sabía cuánto tiempo permanecerían en Łuków, pero que todos estaban bien y se ayudaban entre sí. Animó a Yankel a ir a la oficina de la comunidad y pedir su pensión de maestro. Poco tiempo después, mis padres y mi hermano menor fueron asesinados junto con cientos de judíos más que fueron enviados a esta zona.

—*Raus! Raus! Raus! Los! Los! Los!* ¡Fuera, fuera, fuera, salgan, salgan!

No teníamos noción de la hora, pero ya era tarde cuando el tren se detuvo. Las puertas se abrieron y atestiguamos una escena incomprensible. Viéndolo en retrospectiva, y teniendo en cuenta los horrores que soportaríamos los siguientes tres años quienes tuvimos la suerte de sobrevivir, en realidad era algo sin mayor importancia. En ese momento, cuando esperábamos llegar a una fábrica, y dos días antes estábamos sentadas cómodamente en la sala con nuestras familias, lo que vimos fue abrumador. No podíamos asimilarlo, volvimos a nuestros instintos animales e hicimos lo que nos ordenaron.

Teníamos los ojos entornados, estábamos tratando de acostumbrarnos a la luz. El suelo estaba blanco por la nieve y se extendía hasta el horizonte, y ahí se fundía con el gris claro del cielo sin una frontera precisa. Un burdo sendero en la nieve conducía a una especie de edificios a lo lejos. No había ni plataformas ni rampas, así que caímos directo de los vagones y respiramos la acritud del aire fresco. Como no tenía equipaje, tras saltar al suelo pude moverme y ayudar a otras mujeres a bajar las pesadas valijas que luego les ordenaron dejar a un lado. Los guardias uniformados gritaban órdenes en alemán, mientras los perros ladraban y gruñían.

Existen famosas imágenes de los arribos a los campos de concentración de Auschwitz en las que se ven las largas hileras de mujeres y hombres formados de cinco en cinco, y guardias de distintos rangos de las SS conversando y fumando en pequeños grupos mientras esperaban a que comenzara el proceso de «selección». Este relativo orden no fue lo que yo y las otras mil mujeres del segundo transporte vivimos el 28 de marzo de 1942. En ningún lado vimos muestras de la célebre eficiencia alemana. Nuestro grupo de «bienvenida» estaba compuesto por una cantidad hasta cierto punto reducida de guardias de las SS que habían sido reubicados de un campo de concentración en Ravensbrück, Alemania. Y por lo que pudimos constatar después, era gente sin educación. Los entrenaron para ser carceleros brutales, no para organizar ni administrar. También había cientos de mujeres criminales alemanas que fueron traídas de Ravensbrück de manera específica para fungir como apoyo disciplinario de las SS y mantener el orden. Muchas de ellas realizaban sus tareas con entusiasmo, gritaban y golpeaban a cualquiera que se tardara mucho en descender de los trenes o alejarse de los vagones, o a quien se le cayera el bolso. No se estaba llevando a cabo una selección para separar a quienes vivirían de quienes morirían de inmediato; este tipo de clasificación no se empezó a hacer sino varios meses después. A nosotras solo nos empujaron en un grupo desordenado y nos amenazaron, nos hicieron caminar varios metros por un sendero hasta que llegamos al campo de Auschwitz y pasamos tropezándonos por debajo del infame letrero de la entrada que decía *Arbeit Macht Frei*: «El trabajo nos vuelve libres».

3

Auschwitz

28 de marzo de 1942

Nos arriaron hasta un edificio con suelo de arcilla. Casi no había luz, así que solo alcanzábamos a ver los ojos de las otras y la emoción y el estrés en las miradas. Conmoción, incredulidad, incomprensión. Y miedo. Sobre todo, miedo.

Las mujeres que llegamos de Michalovce permanecimos juntas tanto como pudimos. Algunas de las chicas empezaron a quitarse sus pesados abrigos.

—No pierdan sus abrigos —les dije—. Extiéndanlos en el suelo, les servirán como colchones.

Por la forma en que nos recibieron, imaginé que deberíamos conservar y aferrarnos a todo lo que pudiéramos.

Y luego, nada. No parecía que hubiera guardias cerca, pero como estábamos encerradas bajo llave, no habríamos podido ir a ningún lado de todas maneras.

Una o dos horas después, un grupo de prisioneras alemanas vino al edificio con enormes calderos.

—Beban esto, si quieren, pero sepan que tiene veneno —dijeron al colocarlos en el suelo y luego se fueron.

Después de dos días de no beber ni comer nada, aquello era una cruel tortura, pero, al mismo tiempo, resultaba ilógico. ¿Para qué tomarse la molestia de traernos hasta aquí solo para envenenarnos el primer día? Imaginé que estaban mintiendo, así que me ofrecí como voluntaria para beber un sorbo del «té». Sabía espantoso, como a agua sucia, pero no vomité ni tuve convulsiones. Probé un poco más y seguí bien.

—Todas estamos deshidratadas —les dije a las chicas que me rodeaban—. Beban un poco, aunque sepa horrible.

Más tarde regresaron las alemanas con un caldero de sopa tibia y nos dijeron que esta vez *sí deberíamos creer* que tenía veneno. Una vez más, fui la primera en probar. Sabía aún más asquerosa que el té porque era una pútrida cocción de verduras podridas y fermentadas con agua sucia; fue tan desagradable que tuve que escupir, pero no tenía veneno. Me tapé la nariz y bebí más «sopa». En esa segunda ocasión no la devolví. Animé a las otras a comer un poco para que tuvieran algo en el estómago.

Ahora no había nada que hacer más que tratar de dormir. Me acosté en la arcilla con mi manguito bajo la cabeza, la piel de mi abrigo bien ajustada alrededor del cuello y las manos dentro de las mangas. Cerré los ojos y traté de encontrar la lógica de lo que nos había sucedido desde que partimos de casa y de lo que podría pasar a continuación. A mi alrededor, mil chicas con incontables emociones susurraron, lloraron e intentaron dormir toda la noche.

Aún no amanecía cuando nos despertaron y ordenaron que saliéramos.

—*Zählappell!* ¡Pasaje de lista! —gritaron los guardias.

Zählappell! fue una palabra que todas llegamos a entender muy bien. Nos dijeron que formáramos cinco filas frente al vestíbulo. Nos ordenaron no movernos y luego desaparecieron, y nosotras nos quedamos en silencio. Poco después, el aire helado ya traspasaba nuestros abrigos, pero nadie quería moverse. Nos quedamos ahí paradas durante lo que nos pareció horas.

Cuando el cielo se iluminó un poco, pudimos empezar a ver lo que había a nuestro alrededor. Parecía que estábamos en una zona de barracas militares, había hileras de edificios de ladrillos, de dos o tres pisos. A lo lejos, a través de una cerca, pudimos ver a otras chicas vestidas con viejos y sucios uniformes militares, y con la cabeza rapada de una forma muy burda. Nos hacían señas, pero al principio no sabíamos por qué. Algunas parecían rascarse, otras señalaban sus muñecas, su cuello o la boca. Parecían enloquecidas, como salidas de un sanatorio mental. Pensé que tal vez querían comida, pero luego comprendimos que lo que trataban de decirnos era que les lanzáramos nuestros relojes y joyería, incluso las mascadas. ¿Por qué? ¿Cuánto tiempo llevarían ahí para verse tan espantadas e indefensas? Poco después me enteré de que también venían de Eslovaquia y que habían llegado solo dos días antes que nosotras, en lo que se llegaría a conocer como «el primer transporte».

A medida que el tiempo pasó, algunas de las chicas a mi alrededor ya no soportaron el frío. Estaban exhaustas, débiles y aterradas, comenzaron a desmayarse. Noté a una que se veía fuerte, me dijo que era de Bratislava. Como me pareció que nadie nos observaba, ella y yo arrastramos a las jóvenes desmayadas hasta el vestíbulo del edificio y las dejamos recostadas para que se recuperaran.

Más tarde, llegaron más guardias y prisioneras alemanas. Una líder comenzó a vociferar y a ordenarnos que nos moviéramos.

—*Los, los, los!*

A las que tardaban en moverse las golpeaban con palos hasta que reaccionaban.

—Corramos —les dije a las jóvenes que me rodeaban—. Seamos obedientes y corramos. Eso podría ayudarnos.

Llegamos a un edificio al que llamaban el «sauna», y ahí nos dijeron que nos volviéramos a formar. Como decidí correr, de pronto me encontré cerca del frente, en ese momento nos indicaron a varias que entráramos para que nos procesaran.

En cuanto ingresamos al edificio, otro grupo de prisioneras alemanas nos ordenó que nos desvistiéramos y que arrojáramos nuestra ropa a un montículo que estaba a un lado. Por un instante me pregunté qué tendríamos que hacer más tarde para saber qué le pertenecía a quién, pero luego recordé a las mujeres detrás de la cerca y comprendí que tal vez no nos devolverían nuestras prendas.

También tuvimos que quitarnos las joyas, los relojes, las gafas... todo. Lo dejamos sobre una mesa, donde ya había un gran altero. Y ahora estábamos de pie, desnudas y temblando, esperando lo que siguiera. Miré alrededor y vi los rostros de todas esas chicas asustadas y humilladas, en especial las más jóvenes y las de familias ortodoxas.

Por desgracia, la verdadera humillación apenas comenzaba.

En la siguiente sala había un grupo de hombres, todos tenían un par de tijeras grandes. Una por una, tuvimos que pararnos frente a ellos para que nos cortaran el cabello al ras, lo más cerca posible del cuero cabelludo. Y mientras tanto, ellos hablaban y reían. Después de eso, se movieron para rasurarnos burdamente el vello de las axilas y, por último, tras sentarnos en unos banquitos, nos cortaron el vello púbico. Lo hicieron sin ningún cuidado y, como las tijeras estaban romas, a la mayoría nos dejaron con cortes y heridas. Pero las cosas no acabaron ahí. Estando aún desnudas, nos sacaron a empujones y nos hicieron cruzar un patio hacia otro edificio en el que había grandes tanques de agua turbia que olía a químicos. Nos obligaron a sumergirnos en estos baños de «esterilización» de diez en diez. El agua estaba helada y nos llegaba al cuello. Al salir del baño nos dejaron mojadas y desnudas hasta que pasamos a otra sala en la que nos dieron unos pantalones, una camisa, un par de «zuecos» fabricados con una suela plana de madera y una banda de cuero, una cuchara y un cuenco de madera. Nos preguntaron nuestro nombre y nos dieron una estrella amarilla y un retazo de tela con un número. El mío era 2318. Registraron los nombres y los números en un libro grande, y cosieron a nuestra camisa la estrella y el retazo numerado. Con una mano me tuve que sostener los pantalones para que no se me cayeran porque eran demasiado grandes, y con la otra mantuve mi camisa cerrada porque, como el pantalón, tampoco tenía botones.

Cuando volvimos a estar fuera, esperando a que «procesaran» a las jóvenes que venían detrás de nosotros, nos dimos cuenta de que las andrajosas y mugrosas prendas que nos dieron tenían la estrella roja del Ejército Rojo ruso. Seguramente eran los uniformes de prisioneros de guerra. Era imposible saber qué les había sucedido, pero cuando nos percatamos de que la mayoría de las prendas tenía manchas secas de sangre… vaya, no fue difícil adivinar por qué sus dueños ya no las necesitaban.

Muy pronto también nos enteramos de por qué las mujeres que vimos esa mañana del otro lado de la cerca se rascaban: los uniformes estaban infestados de piojos que, a partir de ese momento, serían nuestra compañía constante.

La última etapa de registro no se llevó a cabo el primer día. No recuerdo con exactitud cuántos pasaron, pero fue en las siguientes semanas. La historia nos ha permitido saber que en la mayoría de los campos de concentración nazis se cosía un número de serie a la ropa del prisionero, y que eso bastaba para identificarlo. En Auschwitz, sin embargo, decidieron que se requería de una señal permanente, un tatuaje que nos marcaría como presas del lugar de por vida. Y así fue como, con algunos rasguños hechos con una aguja sobre la piel en la parte exterior de mi antebrazo izquierdo, me convertí en la prisionera 2318 de manera irreversible.

Para cuando procesaron a todas ya era bastante tarde; al terminar, nos llevaron caminando hasta el lugar donde viviríamos: el Bloque 9. Era un edificio de ladrillo como todos los demás, ahí habitaríamos mil mujeres repartidas en los dos pisos. Las chicas empujaron para entrar y guarecerse, a pesar de que en el interior no hacía menos frío. Yo terminé en el piso superior junto con otras jóvenes de Michalovce. Había dos grandes salas llenas de literas de tres pisos, entre las que solo quedaban estrechos pasillos. Cuando por fin encontré una cama, palpé el colchón para averiguar si la poca paja en el interior podría conservar el calor o proveerme algo de comodidad. Tuve suerte porque cuando metí la mano por la ranura, encontré algunas ramas de cordel, suficientemente largas para atar mi camisa y cerrarla, y también para mantener mis pantalones en su sitio.

Cuando las mujeres encontraron un lugar y empezaron a reunirse con sus amigas y, en algunos casos, con sus hermanas y primas, se respiró una especie de alivio, la sensación de que, quizás, habíamos llegado finalmente. Al menos había camas. Sin embargo, al mirar alrededor y ver el desastre, al ver a las jóvenes ensangrentadas, rasguñadas y lastimadas, irreconocibles respecto a cómo lucían apenas unas horas antes, supimos que no volveríamos a mencionar ninguna fábrica ni la posibilidad de regresar a casa. ¿Y cómo saber lo que vendría ahora si la situación en que ya nos encontrábamos era de por sí inimaginable?

Noté a una mujer con un triángulo rojo de cabeza en su uniforme, era distinto a los triángulos verdes en la ropa de las prisioneras alemanas que ayudaron a los nazis a arrearnos y procesarnos. Aunque esta mujer también estaba rapada como nosotras y, por lo tanto, era prisionera, su trato no tenía nada que ver con la brutalidad de las otras. Me acerqué y le pregunté en alemán qué hacía ahí.

—Me llamo Marie. Soy la *Stubenälteste* o «la de mayor edad» y estoy a cargo de esta sala. Pero también soy prisionera. Prisionera política, para ser más exactos —me explicó—. Mi marido es un famoso médico polaco y vivimos cerca de aquí, en Oświęcim. Antes de que me trajeran a este lugar, todos los días veía a las prisioneras trabajando con ahínco, las veía cada vez más y más delgadas porque no tenían suficiente comida. En cada oportunidad que tenía, corría a la cerca de alambre, les pasaba emparedados por entre los huecos, y ellas lloraban de gratitud. Pero luego, un día, un oficial de las SS se me acercó en la calle. Me golpeó de una manera espantosa y luego me llevó a su oficina. Ahí me golpearon todavía más. Me metieron al campo a la fuerza, y aquí estoy desde entonces. No me han juzgado por ningún crimen, y mi marido no sabe dónde estoy.

Mientras ella hablaba, dos chicas que estaban cerca empezaron a patear, a rascarse, a llorar y gritar. Marie me explicó que era común que las prisioneras se volvieran locas en ese lugar, y que, si las descubrían, lo más probable sería que los guardias de las SS las enviaran al *Revier*: una barraca que servía como hospital. Ahí les inyectarían fenol directo al corazón, y yo no quería que eso sucediera. Eran dos jóvenes que se veían bastante fuertes, me pareció que tenían remedio y pensé que tal vez solo estaban en estado de shock. Le dije a Marie que yo era maestra de jardín de niños y le expliqué mi hipótesis. Ella estuvo de acuerdo y me contó que también era maestra. Las siguientes noches dormí junto a las pobres chicas y les hablé cada vez que pude. Les acaricié la cabeza y la cara para tratar de reconfortarlas y hacerles ver que no estaban solas, que yo estaba con ellas. Algunos días después empezaron a tranquilizarse y, más adelante, ya tenían un comportamiento normal, dentro de lo posible en aquella situación, claro. Al final, me agradecieron por haberlas ayudado a recuperar la cordura.

Nadie sabía lo que nos esperaba, pero de pronto me di cuenta de que mi formación como maestra y la experiencia en liderazgo juvenil podrían servirme mucho en aquel lugar.

Esa noche no vimos guardias, pero tampoco nos dieron nada de comer. A la mañana siguiente, Marie solicitó la ayuda de algunas voluntarias para ir al edificio de la cocina, al otro lado del campo, y traer sopa.

—Chicas, tenemos que ayudar —les dije a las jóvenes de mi grupo de Michalovce. Como en la primera sala en que nos alojaron pudimos ver los calderos, yo sabía que eran enormes. Calculé que tal vez se necesitarían cuatro mujeres por cada caldero, sesenta en total, así que empecé a reunir a las que se veían más fuertes.

Cuando llegamos a la cocina nos percatamos de que éramos las primeras, pero al principio, las alemanas no querían darnos nada.

—Alguien nos dijo que ustedes eran prostitutas —argumentaron—, serían nuestra competencia, lo que más nos convendría sería que se murieran.

—No somos prostitutas —les dije, y vi que se sorprendieron mucho al escucharme hablar con fluidez en alemán.

Otra nos miró de arriba abajo y nos ordenó que le mostráramos las manos.

—Nunca han trabajado en la vida, ¿cómo piensan cargar estos pesados calderos?

—Si logramos cargar uno, ¿nos permitirán llevárnoslo? —pregunté.

—Sí, si pueden cargarlo, sí. Pero no creo que les sea posible.

—Hagamos algo aún mejor —dije—. Permitan que una de sus mujeres venga conmigo, y si entre las dos podemos cargar un caldero hasta el Bloque 9, no tendrán que enviar a las otras para acompañarnos, solo déjenos tomar la sopa.

Una de las alemanas, una mujer robusta, se ofreció como voluntaria, y entre las dos levantamos el caldero de sopa caliente y empezamos a caminar. Pesaba, pero era manejable, así que decidí aumentar la apuesta.

—Iremos corriendo, no caminando —dije, y eso hicimos. Corrimos con el caldero todo el camino hasta subir por las escaleras del Bloque 9 sin dejarlo en el suelo ni por un instante.

—Eres una buena chica —me dijo la alemana—. Me agradas —añadió dándome unas palmadas en la mano.

Al día siguiente, desde temprano, corrió el rumor de que nos darían trabajo. Todas empezaron a hablar sobre qué empleos podrían ofrecernos. ¿Por fin laboraríamos como obreras? ¿Algunos trabajos serían más sencillos que otros?

Una de las prisioneras alemanas fue a nuestro edificio y reunió a un grupo de chicas. Las jaló hasta ponerlas de pie y les ordenó que bajaran y la esperaran.

—Ustedes harán trabajo agrícola —les dijo.

En cuanto escuché eso me puse de pie y le pedí que me dejara ir con ellas. Estaba segura de que, fuera, el trabajo físico sería mucho mejor que quedarse encerrada en una fábrica. Además, el trabajo agrícola me ayudaría a prepararme para Palestina. Sin embargo, apenas terminé de hablar, vi a Marie frente a mí y de repente solo sentí una bofetada.

—No, a esta la necesito aquí —le dijo a la alemana, y me empujó de vuelta a la cama.

Cuando la alemana se fue con las jóvenes que eligió, me quedé mirando a Marie.

—Es una *Kapo* —dijo—. Las *Kapos* dirigen a sus *Kommandos* de trabajo de una manera brutal y, para colmo, no hacen trabajo agrícola. Lo más probable es que pasen el día cargando piedras enormes de un lado a otro mientras les gritan: *Los! Los!*. Solo espera a que llegue la noche y verás a esas mujeres regresar exhaustas y heridas —explicó.

La escuché en silencio.

—Otro de los *Kommandos* se encarga de demoler casas. He visto cómo lo hacen los hombres. ¿Quieres que te cuente? Un grupo de las chicas tendrá que trabajar en lo alto del edificio, y el otro, abajo. Las de arriba deberán arrojar ladrillos para que las de abajo traten de atraparlos. Si fallan, los ladrillos les caen encima y las lastiman, a veces incluso las matan. Y si alguien se atreve a decir que no quiere lanzarlos para no herir a alguien, la *Kapo* la hace bajar y trabajar ahí. Es el sistema nazi. Quieren deshumanizarnos y luego matarnos.

Luego me dijo que mi labor consistiría en ayudar a trapear los pisos y hacer las camas. Ah, y también tendría que traer la comida.

—Elegiré a algunas más para que te ayuden. Juntas irán y traerán té y pan para las seiscientas mujeres en esta sección. Si hay algo que ponerle al pan, también lo traerán. Más tarde irás por los calderos de sopa o lo que haya para la cena con las ayudantes. Te nombraré *Stubendienst*, significa «asistente del cuarto».

Esa noche, cuando regresaron las chicas que fueron a trabajar fuera y las vi exhaustas, lastimadas y cubiertas de cortes, comprendí que podía confiar en Marie.

—Solo movimos rocas de un lado a otro —nos dijo una de ellas.

—Tuvimos que correr todo el tiempo —agregó otra.

—Si alguien se movía con lentitud, la golpeaban. Además, todo el tiempo nos amenazaron con lanzarnos a los perros que no dejaban de gruñir.

—Demolimos una casa para poder extender el campo de concentración.

—También les lanzamos ladrillos a las que estaban trabajando abajo.

Algunas cosecharon patatas, una labor que sonaba un poco menos severa, pero a la mayoría la trataron de una manera brutal. Y apenas era el primer día.

Con la llegada de nuestro tren y de otro que arribaría uno o dos días después con cerca de mil jóvenes judías eslovacas más, a las SS se le estaba dificultando organizarse. En nuestro primer día, y después de ser procesadas, prácticamente no vimos a ningún guardia; el mando quedó en manos de la *Stubenälteste* y la *Kapo*.

Las cosas cambiaron la tercera mañana o tal vez la cuarta, no estoy segura porque para ese momento el tiempo ya había perdido su significado. Nos despertaron antes del amanecer y nos sacaron con premura para el *Zählappell*: el pasaje de lista. Varias oficiales de las SS se pasearon por nuestro cuarto gritando: *Raus! raus!*, ¡fuera!, ¡fuera! Llevaban macanas que usaron para golpear a quienes les parecía que se movían demasiado lento. Cuando estuvimos fuera, en el punzante frío, con nada encima salvo nuestras andrajosas prendas y los zuecos abiertos, tuvimos que formarnos en cinco hileras como lo hicimos la primera mañana. Y, una vez más, nos dejaron paradas durante horas. Más tarde, dos o tres mujeres de las SS llegaron para pasar lista o, más bien, para contar cuántas éramos y tratar de conciliar la cantidad con lo que estaba registrado en sus listas. Eran mujeres sin estudios, no podían sumar. No dejaban de cometer errores y, cada vez que se equivocaban, el proceso se prolongaba, así que pasaron más horas. Y si alguna prisionera se desmayaba por estar parada tanto tiempo en el frío, la golpeaban hasta que se volvía a poner de pie.

Los *Zählappell* se convirtieron en rutina, a veces los llevaban a cabo dos veces al día, y cada vez tomaban más tiempo porque llegaban más prisioneras y tenían que contarlas. Era la actividad prevalente, tomaba horas y más tarde se repetía, cuando la mayoría de las jóvenes ya estaban exhaustas de trabajar todo el día. Era una más de las diversas tácticas de las SS diseñadas para humillarnos y deshumanizarnos.

Entre uno y otro pasaje de lista solo trabajábamos y dormíamos. Las chicas que trabajaban en los *Kommandos* se iban todas las mañanas a realizar su tormentosa labor. Mientras las otras mujeres trabajaban en nuestro edificio, yo iba a traer el té, es decir, nuestro desayuno. Teníamos que repartirlo entre las mujeres y asegurarnos de que hubiera suficiente para todas. Luego hacíamos las camas, limpiábamos los pisos y volvíamos a la cocina para traer pan y, a veces, margarina. Nunca hubo nada más que un mendrugo para cada una. Más tarde íbamos otra vez a la cocina para traer los calderos llenos del líquido imbebible al que llamaban sopa. Y, una vez más, teníamos que repartirla de tal forma que alcanzara para todas.

No pasó mucho tiempo antes de que empezáramos a comprender cómo funcionaban los sistemas y cómo aprovecharlos. Conocí a una chica llamada Katja Singer, quien también viajó en el segundo transporte y ahora era la *Stubendienst* de la planta baja del Bloque 9. Katja no se consideraba judía, pero vivía con una familia judía en Bratislava, así que también la deportaron. Era una líder por naturaleza, eso era obvio, por eso nos encariñamos pronto y tratamos de colaborar en equipo siempre que fuera posible.

Una de las ventajas de la labor que realizábamos era que empezamos a conocer a otras prisioneras en puestos que nos podrían resultar útiles. Establecí contacto con chicas que trabajaban en las barracas del hospital y les pedí que trajeran suministros para curar a las que realizaban «labores agrícolas». Usábamos cualquier cosa que ellas pudieran esconder o «desaparecer». De esta forma conseguimos algunos ungüentos para las cortadas y las heridas, y, a veces, incluso medicamentos para la diarrea. También me comuniqué con las jóvenes que hacían trabajo de costura y reparaban los blancos, y les pedí que rasgaran una sábana en tiras para poder usarlas como vendajes. Con el tiempo, a estas actividades de sustracción de artículos empezamos a llamarles «organizar», y la «organización» se convirtió en uno de los actos vitales de la vida en el campo de concentración.

En algún momento empecé a comprender que el hecho de haber eludido las labores en el exterior, gracias a la intervención de Marie, me había colocado, quizá, en el lugar idóneo para realizar la labor que me correspondía aquí: ofrecer cualquier tipo de ayuda que pudiera, dadas las circunstancias.

Todas las noches, cuando volvían las chicas de los *Kommandos*, subíamos los calderos al piso de arriba y las alimentábamos a ellas antes que a las otras. Se formaban en silencio porque no tenían energía ni para hablar. Servíamos la porción más generosa posible y nos asegurábamos de mezclar todo bien para que a todas les tocara aunque fuera un poco de verdura. Cuando terminaban de comer, yo ponía en práctica lo poco que había aprendido con el doctor Tomoshov y realizaba algunas labores modestas de primeros auxilios. Les aplicaba ungüento, vendaba sus heridas sangrantes o les daba medicamentos, si acaso teníamos.

Una noche, una chica se acercó a mí casi al final de la hora de la cena. Me dijo que se llamaba Blumah.

—Soy hija del rabino de Bratislava. Me envió a cuidarte. Aún no has comido, deberás hacerlo porque, de lo contrario, no tendrás energía para continuar ayudando —me dijo.

Nos hicimos buenas amigas y, al mismo tiempo, aprendimos una nueva lección: que para sobrevivir en este lugar tendríamos que cuidarnos las unas a las otras.

Por desgracia, sin importar cuánto me esforzara yo o cualquier otra, la pésima calidad de la comida y el exceso de trabajo provocaron que muchas jóvenes sufrieran desnutrición y se enfermaran de gravedad. Algunas morían mientras dormían. A otras solo las abrumaba lo miserable de la situación, así que huían durante el pase de lista y un oficial de las SS les disparaba o, si no había guardias cerca, ellas mismas se lanzaban contra las cercas electrificadas que rodeaban el campo y se electrocutaban. A veces, desde el interior de nuestro edificio, escuchábamos series de disparos cercanos, pero no podíamos ver de qué se trataba. Tal vez ese era el destino de las jóvenes que desaparecían sin explicación.

Apenas unas semanas antes, pocas habíamos tenido un contacto real con la muerte y, ahora, en cambio, era una compañía constante.

Algunos meses después de nuestra llegada, Marie, la *Stubenälteste* que continuó siendo tan amable con nosotras como podía, sin llegar al punto de provocar la ira de los guardias de las SS, vino a hablar conmigo. Apenas podía ocultar su sonrisa. Me dijo que pronto cerrarían Auschwitz, que le darían ropa nueva, la liberarían y la enviarían a casa para que se reencontrara con su marido. Lo único que necesitaba era que le hicieran una revisión médica. Luego se fue al hospital y no volví a verla jamás. Tiempo después me enteré de que le habían inyectado fenol en el corazón. También supe que, de acuerdo con las costumbres nazis, le enviarían a su marido un certificado que indicaba que Marie había muerto de un ataque al corazón. Nunca sabríamos por qué la asesinaron, pero quizá cruzó la línea. Tal vez, el hecho de no ser cruel con nosotras y de tratarnos con gentileza molestó al oficial de las SS que la puso a cargo. Y quizá por esa razón, su muerte era una advertencia.

Al pasar del verano al principio del otoño, las que seguíamos vivas comprendimos que la promesa de la Guardia Hlinka de que nos enviarían de vuelta a casa después de tres meses era una mentira, pero, mientras tanto, tomé la decisión de mantenerme tan positiva como fuera posible y animar a las demás a trabajar en equipo.

La tarea de llevar la comida de la cocina al edificio continuó día tras día. En una ocasión, la prostituta alemana que me ayudó a cargar el caldero de sopa el primer día me llevó a un cuarto donde había salami *shpek* (grueso) y todo tipo de exquisiteces reservadas para los oficiales de alto rango de las SS. Me dijo que podía llevarme lo que quisiera. Tomé un pedazo de carne ahumada y un poco de sal porque llevaba mucho tiempo con el antojo; sin embargo, me pareció que agarrar demasiadas cosas sería peligroso. La prostituta se portaba cada vez más amable, y entonces comprendí su interés; así que, eligiendo con cuidado mis palabras, le expliqué que no tenía nada en su contra, que me parecía que era una persona agradable, pero que no estaba interesada en ella.

Más o menos en julio de 1942, casi al final del periodo en que vivimos en el campo principal de Auschwitz, cerca de la *Brotkammer*, la panadería, vi a una *Aufseherin* de las SS, es decir, una mujer guardia. Un día, se dirigió a mí.

—*Wie heißen Sie?* —dijo. ¿Cómo te llamas?

Me quedé paralizada al oír el tono tan familiar con que me habló, pero supuse que, como todas nos veíamos diario, tal vez algunas fronteras habían empezado a desdibujarse un poco. Posiblemente me vio hablando en alemán con las trabajadoras de la cocina y, quizá, como era muy joven porque apenas tenía dieciocho o diecinueve años, las reglas no le eran tan claras como a las guardias de mayor edad. Tenía los ojos muy grandes, un rostro ligeramente regordete y trenzas largas. Solo llevaba algunos días en el campo, pero la noté porque le gustaba conversar con las otras guardias como si fuera una niña.

—Me llamo Magda —contesté.

—Soy Irma —dijo.

—Gusto en conocerla —contesté como si me acabaran de presentar a alguien en un club de tenis, sin darme cuenta del todo con quién estaba hablando.

Irma me dijo que había notado que yo cargaba el pan al igual que las otras jóvenes de mi cuarto, que no dejaba que ellas cargaran todo solas, como las otras *Stubendienst*.

—¡La respeto, Magda! —dijo.

Y a partir de ese momento, cuando no había nadie más cerca, siempre me llamaba Magda y yo la llamaba Irma.

En los siguientes días, Irma volvió a hablarme en algunas ocasiones mientras esperaba el pan. A veces parecía olvidar que yo era prisionera y ella guardia, porque conversaba conmigo como si yo fuera su hermana mayor o su prima. Me daba la impresión de que quería agradarme. Incluso me habló de algunos de los planes de los nazis sobre los que se había enterado. Me dijo que, en lugar de continuar empleando a las prisioneras alemanas y a las prisioneras políticas como líderes de las habitaciones y los bloques, las SS tenían previsto poner a judías a cargo. Cuando le pregunté por qué, me explicó que los nazis creían que, tarde o temprano, las «líderes» se sentirían frustradas, se enojarían y serían malas con sus compañeras. Esto provocaría una división entre la población y, en lugar de culpar a las SS de la crueldad en el campo de concentración, las prisioneras responsabilizarían a las líderes judías.

Aproximadamente una semana después de esta conversación, Irma ya no estaba activa en la *Brotkammer*, de hecho, no la vi por algún tiempo. Jamás habría imaginado que aquella joven, Irma Grese, llegaría a ser una de las guardias más infames del campo de concentración. Tanto, que más adelante se le conocería por el apodo de la «Hiena de Auschwitz».

4

Birkenau

6 de agosto de 1942

A finales de 1942 nos enteramos de que nos iban a llevar al nuevo campo de Birkenau, a unos kilómetros de donde estábamos. Esto provocó que muchas de las chicas se animaran porque llevábamos cuatro meses en Auschwitz, habitando en un lugar más que hacinado y comiendo alimentos asquerosos y nada nutritivos que apenas bastaban para mantenernos vivas. Muchas de las chicas forzadas a trabajar fuera, en los *Kommandos*, fueron sometidas a exigencias físicas desmesuradas que las pusieron al borde de la muerte.

Para julio, las cosas habían empeorado. Durante los primeros tres meses tras la llegada de los primeros transportes, en nuestro campo solo hubo jóvenes eslovacas. Nos mantuvieron en una sección de diez bloques en el interior de las instalaciones de Auschwitz, separadas del resto del campo por un muro que nos rodeaba y aisladas del resto: criminales y prisioneros de guerra. De manera oficial, ni siquiera formábamos parte de Auschwitz porque nuestra área era un puesto de avanzada del campo de concentración femenino principal en Ravensbrück y, de hecho, el comandante y muchos de los guardias venían de esa prisión.

El hecho de permanecer contenidas en un área relativamente pequeña y provenir de entornos similares, hizo que, de alguna manera, formáramos una comunidad. Incluso conservamos la leve esperanza de que en algún momento nos enviaran de vuelta a casa como nos lo habían prometido.

Las cosas empezaron a cambiar cuando llegaron más transportes de mujeres judías de Francia y Holanda. De pronto nuestra prisión estuvo mucho más concurrida, la población se duplicó en unas cuantas semanas y la situación se volvió más estresante. Un día escuchamos el rumor de que todas las familias que llegaron con sus niños en uno de los transportes fueron enviadas a las cámaras de gas en cuanto arribaron. Esta noticia atemorizó a la población del campo: no solo por nosotras mismas, sino porque pensamos en las familias que nos forzaron a dejar atrás.

Cuando nuestra última esperanza empezaba a desvanecerse, la idea de mudarnos a un nuevo campo nos brindó algo de alivio porque, ¿acaso podría existir algo peor que Auschwitz?

Qué ingenuas fuimos.

El día de la mudanza nos ordenaron que saliéramos para otro pasaje de lista y luego caminamos cerca de una hora para ir al nuevo campo. Las guardias de las SS arrastraron a un lado del sendero a algunas jóvenes que no podían andar bien o tenían problemas para avanzar. No sabemos qué les pasó, pero según los rumores que corrieron más tarde, las asesinaron.

Cuando llegamos a Birkenau, de inmediato se esfumó toda esperanza de que estaríamos mejor. Solo encontramos filas de edificios de ladrillos que, más que alojamientos humanos, parecían establos. Las barracas estaban rodeadas de un lodo de color gris oscuro. Entre el lodo y los edificios corrían varios canales profundos con algo que parecía ser aguas residuales; entre los canales había tablas que funcionaban como «puentes». Se suponía que estos canales servirían de desagüe hasta que instalaran tuberías, pero después descubrimos que, más que para desaguar, funcionaban como fosas. A ese complejo, que luego llegamos a conocer como sector B-Ia, lo rodeaba una cerca de alambre de púas. Afuera había varias torres de vigilancia. De un lado, cruzando un sendero, había otra área cercada que se parecía a la nuestra porque también tenía barracas, era el sector B-Ib. Vimos que ahí tenían a prisioneros varones y, más allá del campo, hacia lo más lejos que alcanzábamos a ver, había hectáreas de tierras de cultivo desoladas.

Antes de siquiera entrar a las barracas fue evidente que, si Auschwitz había sido un infierno, este nuevo campo solo sería un tormento de un tipo distinto. La pesada atmósfera parecía afectar el humor de las guardias de las SS y de sus cómplices, las prisioneras alemanas. Cuando nos empujaron para hacernos ingresar en los edificios, vimos que de pronto se volvieron más abruptas y crueles. A mí me tocó el Bloque 2. Era una especie de establo y en cada uno de los compartimentos que le habría correspondido a un caballo ahora dormirían treinta mujeres. En estos compartimentos había dos rudimentarias plataformas construidas con tablones espaciados con holgura, los cuales servían para dividir el espacio en tres niveles, y en cada nivel dormirían diez mujeres. Es decir, iban a hacinar a cientos en cada edificio. Para dormir teníamos delgados colchones de paja y una sola cobija vieja. La única luz que entraba provenía de unas cuantas ventanitas sin vidrio y de huecos que se formaban donde el inclinado techo creaba un ángulo y se unía con la pared. Esos mismos huecos permitían que entrara el viento y nos congelara hasta los huesos.

Era obvio que nos habían movido al campo de Birkenau antes de que estuviera listo para recibirnos. A menos, por supuesto, que a los nazis no les interesara nuestro bienestar, lo cual también se volvía cada vez más evidente. Ya no éramos las prisioneras que les proveerían mano de obra gratuita, nos habíamos convertido en animales que podrían sacrificar en cualquier oportunidad. De hecho, seguíamos enterándonos de que cientos de personas eran asesinadas en las cámaras de gas.

En el nuevo campo no había sanitarios ni agua corriente. Nuestro «baño» era un gran agujero en el suelo con una tabla encima. De por sí, ya era bastante difícil lidiar con la peste del foso cuando se abría, pero muchas temían algo todavía peor: caer en él. Unos cuantos días después de que llegamos, una chica perdió el equilibrio, cayó y quedó cubierta de excremento. Caminó a trompicones por el campo en busca de un lugar para lavarse, pero como no había agua corriente, su esfuerzo fue en vano. Una guardia decidió aplicar una solución que se volvía cada vez más común cuando se presentaba una situación difícil: le disparó y la mató.

La única agua a la que teníamos acceso era la de un asqueroso pozo que tenía un cubo atado con una soga. Cuando cientos de mujeres regresaban después de trabajar todo el día fuera, desesperadas y sedientas porque no habían bebido nada y pasaron el día en el calor de finales del verano, se lanzaban una sobre la otra para tratar de llegar al pozo. A veces, una caía y no había manera de sacarla. Por desgracia, muchas murieron ahogadas.

Tan solo intentar moverse por el campo era difícil porque te podías atorar en el fango; perder los zuecos y quedarte sin calzado; o caer en uno de los canales y no poder salir de la espesura de las aguas residuales. Aunque los zuecos no ofrecían ninguna protección de la lluvia, perderlos significaba caminar descalzas sobre el suelo congelado. O, peor aún, podía ser una razón más para que los oficiales de las SS te castigaran por tu apariencia. A algunas les disparaban en cuanto veían que habían cometido el monstruoso crimen de no traer calzado.

Stiwitz, uno de los guardias de mayor rango de las SS en el campo, incluso inventó un juego aprovechando nuestras miserables circunstancias. Soplaba su silbato al azar y gritaba: «*Blocksperre!*» (¡A encerrarse!). Con esa señal indicaba que todas debíamos volver a las barracas de inmediato. Era una versión letal del juego musical de las sillas: las mujeres tenían que correr a su bloque antes del segundo silbatazo y, naturalmente, todas se empujaban y caían unas encima de las otras cuando cruzaban los tablones que servían de puente entre los canales. Muchas de las jóvenes caían a los canales o se atascaban en las zonas cenagosas; otras solo estaban demasiado débiles para volver a tiempo a las barracas. A las que se quedaban fuera después de que sonaba el segundo silbatazo, las reunían, las forzaban a formarse y las subían a camiones con destino a las cámaras de gas. En una ocasión, estaba fuera cuando sonó el primer silbatazo y noté que unas amigas de mi pueblo se habían caído en el canal. Corrí a ayudarlas, pero escuchamos el segundo silbatazo antes de poder volver a la barraca. Unos minutos después, ya nos estaban empujando a mí y a mis amigas por la rampa para subir al camión. Nadie dijo nada. Sabíamos adónde nos llevaban. Fue la primera vez que pensé: *Hasta aquí llegó mi vida, se acabó. Al menos intenté ayudar.* Pero instantes después, justo antes de que quitaran la rampa, pasó junto a nosotras un grupo de *Kommando*. Las guiaba la prostituta alemana que me ayudó en Auschwitz a cargar el caldero de sopa y que luego me mostró la zona de almacenaje de la cocina. En el brazo llevaba una banda de *Kapo*. Me vio y de inmediato corrió a la rampa. Me jaló y me abofeteó en ambas mejillas.

—Necesito a esta —les dijo a los guardias que estaban junto al camión—: es parte de mi *Kommando* —vociferó, y me llevó hasta el frente de su grupo y avanzamos marchando.

—¡Lárgate! ¡Desaparece! —me gritó en cuanto dimos vuelta en la esquina.

Le agradecí mientras huía. Trataba de entender lo que acababa de suceder. Esa noche, mientras pensaba en que me habían salvado la vida, pero las otras chicas no corrieron con la misma suerte, volví a recordar la misión que vaticinó para mí el rabino Belzer.

Las SS designaron a Katja Singer como *Blockälteste* del Bloque 2 en Birkenau, y ella me asignó el puesto de *Stubendienst*, así que ocupé el mismo puesto y tuve las mismas tareas que antes: organizar la limpieza de la barraca, recoger y distribuir la comida. Ahora, sin embargo, las cosas eran distintas porque la cantidad de prisioneras para las que había que cargar la comida se había duplicado, y aquí no podíamos conversar de forma casual como solíamos hacerlo en el campo principal de Auschwitz.

Elegí un equipo de dieciséis ayudantes para ir por los alimentos. Teníamos que cargar té, sopa y, al final del día, también íbamos a la *Brotkammer* por pan: traíamos cuatrocientas hogazas para la cena y el desayuno de mil mujeres. Muchas de las ayudantes realizaban «labores agrícolas» durante el día, y yo comprendía que estuvieran exhaustas.

—Sé que es difícil —les decía—, pero no puedo hacer esto sola.

Igual que antes, me aseguraba de cargar la misma cantidad de hogazas que ellas. Cuando volvíamos, teníamos que dividir y distribuir el pan, y acompañarlo de mantequilla, si nos daban. Si acaso era posible, estos alimentos eran peores que los anteriores. El pan parecía horneado con aserrín en lugar de harina, y siempre estaba seco. Sin embargo, teníamos que repartir lo que había. Por ahí decían que, si te mantenías con vida tres meses comiendo eso, sobrevivirías lo que fuera necesario. Por desgracia, muchas jóvenes murieron, en especial, muchas de las eslovacas que llegaron en los primeros cuatro transportes, seis meses antes. Algunas solo fallecían mientras trabajaban, otras fallecían cuando estaban dormidas o colapsaban durante el pasaje de lista. La muerte era una constante.

Igual que en Auschwitz, se estableció cierta estructura y rutina porque era necesario. Era la única manera de sobrevivir. Por supuesto, también era posible regodearse en la autocompasión, pero eso no ayudaba a que el tiempo pasara más rápido ni aumentaba nuestras probabilidades de seguir vivas. Teníamos que aceptar la vida mientras estuviera ahí, y enfrentarla de la mejor manera posible. La guerra terminaría algún día, y si lográbamos ver el fin, podríamos volver a nuestra existencia anterior o, al menos, iniciar una nueva. Mientras tanto, yo repetía mi mantra y me decía que, si nos manteníamos juntas y trabajábamos en beneficio de las otras, aumentaríamos nuestras probabilidades de vivir lo suficiente para salir de ahí… Aunque ahora me resultaba aún más difícil creerlo.

Por un periodo breve nos permitieron escribir tarjetas postales para enviarlas al mundo exterior. Claro que las censuraban, pero una mujer de Michalovce encontró la manera de pegar con mucho cuidado una tarjeta a otra, o añadir un trozo de papel sobre la original. Primero escribía en hebreo lo que en verdad estaba sucediendo, luego en la cara exterior de la otra tarjeta escribía en alemán las pocas palabras que nos permitían plasmar los nazis. Algunas de estas tarjetas fueron recuperadas después de la guerra, así que pudimos constatar que vieron la luz. Sabemos que, desde 1942, algunas noticias sobre lo que estaba sucediendo en los campos de exterminio llegaron a los gobiernos aliados… pero, por supuesto, nadie hizo nada al respecto. Yo envié varias de estas tarjetas postales a la cervecería de Michalovce. No sabía qué le había sucedido a mi familia, pero di por hecho que, sin importar lo que pasara, la cervecería sería uno de los negocios a los que se les permitiría continuar operando. Conocía al director, Philip Reich, y a Zelma, su mujer, porque sus hijos asistieron a mi jardín de niños. Les envié una tarjeta con los nombres de todas las jóvenes que estaban conmigo, tenía la esperanza de que pudieran avisarles a sus padres que seguían vivas. Mucho tiempo después me enteré de que las tarjetas llegaron y circularon por el pueblo. Hacia fin de año, o bien las SS descubrieron lo que estábamos haciendo, o bien decidieron que tener este mínimo detalle humano era excesivo. De cualquier forma, a partir de entonces cada vez hubo menos oportunidades de escribir cartas y tarjetas, en especial en el caso de los prisioneros judíos.

El *Zählappell* continuó llevándose a cabo en Birkenau de la misma manera que en Auschwitz, solo que se volvió más un asunto de vida o muerte. Por la mañana, con frecuencia antes del amanecer, a muchas les costaba trabajo levantarse de la cama. Las plataformas de madera o el suelo sucio eran tan incómodos que dormir era casi imposible. Eso se sumaba a los dolores que muchas sufrían por haber trabajado todo el día fuera, y a la falta de fuerza por la mala alimentación. Levantarse al día siguiente era poco menos que irrealizable. Quienes teníamos un poco más de energía ayudábamos cuando podíamos, pero levantarnos o ponernos de rodillas durante horas con el frío que hacía por la mañana, que era lo que con frecuencia nos ordenaban, era un verdadero tormento. Y aunque no pasaba a diario, con frecuencia teníamos que volver a formarnos o arrodillarnos por la tarde, es decir, bajo el calor del sol y después de haber trabajado todo el día. Siempre tratábamos de sostenernos las unas a las otras, a veces enlazando nuestros brazos a lo largo de las filas, pero de todas formas algunas se desmayaban y se las llevaban.

A medida que fueron llegando más trenes, nuestro campo se llenó más y más. Venían mujeres de Eslovaquia, pero también del resto de Europa. Viviendo hacinadas en un ambiente increíblemente sucio, no era sorprendente que las enfermedades se propagaran. Poco después de nuestro arribo sufrimos de tifoidea y malaria, que llegaron y arrasaron con los campos, por lo que la tasa de mortalidad aumentó muy rápido. En una ocasión, estaba caminando por el campo y vi un gran montículo, eran los cuerpos desnudos de chicas que habían muerto de alguna de estas enfermedades o, si no, debido al trabajo excesivo o el hambre. La tarea de reunir los cuerpos le correspondía al *Leichenkommando*: el «Comando de la muerte». Ver a todas esas hermosas jóvenes muertas fue terriblemente triste. Volví a mi bloque y les dije a las otras que teníamos que hacer todo lo que pudiéramos para no terminar en un montículo como el que acababa de ver.

—Debemos continuar ayudándonos y animándonos entre nosotras.

En el invierno de 1942 llegó mi turno y me enfermé de tifoidea. Habíamos tratado de mantener el Bloque 2 lo más limpio posible, para así evitar lo peor de la epidemia, pero, en algún momento, unas treinta nos enfermamos al mismo tiempo. Sufrimos de fiebres muy elevadas y de una pérdida total de energía. Era una amenaza doble porque la enfermedad empezó a matar a muchas, pero, además, si Stiwitz llegaba a enterarse de que al menos una de nosotras estaba enferma, enviaría al bloque entero a las cámaras de gas.

Ya había sucedido en varias ocasiones en octubre: asesinaron a miles de mujeres en un mes. Todas teníamos que asistir al pasaje de lista en cada ocasión porque, en lugar de ser una excusa, el hecho de estar enfermas en cama era una sentencia de muerte.

Como yo era *Stubendienst* de mi bloque, Stiwitz notaría mi ausencia en cuanto se hiciera un pasaje de lista, y eso me colocaría en una situación mucho más peligrosa. Lo peor era que, ahora, una prisionera alemana ocupaba el puesto de *Blockälteste* porque las SS nombraron a Katja *Rapportschreiberin* del campo, es decir, encargada de los registros. La alemana no se portó mal, no le dijo a Stiwitz que yo estaba enferma, pero, claro, tampoco se iba a esforzar por protegerme.

Mi condición empeoró, la temperatura se mantuvo alta y tenía la lengua tan inflamada que no podía ni comer ni beber. No podía ver ni escuchar, no podía caminar. Para moverme tenía que arrastrarme por el suelo, tirando de una pierna y luego la otra, como un bebé. Una de las chicas me pateaba para avisarme que alguien se acercaba. Permanecer de pie durante el pasaje de lista era imposible, incluso con la ayuda de las otras, pero, por suerte, una joven llamada Ruzenka tuvo una idea para protegerme. Le pidió a otra chica que trabajaba en el turno de la noche en la cocina que me cubriera. Ella diría que yo estaba haciendo ese turno y, por lo tanto, que dormía durante el día, y mientras tanto, ella asistiría al pasaje de lista en mi lugar. Una mañana, Stiwitz visitó el bloque y me encontró acostada, pero logré explicarme con claridad suficiente; tanto, que de pronto vociferó: «*Halt dienen Mund. Geh wieder schlafen*», «Para de hablar y vuelve a dormir». Mientras otras veintinueve mujeres fueron enviadas a la muerte, yo tuve suerte porque el plan de Ruzenka funcionó.

En los meses que pasaron desde nuestra llegada a Birkenau, algunas de las chicas que trabajaban en las cocinas o en las barracas del hospital, o *Revier*, desarrollaron diversas maneras de «organizar» las cosas que necesitábamos. Gracias a eso, ahora siempre teníamos acceso a medicamentos y alimentos si los encontrábamos, y que, en general, las SS siempre los tenía en abundancia. Con los contactos adecuados, incluso era posible conseguir objetos del área de almacenamiento llamada *Kanada*, donde se separaban los artículos que los nazis le confiscaban a la gente que llegaba al campo para aprovecharlos. El arte de «organizar» radicaba en tomar algo por aquí y algo por allá sin ser visto, y luego meterlo de contrabando a las barracas. Era muy peligroso porque, si te descubrían robando, podían matarte en ese instante. Por suerte, la mayoría de los oficiales de las SS no eran muy inteligentes, así que rara vez atrapaban a las chicas. Además, también era posible sobornar a los guardias rasos con objetos del almacén *Kanada* porque ellos no tenían acceso. Las prendas para niños, por ejemplo, eran de los artículos más populares entre los guardias. Cuando me enfermé, se solicitaron medicamentos a las prisioneras que trabajaban en el *Revier*, pero lo único a lo que tenían acceso era a tabletas para males cardiacos. Tomé algunas, pero, por supuesto, no me sirvieron para bajar la fiebre. Luego las chicas de la cocina lograron pasar de contrabando un poco de sopa con vegetales, y eso me dio un poco de energía. Poco después tuve un antojo loco de tomates, que eran un lujo inalcanzable, pero alguien descubrió que, en el centro de investigación alemán, cerca de la frontera de Birkenau, trabajaban algunas prisioneras que los cultivaban. Una chica arriesgó su vida para traer unos cuantos, y el simple hecho de tocar el fruto con mi lengua inflamada me brindó un poco de alivio. Por último, cuando me volvió a subir la fiebre y empecé a delirar, pedí limonada. Otra joven, esta vez de Michalovce, ayudó a saciar este capricho. Trabajaba en el comedor de las SS y logró robar un poco de agua gasificada. Creo que su mera valentía ayudó a salvarme la vida un poco.

Cuando la *Blockälteste* alemana empezó a perder la paciencia conmigo y amenazó con enviarme a la cámara de gas, una de las chicas le dijo que ella cosía muy bien y que le confeccionaría lo que quisiera si le conseguía un poco de tela. Luego, una joven que laboraba en la cocina le dijo que era buena cocinera y prometió prepararle una comida apetitosa. Una tras otra, las chicas que vivían en mi bloque lograron comprarme algo de tiempo y mantenerme fuera de la cámara de gas.

Una mañana, a principios de 1943, antes del amanecer y en medio del crudo invierno, los guardias de las SS anunciaron que todas las mujeres del campo debían salir de las barracas en filas de cinco. Nadie sabía por qué, pero también nos quedaba claro que no necesitaban una razón. Yo todavía no podía caminar, así que mis amigas volvieron a improvisar. Me colocaron en medio de un grupo, dos chicas fuertes se pusieron a mi lado derecho y dos al izquierdo. Me sostuvieron de los codos con tal fuerza que mis pies colgaban. Como por milagro, el movimiento de las piernas de las otras chicas marchando logró ocultar mi inmovilidad. Cuando nos dijeron que nos detuviéramos, nos encontrábamos en una zona extendida y cubierta de nieve. No nos asignaron ningún trabajo, solo nos dejaron en el frío todo el día como parte de una cruel tortura. Las chicas me colocaron sobre una piedra plana, y me levantaban y me movían de vez en cuando para evitar que me congelara. Se ponían a mi alrededor para cubrirme y mantenerme oculta de la vista de los guardias de las SS que nos cuidaron ese día. Ruzenka tenía un cuenco con sopa bajo el vestido, lo había ocultado con una botella de té. Cada vez que podía, me daba un sorbo. Otras chicas, que estaban tan débiles como yo, cayeron al suelo y ya no pudieron moverse. Si no estaban muertas aún, entonces estaban agonizando, así que, al final del día, los guardias las desecharon como si fueran juguetes rotos. Cuando caminamos de vuelta al campo, los guardias empezaron a sacar a algunas jóvenes de las filas porque les pareció que estaban demasiado débiles para continuar. Todas nos sentíamos vulnerables, nos estábamos congelando y teníamos hambre, pero la crueldad de los guardias no tenía límites. Tiempo después descubrimos que esas chicas, que eran unas mil, fueron enviadas a la Barraca 25, mejor conocida como el «Bloque de la muerte» y, de ahí, las habían enviado a la cámara de gas a la mañana siguiente, pero yo me salvé de ese destino por milagro.

Cuando la temperatura del ambiente subió y el clima mejoró un poco, me recuperé. Para ese tiempo, casi un año después de haber sido deportadas, ya solo quedaban unas cientos de las jóvenes eslovacas que llegaron con nosotras. La epidemia de tifoidea mató a muchas, el invierno también, en especial a las que formaban parte de los *Kommandos* y trabajaban fuera. Quienes corrimos con suerte y sobrevivimos hasta ese momento se lo debíamos al apoyo de otras mujeres que provenían del mismo pueblo, como era mi caso, porque tenía amigas y primas de Michalovce; o a mujeres de un grupo religioso en particular. Algunas de las que permanecieron juntas pertenecían a Hashomer Hatzair, la organización de la que formé parte cuando era más joven. Nadie tenía garantizada la supervivencia, pero, sin lugar a duda, si no contabas con alguien que cuidara de ti, las probabilidades disminuían.

Después pasamos por otro periodo de «rutina». Por la mañana, el día comenzaba con el *Zählappell*, luego trabajábamos, después había otro pasaje de lista, y por último dormíamos el tiempo que pudiéramos. Y entre una actividad y otra, comíamos las exiguas raciones de alimento que nos daban.

Los domingos no teníamos que trabajar y había menos guardias rondando, lo cual propiciaba una peculiar sensación de relajamiento. Un domingo caluroso, los guardias se fueron después del pasaje de lista y tuvimos la tarde prácticamente para nosotras. Yo me senté con algunas amigas a conversar y traté de ignorar a los insectos que no dejaban de molestar. Las moscas volaban a nuestro alrededor y nos volvían locas, solo podíamos sacudir las manos para tratar de mantenerlas alejadas de las orejas, la nariz y la boca. Una de las chicas dijo que solo el demonio habría podido crear seres como las moscas, que tanto parecían disfrutar de convertir aquellos preciosos minutos de relativa libertad en un infierno.

Luego otra se abrió los pantalones y la camisa.

—Distraigámonos tronando piojos —dijo, al tiempo que quitaba uno de su piel y lo aplastaba entre sus dedos.

Los piojos nos acompañaban todo el tiempo, a veces se arrastraban debajo de la piel y nos dejaban ronchas infectadas que daban comezón, o solo los sentíamos arrastrándose en nuestro cuerpo y en el cabello. Eran una constante en nuestra vida y, como no podíamos ignorarlos, lo único que nos quedaba era aprender a vivir con ellos.

Nos unimos a la joven y empezamos a tronar piojos.

—¿Se imaginan hacer esto en tiempos normales? —dijo Edith—. ¿Echarnos en la tierra con la ropa medio abierta para buscarnos piojos y aplastarlos?

Reímos hasta llorar. Fue uno de esos raros momentos de tragicomedia que nos ayudaban a no perder la cordura.

Luego me volví a enfermar y otra vez tuve fiebre elevada. En esta ocasión no fue la tifoidea, sino otra de las enfermedades comunes en aquel entonces: malaria. Algunas de las chicas me llevaron al *Revier*. Para ese momento todos sabían que no era un verdadero hospital, sino una barraca aparte donde había algunos prisioneros que eran doctores y enfermeras, y hacían su máximo esfuerzo para curar porque no tenían ni medicamentos ni equipo. Sin embargo, mis compañeras pensaron que, al menos, ahí podría descansar un poco y no tendría que asistir al *Zählappell* todos los días.

Pasé la noche en el *Revier* escuchando a las ratas correr por el lugar, y empujándolas o pateándolas cuando trataban de morderme los dedos de las manos o los pies. Estoy segura de que tuvieron más éxito con otras mujeres que se encontraban inconscientes o muertas. Las ratas eran otra forma de tortura que, por alguna razón, no nos afectaba en el Bloque 2, por eso, a la mañana siguiente pedí que me regresaran. Prefería morir de la enfermedad que ser devorada viva por roedores. Más tarde, ese mismo día, escuché que habían vaciado el *Revier* y que enviaron a la cámara de gas a los «pacientes» que aún quedaban, algo que a las SS le gustaba hacer cuando los oficiales sentían que ya había demasiada gente en el hospital.

Una vez más, escapé de la sentencia de muerte. Una vez más, pensé en el rabino Belzer y en la misión con la que, según él, nací.

5

Blockälteste

Principios de 1943

Fue un sonido muy extraño, una especie de canto, de eso estoy segura; sin embargo, el canto no era común en ese lugar. De hecho, estaba prohibido cantar en cualquier otro idioma que no fuera alemán, y como pocas lo hablábamos, pues... la mayoría de las jóvenes tarareaba en voz baja, si acaso. Esto, en cambio, sonaba como un coro entonado a todo pulmón. Cada vez se escuchaba más fuerte, notamos que provenía de un grupo de mujeres que caminaban hacia nuestro campo. Por fin reconocimos la melodía, era «La Marsellesa», el himno nacional francés. Los guardias de las SS corrían al lado del grupo de mujeres y, si alguien se atrevía a mirarlas, le apuntaban con sus rifles.

Ninguna de las personas que presenciaron esta escena la olvidará jamás.

El grupo continuó marchando a tiempo y cantando con fuerza hasta que entraron al sector BI-a. Eran aproximadamente trescientas mujeres y todas llevaban en el brazo la insignia del triángulo rojo de cabeza que correspondía a los prisioneros políticos.

Entonces llegó Katja.

—¡Magda! Te necesito —dijo—. Quiero que seas la *Blockälteste* de estas mujeres francesas.

—No quiero ser *Blockälteste* —dije—. Siendo *Stubendienst* puedo mantener mi invisibilidad, ¿por qué querría atraer la atención de las SS?

—Estas mujeres vienen de Drancy —me explicó. Drancy era una zona de internamiento o prisión temporal al norte de París. De ahí, los prisioneros eran transportados a los diversos campos de concentración en Europa—. Son intelectuales francesas —continuó—: doctoras, abogadas, escritoras. Necesitan a alguien que les enseñe a sobrevivir en este lugar. ¿O prefieres que ponga a alguna de las prisioneras alemanas a cargo? Terminarían asesinándolas en menos de una semana —insistió, mirándome fijo a los ojos—. Vamos, te harás cargo de ellas.

—¡Pero no sé francés! —dije.

—¡Ay, por Dios, Magda! ¿No sabes francés? —preguntó riéndose—. Pero si tú sí fuiste a la escuela. Estoy segura de que aprendiste algunas frases. *Excusez-moi*, o algo así, ¿no? Ya aprenderás el resto.

Katja tenía razón, en la escuela habría aprendido un poco, y, además, ya no me quedaban excusas. De todas maneras, mi opinión no contaría, tendría que hacerme cargo de esas mujeres y sería *Blockälteste* por primera vez.

En cuanto alojaron a las francesas en una barraca, fui a su encuentro.

—¿Quién de ustedes habla alemán? —pregunté.

Una joven dio un paso al frente. Dijo que se llamaba Marie-Elise y que era periodista.

—De acuerdo, necesitaré que seas mi intérprete —dije—. Yo no me ofrecí para ocupar este puesto —les expliqué a las mujeres con ayuda de Marie-Elise—. No es un placer para mí, pero, finalmente, nada aquí lo es. Si ustedes colaboran, juntas lograremos que nuestra vida sea lo más sencilla posible, pero necesitamos trabajar en equipo.

Les expliqué que la tifoidea estaba causando estragos en el campo, que lo propagaban las moscas y los piojos, y que era muy difícil mantener las barracas limpias, pero que tendríamos que esforzarnos al máximo. También les expliqué el sistema para recoger los alimentos de la cocina y todo sobre el *Zählappell*. Puse énfasis en que debían llegar a tiempo, pararse erguidas y hacer lo que les ordenaran, y les expliqué que eso ayudaría a que el proceso no durara más de lo necesario.

—Mañana nos despertaremos un poco antes del pasaje de lista. Haremos algunos ejercicios porque debemos mantener el ánimo y conservar la poca fuerza que nos queda.

Me di cuenta de que creyeron que estaba loca, pero hicieron lo que les dije.

La mayoría de las jóvenes francesas podrían quedarse en la barraca y trabajar ahí, eso las salvaría de las exigencias letales de las labores en los *Kommandos*; sin embargo, sería imposible librar a todas.

En cuanto Marie-Elise empezó a entender cómo funcionaban las cosas en el campo, nos convertimos en un buen equipo. Una mañana, un par de semanas después de la llegada de las francesas, ya estábamos listas y de pie para el *Zählappell*. Entonces un oficial de las SS llegó caminando por el sendero hacia nuestras filas y se detuvo ante nosotras. Di un paso al frente y expliqué que era la *Blockälteste*. Lo reconocí, era un médico que había visto una o dos veces en el *Revier*. Me preguntó de dónde eran esas mujeres y, cuando respondí, solicitó una intérprete. Marie-Elise dio un paso adelante y se quedó parada entre el oficial y yo.

Él le ordenó que les preguntara a las chicas quién ya no soportaba el pasaje de lista. Sentí que el corazón se me encogía, sabía que estaba haciendo una selección *ad hoc* y que la mayoría de las francesas estaban cansadas de permanecer paradas sin moverse durante horas todas las mañanas y algunas tardes. Obviamente, muchas levantarían la mano, y yo sabía adónde las enviarían. Pero ¿cómo decirles?

Después de que Marie-Elise hizo la pregunta, algunas levantaron la mano. Me relajé cuando vi que fueron pocas; pero, por desgracia, al médico no le bastaba.

Le ordenó a Marie-Elise que preguntara si no había alguien más, alguien que, por ser de mayor edad o no sentirse bien, ya no soportara el *Zählappell*.

Cuando tradujo la pregunta, le di un codazo lo más fuerte que pude, pero sin ser obvia. Ella, sin detenerse ni cambiar de expresión, terminó la pregunta y, hablando todavía en francés, dijo:

—... pero es mejor decir que no.

Gracias a eso, nadie más levantó la mano, y quienes ya lo habían hecho la bajaron. Solo una diminuta anciana parada al frente la mantuvo en alto.

El médico empezó a alejarse al reconocer, quizá, que había perdido aquel juego, porque eso era para las SS, un juego letal. Entonces la ancianita empezó a ondear la mano y gritar en un alemán deficiente.

—Señor, estoy aquí, tengo sesenta y siete años, y estoy muy cansada.

El médico volteó.

—*Kommen Sie* —dijo de mala gana.

Ella lo siguió y nunca la volvimos a ver.

Nosotras permanecimos en el mismo lugar y esperamos que empezara el pasaje de lista.

Después de un año en Auschwitz y Birkenau, quienes habíamos sobrevivido a los primeros transportes ya no pensábamos en el día en que nos permitirían regresar con nuestras familias. Nuestro instinto se enfocaba en una sola cosa: sobrevivir. Cualquier esperanza de que la situación cambiaría se evaporó en abril de 1943, cuando vimos humo saliendo de una nueva chimenea a solo quinientos metros de distancia.

Era muy difícil saber qué sucedía fuera del sector B-Ia, nuestra prisión, pero siempre corrían chismes y rumores en abundancia. Poco después nos enteramos de que el humo provenía de una nueva cámara de gas y de un crematorio que habían sido comisionados;

era la iniciativa más reciente de los nazis para optimizar el proceso de asesinatos en masa. En los seis meses subsecuentes comenzarían a operar tres crematorios más. De acuerdo con los registros de los historiadores, cuando aquella fábrica de la masacre alcanzó su auge, asesinaban a casi cinco mil seres humanos al día.

El resto del tiempo que permanecimos en Birkenau, ver aquel humo salir ondeando de las chimeneas fue un recordatorio constante de las intenciones de los nazis para nosotras.

Para ese momento ya llegaba agua entubada al campo y había lavanderías y edificios con letrinas; a pesar de que las letrinas solo eran huecos medievales sobre canales abiertos, parecían un lujo en comparación con los agujeros en el suelo que tuvimos que usar como sanitarios cuando llegamos a Birkenau. Todavía no teníamos papel higiénico, y solo podíamos lavarnos sin jabón, dependiendo del humor del *Blockführer*, es decir, el guardia de las SS que estaba a cargo de cada bloque y usualmente era varón. Las «mejoras» a nuestro estilo de vida en realidad no eran producto de una intención humanitaria, sino de un deseo de reducir el riesgo de otro brote de alguna enfermedad importante.

Los trenes con nuevos prisioneros transportaban a hombres, mujeres y niños provenientes de toda Europa, y continuaban llegando casi todos los días. A veces traían hasta mil pasajeros, y en otras ocasiones solo unos cien. A veces veíamos con impotencia a la gente, en especial, mujeres mayores y niños. Pasaban caminando por el sendero frente a nuestro campo, iban de la entrada principal de Birkenau a las cámaras de gas para encontrarse con su destino. Las mujeres a las que seleccionaban, porque podían trabajar, eran traídas a nuestro campo y las procesaban más o menos de la misma forma en que lo hicieron con nosotras.

En una ocasión llegó un grupo de holandesas y las enviaron directo al Bloque 25 para que realizaran brutales «labores agrícolas». Todas sabíamos que se trataba del «Bloque de la muerte» y que las SS lo usaban como una especie de celda temporal. En lugar de enviar a grupos pequeños a las cámaras de gas, esperaban hasta reunir una multitud para que valiera la pena. Entretanto, aquellas pobres almas pasaban sus últimos días encerradas en ese edificio. Pero ¿por qué enviaron a las holandesas directo al «Bloque de la muerte»? Tal vez los oficiales de las SS sabían que no durarían mucho. Eran jóvenes refinadas y aristócratas, no servirían para trabajar en un *Kommando* en el exterior. Las *Kapos* que las supervisaban eran insensibles y, como ellas no hablaban alemán y no las entendían, con frecuencia las golpeaban por no seguir las instrucciones.

La *Blockälteste*, una mujer llamada Etta Wetzler, solo les dificultaba las cosas porque vociferaba y era muy estricta. Era el tipo de funcionaria que manchaba la reputación de quienes ocupábamos puestos similares. Tal como Irma Grese me lo había advertido, ahora muchas prisioneras judías ocupaban puestos y eran responsables de sus barracas. Tenían que obedecer las órdenes del *Blockführer*, entre las cuales estaba la de mantener el orden durante los pasajes de lista. Aunque muy pocas lo hacían, algunas, como Etta, decidían congraciarse con las SS y para ello imitaban el brutal comportamiento de sus guardias.

En un intento por proteger a las mujeres holandesas de Etta, Katja me dijo que necesitaba que volviera al Bloque 25 y ocupara el cargo de *Stubendienst*. En ese momento me estaba haciendo cargo de las francesas, pero no era raro que se hicieran este tipo de movimientos. Katja ocupaba el puesto de *Rapportschreiberin* y no le correspondía tomar decisiones respecto a quién sería *Blockälteste* o *Stubendienst*. Sin embargo, tenía influencia sobre las SS porque mantenía un contacto cercano con los oficiales. Le reportaba de forma directa a Maria Mandel, la comandante del campo o *Schutzlagerführerin*, también conocida como *Lagerführerin*. Katja era muy perspicaz, sabía bien cómo tratar a la gente en el campo y en cada una de las barracas, y, además, tenía conocimiento sobre el movimiento en el campo de concentración. En algún momento, me pareció que sabía a la perfección quién era quién en Auschwitz y Birkenau. Haciendo uso de su conocimiento y sus contactos, trató de asegurarse de que los puestos como el de *Blockälteste* los ocupara la gente más compasiva posible, por eso con frecuencia movía a las *Blockälteste* y las *Stubendienst* a lugares donde veía que había oportunidad de facilitarle la vida un poco a algún grupo u otro, o de ayudarle a la gente a protegerse de personas como Etta.

Lo primero que hice en el Bloque 25 fue tratar de explicarles a algunas de aquellas pobres chicas las rutinas en el campo y lo que se esperaba que hicieran, pero incluso este detalle me valió la ira de Etta. Caminó hasta donde yo estaba y me gritó:

—¡Les hablas como si estuvieran en un jardín de niños!

Poco después, las holandesas empezaron a morir. Estaban hambrientas, sedientas y exhaustas, así que solo señalaban al cielo durante el pasaje de lista y caían muertas. Por esta razón, los oficiales decidieron que no valía la pena conservar a ninguna, y las sentaron fuera de la barraca bajo los rayos del sol un día entero. Las pobres no sabían que estaban esperando a los camiones que las llevarían a las cámaras de gas. Junto con otra ayudante busqué un cubo, lo llené de agua y tomé dos tazas. La llevé hasta donde estaban las jóvenes y, aunque fuera insuficiente, la repartí entre las que todavía podían beber. También les mojé un poco la cabeza para refrescarlas. Pese al miedo en su mirada, pude ver que estaban agradecidas por este último gesto inútil y nimio.

Luego llegó un tren con mujeres polacas y Katja me dijo que yo sería su *Blockälteste* y tendría dos *Stubendienst* como asistentes: Stasa y Fela. También estarían a mi cargo algunas *Läuferin*, es decir, mensajeras. Las mensajeras a menudo eran judías muy jóvenes, como mi prima Aliska que solo tenía catorce años. Su tarea consistía en mantenerse alerta en el campo y mantenerme al tanto de lo que sucedía. También llevaban mensajes entre las *Blockälteste* o las *Lagerälteste*, es decir, las mujeres de mayor edad o líderes del campo; o venían a buscarme si el *Blockführer* u otro oficial de las SS pedía verme.

Las mujeres polacas que llegaron ya venían con el ánimo por los suelos. Eran supervivientes, habían soportado meses en un gueto y solo sobrevivieron mientras las transportaban como ganado. Luego se sacaron la lotería a su llegada a Birkenau, cuando pasaron por la selección. Las enviaron directo al campo, a la derecha en lugar de a la izquierda, que habría significado su muerte inmediata en las cámaras de gas. A pesar de todas estas ventajas, cuando llegaron, demacradas, con los ojos vidriosos, el cabello trasquilado y uniformes demasiado grandes, no parecían ni se sentían como sobrevivientes.

Hablé con ellas en eslovaco porque nuestras lenguas se parecían lo suficiente para comunicarnos. Les expliqué las reglas y las rutinas del campo de concentración. Estoy segura de que, viniendo de otra prisionera, a muchas debió haberles parecido cruel esta lección porque, después de todo, ¿quién era yo para decirles qué hacer? Por supuesto, a ellas no les tocó vivir el caos total con el que nos recibieron a quienes llegamos en los primeros trenes, cuando el único «mando» lo ejercían los perros gruñendo, las palizas de los guardias de las SS y las sádicas prisioneras alemanas, pero ¿cómo explicarles todo eso? Tampoco entenderían una de las lecciones más importantes que yo había aprendido: mantener el orden en nuestra barraca nos ayudaba a no llamar la atención de los guardias, y esa era otra manera de mantenernos vivas.

Una gran cantidad de las mujeres polacas fue seleccionada para trabajar fuera con los *Kommandos*. Su trabajo consistía en continuar demoliendo los pueblos que los alemanes invadían para poder extender el campo de concentración, o bien en expandir Birkenau o cosechar patatas, o bien en llevar piedras de un lado a otro sin utilidad alguna. Como sucedió desde el principio, el trabajo era mortal porque la mayoría de las *Kapos* seguían siendo prisioneras alemanas y tenían carta blanca para imponer su crueldad. Las polacas regresaban todas las noches heridas y quebrantadas.

A veces, en cuanto volvían, les ordenaban que permanecieran fuera de su barraca para otra selección. Así separaban a las que parecían seguir en forma para trabajar de las que ya estaban demasiado débiles. A estas las enviaban a las cámaras de gas para que «subieran por la chimenea». Como no había un patrón o esquema, nunca sabíamos cuándo tendrían lugar las selecciones. A veces las hacían en las fiestas judías, como para añadir más de crueldad a la situación, pero en otras ocasiones se llevaban a cabo si las SS esperaban la llegada de otro transporte y tenían que hacer espacio para las nuevas deportadas. Desde su perspectiva, nadie que no pudiera trabajar valía algo, y de todas formas nos iban a asesinar. Sacrificar a las débiles era la manera más sencilla de hacer espacio para un nuevo grupo de prisioneras que todavía no se morían de hambre ni habían trabajado hasta desfallecer.

El *Blockführer* desempeñaba el papel de Dios en esas ocasiones, y decidía quién viviría y quién moriría. Yo, como *Blockälteste*, tenía que estar a su lado en cada selección. Era espantoso observar con impotencia mientras iban sacando a una mujer tras otra con expresión de pavor, para luego forzarlas a subir a un camión que las llevaría a la muerte.

—Esta se queda. Esta se va.

Y yo no podía mostrar ningún sentimiento porque, de hacerlo, podrían considerar que era demasiado compasiva y enviarme a la chimenea también. Como *Blockälteste*, lo único que podía hacer, y solo de vez en cuando, era crear alguna forma de distracción o estratagema para intentar salvar algunas cuantas almas.

Si tenía tiempo antes de que el *Blockführer* empezara la selección, acomodaba a las chicas en las filas para que las más fuertes y sanas quedaran al frente, y en la parte de atrás y en medio, las más débiles. De esta manera, las chicas en peligro tendrían la oportunidad de pasar desapercibidas para los guardias.

En una ocasión, tuvimos un *Blockführer* distinto. Era un poco mayor y, por lo tanto, ligeramente menos duro que los típicos guardias. Parecía que no tenía por qué probarse frente a los más jóvenes.

Volteó a verme.

—¿Usted cree que no sé que esconde a las chicas más débiles en medio? —me dijo con una sonrisa a medias—. Tendré que seleccionarlas de esa zona.

Como lo esperaba el *Blockführer*, hice chocar mis talones como soldado alemán y anuncié mi número.

—*Dreiundzwanzig achtzehn* —2318.

Hacer esto sin vacilar era una manera sencilla de hacer pensar al guardia que uno estaba de acuerdo con él o ella, y que apoyaba la decisión.

—Estas jóvenes no tienen ningún problema —expliqué—. No están enfermas, solo necesitan un trabajo un poco más ligero; le prometo que en unos días estarán en forma.

—¿Y qué van a hacer? —me preguntó, y yo tuve que improvisar.

—¿Ve usted todos esos zuecos, los trozos de mantas y los uniformes sucios que están por ahí? Estas chicas pueden reunirlos, llevarlos a la lavandería y lavarlos. Pueden colgar todo para que se seque y empatar los zuecos para que se puedan volver a usar.

—¿Dónde piensa hacer eso?

—Usaremos la lavandería —dije, y como lo vi dudar, agregué—: reutilizando todo esto ayudaremos a Alemania.

—¿Y usted quiere organizar la tarea?

—Sí, yo lo haré —contesté.

El *Blockführer* negó con la cabeza, pero no sé si lo hacía porque mi loca estratagema le asombraba o le causaba gracia.

—Hágalo —dijo finalmente.

Con ayuda de las chicas que trabajaban en el almacén conseguimos algo de jabón, sogas y trozos de cordel. «Organicé» un poco de pan y margarina adicional para alimentar a aquellas miserables y débiles chicas, y las llevé a la lavandería. El clima nos favoreció algunos días, y gracias a que tuvieron un trabajo más ligero y un poco más de alimento, recuperaron algo de fuerza. Luego llevamos las mantas y la ropa limpia al *Bekleidungskammer*, o tienda de ropa, para que se volvieran a usar.

No sé de dónde sacaron el material, pero poco después las jóvenes polacas habían fabricado un muñeco «Pierrot»: el típico payaso con piernas y brazos largos, cara redonda y sombrero puntiagudo con borla en la punta. Confeccionaron el cuerpo con seda, y en su blanca cara pintaron unos hermosos ojos. Dejaron el muñeco en mi cama por haberlas salvado, y yo les agradecí con los ojos llenos de lágrimas. A pesar del lugar y las condiciones en que nos encontrábamos, ellas lograron encontrar la belleza y plasmarla.

Por desgracia, yo no podía conservar el muñeco. ¿Qué haría con él?

Fui a ver al *Blockführer.*

—¿Es usted casado? —le pregunté.

—Sí. De hecho, dentro de poco tomaré vacaciones. Tengo muchas ganas de ver a mi mujer.

—Pensamos que debería llevarle un regalo —le dije, entregándole el muñeco.

Estaba encantado. Por un rato le dio vueltas al muñeco entre sus manos, una y otra vez.

Me pregunto dónde estará aquel Pierrot ahora.

•

Rechazar el empleo de *Blockälteste* no era una opción: si las SS decidían que ocuparías el puesto, o aceptabas o subías por la chimenea. Además, la capacidad de Katja para influir sobre estas decisiones tenía sus límites. Dado que no podía renunciar, pensé que lo mejor que yo podría hacer como *Blockälteste* era tratar de mantener a las mujeres unidas y la enfermedad al margen. Había treinta bloques en el campo, y cuanto menos llamara la atención el nuestro, menos problemas tendríamos con los guardias. Por supuesto, había excepciones, pero muchos de los soldados casi siempre estaban aburridos. De hecho, sospecho que pasaban la mayor parte del tiempo ebrios; así que, si no les dábamos problemas, ellos tampoco nos los daban a nosotras.

Como *Blockälteste*, las otras te veían como líder y, en ocasiones, como consejera. En una ocasión, vino a verme una chica. Se expresaba con el dejo de eslovaco que hablaban los campesinos. Cuando la vi bien, me di cuenta de que era muy joven, y cuando se acercó otra chica, comprendí que tal vez eran hermanas. Ambas tenían ojos azules y mechones de cabello rubio que empezaban a notarse en sus cabezas rapadas. Me dijeron que eran de una pequeña aldea, y que ahí eran la única familia judía. Eso explicaba por qué no parecían ni sonaban judías en realidad.

—Dígame, Magda: ¿vamos a sobrevivir o no? —me preguntó la pequeña.

—Sí, vamos a sobrevivir —contesté.

—¿Y sabe cómo?

—Sé que vamos a sobrevivir porque no pueden matarnos a todas y porque las que trabajen unidas prevalecerán. Como en el Arca de Noe. ¿Conocen la historia? —dije, y la chica asintió—. Reunieron a algunas personas y animales, y trabajaron en equipo. Y sobrevivieron.

Me pareció que se relajó al escuchar la historia.

—¿Conocen a Stasha? ¿La joven a la que hemos estado cuidando en nuestra barraca? —les pregunté—. Ella no es judía, es una prisionera polaca, pero nos ayudó y ahora nosotras la ayudamos a ella.

Stasha era una de varias prisioneras que trabajaban del otro lado de la cerca cosechando patatas, cebollas y otras cosas. A veces nos lanzaban algunas verduras mientras trabajaban y, por la noche, cuando oscurecía, alguna chica astuta se arrastraba hasta la cerca y extendía los brazos hasta que las alcanzaba con las puntas de los dedos. De esta manera podíamos tener un poco más de comida sin tener que robarla de los suministros de la cocina. Robar era muy arriesgado; algunas jóvenes se volvieron muy hábiles, pero yo no me habría atrevido porque sabía que me atraparían.

—Por eso nos hicimos amigas de Stasha —continué con la historia—. Una tarde que llevé a algunas chicas enfermas al *Revier*, ella estaba sentada fuera, hecha ovillo como si se tratara de una niña—. «¿Qué te sucedió?», le pregunté, y me dijo que le había dado tifoidea y que las otras mujeres la sacaron de su bloque. Entonces le dije que debía venir conmigo al nuestro y que la cuidaríamos.

Solo volvía al suyo para el pasaje de lista, pero el resto del tiempo se quedaba con nosotras. Stasha nos cuidó, y por eso ahora cuidamos de ella. Así es como sobreviviremos.

Quiero pensar que, después de nuestra conversación, aquella pequeña polaca tuvo esperanza.

¿Qué sucedió con Stasha? Se recuperó y se sintió tan agradecida que lloró.

—En casa, cuando era niña e iba a la iglesia —dijo Stasha—, el sacerdote solía instigarnos a odiar a los judíos, nos decía que habían matado a Jesucristo, nos decía muchas mentiras. Sin embargo, mis padres creían en él, y yo por consiguiente. Cerca de nuestra casa vivía un hombre judío con una gran barba. Un día, otros niños y yo buscamos unos cerillos y tratamos de quemarle la barba. Y ahora que ustedes, mujeres judías, me han salvado, me siento muy avergonzada de aquella mala obra. Si sobrevivo y salgo de aquí, le diré al sacerdote y a todos los demás que deberíamos ser amigos de los judíos porque son gente pacífica.

Por supuesto, no todas sobrevivieron, pero yo siempre pensaba: «Solo se sube por la chimenea una vez, y hasta entonces, tienes que hacer todo lo posible por evitarlo».

Me sorprendió mucho volver a encontrarme con Irma Grese. No la había visto desde que la conocí en el campo principal de Auschwitz; pero un día, a finales de abril de 1943, la encontré en Birkenau. Nuestros caminos se volvieron a cruzar en uno de los senderos del campo. Me tomó algunos minutos reconocerla porque ya no era la jovencita de rostro redondo con aire ingenuo y trenzas largas. Estaba más delgada y llevaba el cabello recogido debajo del gorro. Su uniforme lucía más elegante y mejor ajustado, y su cinturón y botas estaban bien pulidos. Llevaba un revólver en el cinturón y un látigo colocado en una de sus botas.

Como no había nadie cerca, me arriesgué a hablar con ella.

—Irma, luces como una verdadera mujer de las SS —dije.

Ella no contestó, pasó un rato y me pregunté si tal vez dirigirme a ella ya no era apropiado. Tal vez no me recordaba. Pero entonces volteó.

—Hola, Magda —dijo.

—Espero que nunca llegues a ser tan despiadada como los otros —dije.

Me miró sin decir nada y continuó caminando.

A medida que pasaba el tiempo, las mujeres que trabajaban en los *Kommandos* en el exterior se debilitaban más y más. La poca comida adicional que lográbamos obtener no bastaba para evitar que se marchitaran sin que las otras pudiéramos hacer algo. En ese estado, muchas sucumbieron a la tifoidea y murieron por la diarrea.

Esto produjo un nuevo problema.

Era demasiado arriesgado que las mujeres salieran para ir al bloque de la letrina por las noches, porque el simple hecho de estar fuera era una excusa para que te dispararan. Por esta razón, a muchas no les quedaba más remedio que permanecer en el bloque y evacuar en sus camas. ¡Cómo despojaron de su humanidad a todas esas mujeres! Teníamos que hacer algo al respecto. La peste era insoportable y, por supuesto, también corríamos el riesgo de sufrir otra epidemia de tifoidea.

Birkenau estaba todo el tiempo en construcción. Había herramientas tiradas por todos lados, restos de material y otro tipo de basura; lo único que teníamos que hacer era aprovechar al máximo lo que encontráramos. Algunas jóvenes hallaron cajas de madera vacías fuera de la barraca del hospital y las trajeron al bloque. Hicimos agujeros en todas ellas y las colocamos alrededor de la construcción con un contenedor debajo para que las que necesitaran evacuar pudieran hacerlo sin alejarse del bloque. Recuperamos una carretilla y la colocamos cerca de la puerta trasera para vaciar los contenedores ahí por la noche, y al día siguiente llevar los desechos a la letrina. A pesar de todo, el problema no estaba resuelto aún, porque las mujeres en las literas superiores a veces estaban demasiado enfermas o exhaustas para bajar a tiempo y llegar a las cajas. Algunas solo evacuaban en donde yacían y otras usaban el plato con que comían para atrapar el excremento y luego lo arrojaban por la ventana. Buena parte se quedaba pegada al marco y, al día siguiente, cuando salía el sol y «cocinaba» los desechos, el hedor se volvía insoportable.

En algún momento más tranquilo del día, cuando no había ningún guardia alrededor, empecé a buscar una solución para este nuevo desafío.

En la parte trasera del campo encontré una zona cenagosa donde había un tipo de fango que me pareció similar al que usaban los gitanos para cubrir las paredes de sus chozas. ¿Podríamos usarlo para recubrir los marcos de las ventanas? O, aun mejor, si lograra «organizar» un poco de cal, podríamos «pintar» el fango, y así sería más sencillo eliminar el excremento y mantener limpios los marcos.

Había un prisionero llamado Prince, cuyo trabajo consistía en conducir una carretita tirada por un caballo por todo el complejo de Birkenau para entregar suministros a los almacenes, las cocinas y otros lugares. Después de asegurarme de que no hubiera oficiales de las SS, lo detuve y le pregunté si sabía dónde podría conseguir un poco de cal.

—Necesitamos dos barriles —le dije.

—Sé dónde hay —contestó—, pero ¿qué voy a decir si me interroga alguien de las SS?

—Sepa que a usted no le preguntarán nada porque solo lleva envíos, nadie lo cuestionará. En caso de que lo hagan, solo diga que fue una de las *Blockälteste*. Cúlpeme a mí. Yo lo esperaré con un par de chicas fuertes y juntas bajaremos los barriles de su carreta en unos minutos. Necesitamos su ayuda. Por favor.

Al siguiente día, Prince volvió a pasar. En esta ocasión traía mi «orden» en la parte trasera de su carreta. Las chicas bajaron los barriles y corrieron con ellos hasta la barraca. Ahora teníamos que realizar nuestra labor de pintura.

Una vez más, esperé hasta que no hubiera nadie cerca y fuimos «de compras» por el campo. Encontramos dos escaleras, algunas cubetas y varios palos largos y trapos que podían adaptarse y servir como brochas de pintura. Realizar nuestra labor durante el día daría lugar a demasiadas preguntas, así que decidí que trabajáramos por la noche. Apoyamos las escaleras en la pared, fuera, y Stasa y Fela subieron. Cubrieron las ventanas de madera con una capa de fango y luego aplicaron la cal. En especial en los alféizares y las paredes debajo. Otras pintaron el interior de las ventanas.

A la mañana siguiente, mientras esperábamos el pasaje de lista, pudimos apreciar nuestra labor. Nuestro bloque, con sus brillantes marcos blancos en las ventanas, destacaba entre los otros: era el más limpio del campo.

Cuando terminó el pasaje de lista, Katja vino corriendo.

—Magda, ¿qué hiciste? Te van a colgar o a dispararte. Andan diciendo que pintaste las ventanas de blanco para llamar la atención de los pilotos aliados y mostrarles que el campo está aquí. Dicen que cometiste sabotaje.

—Vaya, no sabía que fuera yo tan inteligente —dije.

—No es broma. La *Lagerführerin* está discutiendo sobre la manera de castigarte. Estoy muy preocupada por ti —dijo mientras se alejaba.

Entré al bloque y vi al *Blockführer*, era al que le había regalado el muñeco de Pierrot.

—Escuché que quieren colgarme por pintar nuestras ventanas —dije—. Creo que debería informarle que lo hice por razones higiénicas. Usted sabe que la tifoidea se propaga con mucha facilidad, y era imperativo que actuáramos.

Se me quedó viendo un largo rato.

—Lo hice por usted también, ¿sabe? —continué.

—¿Qué quiere decir?

—Los oficiales de las SS también pueden contagiarse de tifoidea.

—Es verdad —dijo—. No le diga a nadie, pero hace poco escuché que cinco mil hombres de las SS han muerto de esta enfermedad. Hace algunos meses, incluso un médico del campo falleció.

Lo primero que pensé cuando escuché eso fue: *¡Qué bueno!*, pero claro, no dije nada.

El *Blockführer* me dijo que le explicaría mis acciones al *Lagerführer*, o comandante, del campo para varones adyacente. Tuve suerte porque, en ese momento, los líderes estaban tratando de encontrar una manera de dar fin a la epidemia de tifoidea, y lo que hice les pareció lógico. Me llevaron con el *Lagerführer* y él me dijo que me conferiría la autoridad de ordenar a las *Blockälteste* de todos los bloques del campo de mujeres que hicieran lo mismo. Cuando lo hice, les pareció que era una locura y se sintieron ofendidas de que *yo* les dijera qué debían hacer, pero tuvieron que obedecer de todas maneras.

—Háganlo o no, como gusten —dije—, yo solo traigo un mensaje del comandante.

Por desgracia, el asunto no acabó ahí. En ese tiempo, la *Lagerälteste* del sector BI-a era una prisionera polaca llamada Stenja. Era antisemita y se sintió personalmente ofendida de que me hubieran «ascendido» incluso por encima de ella para organizar esta labor de limpieza. Entonces instigó a la *Schutzlagerführerin* Maria Mandel y a su asistente, la *Rapportführerin* Margot Drechsler. Siempre había desacuerdos entre los oficiales varones y las oficiales mujeres. Como una mujer no podía tener mayor rango que un hombre, funcionarias como Mandel a veces adoptaban posiciones radicales para probar su capacidad. En este caso, ella se sintió agraviada porque su contraparte varón le dio órdenes a una de «sus» prisioneras, así que decidió desquitarse conmigo y castigarme por organizar la aplicación de la cal en mi bloque sin permiso.

No me castigaría con la muerte porque eso habría sido bastante sencillo; más bien, me sometería a un infierno completamente nuevo. Me convertiría en la primera *Blockälteste* de lo que llegaría a conocerse como el infame Bloque experimental 10.

6

Bloque experimental 10

Mayo de 1943

—Usted no es judía.

Estaba de vuelta en Auschwitz I, el campo principal, de pie frente al *SS-Hauptsturmführer* o capitán: el doctor Eduard Wirths, médico principal de Auschwitz-Birkenau. Me miró el cabello, había vuelto a crecer, lo suficiente para que se notara que era muy claro y rizado.

—*Dreiundzwanzig achtzehn* [2318] reportando —anuncié, y choqué los talones. Lo miré a los ojos a pesar de que era arriesgado. Estaba decidida: no mostraría miedo.

—Usted no es judía —repitió el doctor Wirths—. Debe de haber un error. Tiene el cabello claro, y es alta y esbelta. ¿Cómo se llama?

—Magda Hellinger —dije, preguntándome cómo sería posible no «ser esbelta» en un campo de concentración. Luego, eligiendo con mucha precaución mis palabras, agregué—: ¿Que no soy judía? Según sé, siempre lo he sido.

—¿A qué se dedica, Magda? —preguntó sin comentar nada.

—Soy maestra de jardín de niños.

—¿Lo ve? Le dije que no era judía.

No tenía idea de lo que quería decir.

Estábamos en el piso superior del Bloque 10, junto al 9. Es decir, el lugar donde nos albergaron cuando llegamos a Auschwitz, en abril. El doctor Wirths me dijo que convertirían ese bloque en una clínica especial para investigaciones sobre la salud, y que yo sería la *Blockälteste*.

Miré alrededor, era un lugar mal iluminado, del mismo tamaño que el Bloque 9, donde nos habían hacinado: seiscientas mujeres en literas pegadas. Aquí también había literas, pero menos, solo para que durmieran unas cuatrocientas jóvenes en total. Estaban un poco más separadas, por lo que parecía más un dormitorio, pero no había otro tipo de mobiliario.

De pronto se me ocurrió poner a prueba al doctor Wirths y ver si en verdad no creía que fuera judía.

—Si quiere que este lugar sea un verdadero hospital —dije—, necesitaré sábanas, mantas, almohadas y ropa de noche para mujeres.

—Tendrá lo que necesite —contestó.

Oculté mi sorpresa y traté de presionar un poco más.

—También necesitaré jabón y toallas.

Por un instante sentí que me había arriesgado demasiado, pero entonces me dijo que podía hacer los arreglos necesarios al día siguiente.

—Ah, y también necesitaré traer a algunas chicas de Birkenau para que sean mis asistentes —me atreví a decir.

Él asintió sin mostrar ninguna emoción y se fue. Era demasiado bueno para ser verdad, pero ya veríamos más adelante.

Me tomé un rato para volver a inspeccionar el lugar. Me resultaba familiar porque tenía la misma configuración que el Bloque 9. Aquí, sin embargo, todas las ventanas estaban tapiadas con gruesas persianas de madera que solo dejaban pasar un poco de luz a través de delgados huecos en la parte superior. Fuera de eso, la iluminación dependía de débiles bombillas. Me pregunté si habrían tapiado las ventanas para evitar que los varones se asomaran al interior porque, ahora, el Bloque 10 sería el único albergue femenino en el sitio de Auschwitz. ¿O lo habrían hecho para evitar que nosotras miráramos hacia fuera?

Al día siguiente, llegó un grupo de jóvenes judías griegas de Tesalónica. El tren en que las trajeron acababa de arribar y, como sobrevivieron a la selección, ya las habían pasado por el baño de vapor y les habían cortado el cabello. Vestían uniformes viejos y tenían tatuados números en los brazos, igual que nosotras el año anterior. Cuando llegó la ropa de noche, la entregué al azar, les pedí que se la pusieran sin fijarse en la talla y que modelaran. Hubo risas y cuchicheos en el bloque cuando pasaron caminando por la «pasarela». Algunas eran bajitas y traían camisones tan largos que tenían que sostenerlos como si fueran velos de novia y, a la inversa, había algunas jóvenes muy altas a las que solo las cubrían hasta solo debajo de la cintura. Reímos aún más cuando empezaron a intercambiar con movimientos torpes los camisones para conseguir uno de la talla más o menos correcta. Fue un momento surrealista de deleite en medio de aquel infierno.

Desde el principio, la vida en el Bloque 10 fue distinta a la de Birkenau. Aquí, rara vez organizaban los *Zählappell* en el exterior, alguien solo venía y contaba a las chicas dentro. Tampoco era necesario ir a la cocina ni a la panadería porque unos prisioneros varones nos traían los calderos, el pan y la margarina. Y, además, en una cantidad mucho mayor de lo que era común en Birkenau. De vez en cuando, los hombres de la cocina incluso escondían un poco de salami y queso que nos hacían llegar en la entrega. También podían enviar una carta o algún tipo de obsequio. ¡Uno incluso me envió cartas de amor! Y en el piso de abajo había sanitarios normales. Casi no había guardias de las SS rondando, solo dos que cuidaban la puerta del frente durante el día. Por la noche cerraban la puerta y nos dejaban solas.

Todo esto podría hacer creer a cualquiera que se trataba de un lugar de lujo, al menos, comparado con Birkenau.

Pero no era así.

Por las ventanas entraba muy poca luz solar y las jóvenes no tenían permiso de salir nunca. Y lo peor vino después, cuando descubrimos que el verdadero propósito de ese bloque solo era torturar y causar dolor y pena.

El doctor Wirths me había dicho que ese edificio sería una especie de clínica de investigación, pero nunca me explicó con detalle a qué se refería. El piso de abajo del bloque estaba conformado por varias salas pequeñas, algunas no tenían ventanas, y en las que sí había estaban tapiadas como en el de arriba. En esas salitas había equipo médico. La mayor parte apenas lo estaban instalando cuando yo llegué.

Cuando los «investigadores médicos» llegaron para iniciar su trabajo, una de mis tareas fue llevar a algunas jóvenes por la mañana al piso de abajo, la cantidad dependía de lo que me indicaran. Podían ser diez para el doctor Clauberg, diez para el doctor Schumann, cinco para el doctor Wirths, etcétera. Algunos médicos especificaban a qué chicas querían, y a otros solo les interesaba recibir la cantidad que habían solicitado.

Poco después fue obvio que la «investigación» no tenía nada de inocente o inocua. Las chicas regresaban muy enfermas. Algunas vomitaban, otras tenían terribles dolores de cabeza y otras sangraban de la entrepierna. Algunas, simplemente no volvían. Nunca me enteré de los detalles de las investigaciones que se realizaban detrás de las gruesas puertas de las salas del laboratorio, lo único que sabía era lo que me contaban las jóvenes. Las que pudieron hablar de su experiencia, me dijeron que les habían inyectado en la vagina fluidos que provocaban escozor y que les causaron terribles dolores. A algunas las sometieron a algún tipo de radiación, tan excesiva que cuando regresaron tenían quemaduras en la piel. A otras las anestesiaron, así que no sabían lo que les habían hecho, pero cuando despertaron les dolían muchísimo los genitales. Algunas se descubrieron costuras alrededor de la apertura vaginal.

También obtuvimos algo de información gracias a varias prisioneras enfermeras que ayudaban a los médicos en los procedimientos y que brindaban cuidados elementales postoperatorios. Recuerdo que, en una ocasión, hable con algunas de ellas.

—Chicas, tienen que recordar de lo que hemos sido testigos aquí para que, después, cuando todo acabe y sobrevivamos, podamos contar estas historias de terror. No podemos escribir nada, así que grabémoslo en nuestra mente, memoricemos todo.

También había prisioneras y prisioneros médicos que visitaban a sus «pacientes» de vez en cuando. Una de las que llegó al Bloque 10, muy al principio, era una dama francesa: la psiquiatra Adélaïde Hautval. Era una mujer alta y delgada que, aunque era protestante, había sido enviada a Auschwitz por expresar sus preocupaciones sobre la manera en que las mujeres judías eran tratadas en una prisión local. Tenía cabello negro muy liso, lo sabíamos porque, como no era judía, no tuvo que dejar que la raparan cuando llegó. En el Bloque 10 se le ordenó que asistiera al doctor Wirths. A pesar de no contar con experiencia ginecológica ni quirúrgica, debió realizar auscultaciones del cérvix y, a veces, eliminar algunas partes de las áreas inspeccionadas.

Una noche, Adélaïde volvió al piso de arriba pálida. Me dijo que la supuesta investigación que llevaba a cabo el doctor Wirths les provocaba un daño innecesario a muchas de las mujeres, y que ella ya no podía seguir haciendo aquello, que se negaría.

—Pero ¿sabes que te pueden castigar? —le pregunté—. Podrían ejecutarte o enviarte a trabajar fuera, en un *Kommando*, y no sobrevivirías mucho tiempo.

—No me importa cuál sea el castigo, no volveré a participar en esos experimentos —dijo.

Al día siguiente le dijo al doctor Wirths que realizar ese trabajo iba en contra de sus convicciones religiosas. De alguna forma lo convenció de que la exentara de las labores quirúrgicas y lo más notable fue que logró que no la castigaran por negarse a obedecer. Pasó algunas semanas ayudando a otros médicos a cuidar de las chicas que volvían de los experimentos, pero en algún momento la transfirieron a Birkenau.

Ser prisionero y atreverse a enviar un mensaje escrito era algo muy peligroso. Se corría el riesgo de ser descubierto y de que enviaran, tanto al remitente como al destinatario, a trabajar en un *Kommando* o incluso a la chimenea. Por esta razón, con el tiempo desarrollamos un sistema secreto, una especie de método para pasar mensajes verbales. Consistía en una cadena de mensajeros y de funcionarios que tenían un poco de libertad de movimiento en el campo. De esta manera pude enviarle a Katja una petición para que Adélaïde fuese enviada a trabajar al *Revier* en lugar de a un *Kommando*. Poco después la transfirieron a Ravensbrück junto con otras francesas que la ayudaron a sobrevivir.

El doctor Maximilian Samuel fue otro prominente prisionero médico. Llegó al Bloque 10 cuando yo ya llevaba algunos meses. Era un judío alemán que había sido un renombrado ginecólogo antes de la guerra. En la Primera Guerra Mundial luchó por Alemania, pero eso no lo salvó. Lo capturaron junto con su mujer y su hija, y lo mandaron a Auschwitz con paso por Drancy. Al llegar y someterse a la selección, lo separaron de su familia. A su mujer la enviaron directo a la cámara de gas; y su hija, que tenía diecinueve años, no sobrevivió mucho tiempo a pesar de que se consideró que podía trabajar. Aunque el doctor Samuel tenía sesenta y dos años y estaba bastante débil cuando llegó, fue uno de los doce hombres que sobrevivieron la selección al llegar. Las SS querían aprovechar su experiencia médica.

Al principio se hizo cargo del trabajo que había estado efectuando la doctora Hautval. Con frecuencia subía adonde nos encontrábamos para revisar a las mujeres que había operado y, como era judío, yo podía hablar con él cuando no había guardias cerca. Me dijo que recibía órdenes de los doctores Wirths y Horst Schumann, quien, junto con Wirths y el doctor Carl Clauberg llegaron a ser los médicos más conocidos del Bloque 10. También me comentó que estaba seguro de que no saldría vivo del campo de concentración porque sabía demasiado para ser judío.

Con el paso del tiempo fue obvio —y ahora también lo muestran los registros históricos— que la mayoría del trabajo realizado por Clauberg y Schumann en el Bloque 10 se enfocaba en distintas técnicas cuyo objetivo era encontrar una manera «eficaz» de esterilizar a las mujeres judías como una contribución adicional a la masacre con la que planeaban exterminar a toda la raza.

Al igual que en Birkenau, aprendí a jugar distintos juegos muy peligrosos para tratar de disminuir el daño infligido a las mujeres. Cuando alguna joven había pasado uno o dos días muy difíciles, buscaba la manera de que le permitieran reposar. En una ocasión le pregunté al doctor Samuel qué experimentos eran los menos peligrosos. Me dijo que las esterilizaciones de Clauberg eran las que tenían menos probabilidad de éxito. Más adelante se supo que su labor consistía en tratar de inflamar las trompas de Falopio para evitar el embarazo, en tanto que el trabajo de Schumann se enfocaba en la aplicación de una peligrosa radiación a los órganos reproductivos. Los experimentos de Clauberg causaban mucho daño y sirvieron para esterilizar a muchas mujeres; sin embargo, en manos de Schumann murieron bastantes más. Muchas otras sufrieron quemaduras tan fuertes que ya no le resultaban útiles, así que las mandó a las cámaras de gas.

El doctor Wladislaw Dering era un preso político polaco. Era católico y fue prisionero médico cuando yo estaba en el Bloque 10. Era evidente que entre los médicos había una rivalidad constante, tanto entre los nazis como entre los cautivos. Samuel me contaba que Dering realizaba cirugías, entre otras cosas, para eliminar los ovarios para pruebas y que no usaba anestesia general ni de otro tipo. Incluso reutilizaba el material quirúrgico de una operación en la siguiente, sin limpiarlo y, mucho menos, esterilizarlo. Como yo no entraba a las salas, no podía confirmar lo que me contaban, pero se sabía que Dering era un individuo sádico al que no le importaban en absoluto las mujeres que operaba.

Los prisioneros médicos judíos en particular estaban siempre en la misma delgada línea que los otros prisioneros funcionarios, como Katja o yo. Nuestros puestos nos brindaban un ligero nivel de libertad y ciertas prerrogativas, pero se esperaba que obedeciéramos las órdenes de las SS sin cuestionarlas. Al mismo tiempo, muchos buscábamos la oportunidad de minimizar el daño y de salvar vidas, de ser posible. Aprovechamos nuestra libertad, aprendimos a entender la retorcida mentalidad de los oficiales de las SS, así como los juegos que les gustaba jugar. El riesgo, por supuesto, era que si nos excedíamos, si les parecía que éramos demasiado indulgentes o que no estábamos dispuestos a satisfacer a las SS, podían hacernos subir «por la chimenea» sin advertencia alguna. Eso fue precisamente lo que sucedió con el doctor Samuel en noviembre de 1943, cuando yo ya no estaba en el Bloque 10. Escuché que lo sacaron de ahí una mañana y nunca volvió. Algunas de las mujeres a las que operó creían que había saboteado la tarea que le encomendaron, es decir, que efectuaba los procedimientos con demasiada lentitud o de manera incorrecta. Tal vez lo eliminaron porque, como él mismo me dijo, sabía demasiado sobre lo que estaban haciendo los médicos nazis. Los detalles de su desaparición nunca fueron revelados, pero lo más seguro es que su ejecución la haya ordenado el doctor Wirths.

Una de las pequeñas libertades que yo tenía como *Blockälteste* era la de poder salir de vez en cuando. Era algo que no le permitían a ninguna de las chicas que mantenían encerradas en el bloque para experimentar en ellas. La única luz solar que veían esas mujeres era la que entraba por los huecos de las ventanas tapiadas. Un domingo que Wirths estaba hablando conmigo, traté de poner a prueba mi suerte con él una vez más. Le dije que las chicas no habían recibido nada de sol y le pregunté si podría sacarlas para que respiraran un poco de aire fresco.

—De acuerdo, Magda, hágalo si es necesario —dijo, y yo traté de no parecer sorprendida.

Era un día perfecto, de aquellos que podrían ayudarnos a olvidar por un rato dónde estábamos. Las jóvenes recogieron todas las pequeñas flores que encontraron entre las grietas a lo largo del camino, y una de ellas incluso pudo identificar algunas hierbas silvestres que añadiríamos más tarde a nuestra sopa. Es asombroso lo mucho que esa hora nos ayudó a recobrar el ánimo.

En otra ocasión, estaba sola e iba caminando por el sendero por fuera del Bloque 10. Pasé por el muro de ladrillos que separaba el patio entre los Bloques 10 y 11. Habíamos escuchado ruidos provenientes de esa zona, parecían disparos, pero como no podíamos ver por las ventanas de ese lado del edificio, era imposible constatar que hubieran sido eso. No fue sino hasta que acabó la guerra que se supo que ese patio se utilizaba como zona de ejecuciones, y que ahí asesinaron a cientos de personas.

Esta vez, me quedé paralizada cuando me asomé por la reja de hierro y miré al interior del patio.

En el suelo se encontraban los cuerpos desnudos de tres mujeres. Reconocí el rostro de una, eran tres hermanas que no habían regresado el día anterior después de que experimentaron con ellas.

Sentí una tristeza abrumadora, estuve a punto de sufrir un colapso nervioso. Todo ese tiempo, a pesar de las atrocidades y del sádico abuso a mi alrededor, había logrado mantener una actitud estoica, incluso cuando sentía que el corazón se me partía. Estaba decidida a no mostrarle nunca a las SS mi debilidad o mi miedo. Estaba decidida a mostrarles a las otras jóvenes una cara valiente, pero ese día que estuve sola por unos instantes, ver que los cuerpos de aquellas tres jóvenes sanas habían sido dejados ahí para que se pudrieran como si se tratara de animales muertos, me sacudió hasta lo más profundo.

Por alguna extraña razón, fue en la oscuridad que encontramos un destello de luz.

Las noches en el Bloque 10 eran momentos de paz relativa. Todas las tardes, a las seis en punto, los guardias de las SS cerraban las puertas del edificio, se iban a sus barracas y nos dejaban solas. Esto, junto con el hecho de que las ventanas estuvieran tapiadas, impedía que entrara ruido del exterior y nos daba la rara oportunidad de entretenernos.

Mila Potashinski era una famosa actriz, bailarina y cantante que trabajaba como prisionera enfermera. Cuando me enteré de sus habilidades, se me ocurrió una idea, se la propuse y ella estuvo de acuerdo en formar un grupo de cabaret: eligió a algunas de las chicas y les enseñó a cantar y bailar.

Después llegó Alma Rosé y los cabarets se volvieron mucho más sofisticados.

Alma llegó a Auschwitz en el transporte número 57, a mediados de julio de 1943. Venía de Francia, y de los mil hombres y mujeres en el tren, a ella la seleccionaron junto con otras once a las que procesaron y enviaron directo al Bloque 10. Una de las prisioneras enfermeras la reconoció y me dijo quién era, me explicó que era una famosa violinista vienesa. Yo no reconocí su nombre, pero cuando la enfermera me dijo que había estado casada con Váša Príhoda, uno de los músicos checos más famosos de Europa en aquel entonces, presté atención.

Vi una oportunidad. Todavía no sabía cómo ayudarla, pero imaginé que, si lograba «organizar» un violín para ella, tal vez podría salvarla de los experimentos. O, al menos, su talento podría animar a las mujeres del Bloque 10.

Una vez más, hice uso del sistema de comunicación clandestino y pasé una solicitud para Helen «Zippy» Spitzer, una mujer que asistía a Katja en la oficina administrativa. Zippy también era concertista, así que comprendió la importancia de mi petición. Gracias a ella, Katja y una red de prisioneros que estaban en contacto y trabajaban en *Kanada*, se consiguió un buen instrumento. Lo más probable es que se lo hayan confiscado a un desafortunado músico que acababa de llegar.

Sentí una gran satisfacción cuando le entregué el violín a Alma.

Esa noche vivimos lo más cercano posible a la magia en ese lugar.

Cuando los guardias de las SS cerraron el Bloque y se fueron, les ordené a dos jovencitas que bajaran, se mantuvieran cerca de la puerta y avisaran en caso de que alguien se acercara. Alma tomó su instrumento, lo afinó y empezó a tocar. No recuerdo qué música interpretó, pero en aquel lúgubre mundo en que ni siquiera se escuchaba el canto de las aves, pudimos volver, aunque fuera por un instante, a nuestra vida pasada.

A partir de esa noche, la música de Alma se volvió parte de nuestro mundo. A veces tocaba con Mila, quien cantaba o recitaba poesía. Los espectáculos de cabaret de esta última se volvieron más animados con la música del violín como apoyo.

Con el paso del tiempo logramos armar una producción completa que se interpretó una y otra vez hasta que, inevitablemente, las SS se enteraron. Tal vez una de las prisioneras enfermeras le contó a un médico, no lo sé. Sin embargo, en lugar de que nos castigaran, nos hicieron presentar el espectáculo a un grupo de oficiales. Al parecer, ellos también extrañaban la cultura.

Al final, cuando Maria Mandel escuchó a Alma tocar hizo que la transfirieran a Birkenau porque quería que dirigiera ahí una orquesta de prisioneras que compitiera con la orquesta que ya existía en el campo de varones. Alma dirigió la orquesta femenina durante el invierno de 1943-1944, hasta que se enfermó, a finales de marzo. A pesar de que los médicos de las SS la atendieron, seguramente porque lo solicitó Mandel, Alma murió a principios de abril. Mila sobrevivió a la guerra, también Moishe, su marido. Se mudaron a Australia y abrieron un teatro yiddish en Melbourne.

El Bloque 10 pasó a la historia como uno de los lugares más crueles de Auschwitz-Birkenau; a pesar de ello, nunca lograron abatir nuestra humanidad y, en buena parte, se lo debemos a la música.

En el Bloque 10 hubo otro médico que realizaba experimentos antropológicos con mujeres. Hacía moldes de sus cabezas. Me dijo que estaba tratando de demostrar que el cerebro judío era más pequeño que el alemán y, por lo tanto, inferior.

—La cabeza de un judío tiene menos moléculas que la de un alemán —decía.

Un día me pidió que enviara treinta jóvenes al *Revier* principal en el complejo de Auschwitz para hacer moldes.

—Yo también quiero que hagan un molde de mi cabeza —dije bromeando.

—Por supuesto, también haré un molde de tu cabeza para demostrar que tu cerebro está menos desarrollado —dijo para molestarme.

Una semana después me ordenaron meter por la noche a esas mismas treinta mujeres en una habitación separada y cerrar la puerta. El médico me dejó la llave. A la medianoche las llevarían en tren a otro pueblo. Ahí continuaría el estudio, pero en un sanatorio. Poco después de que oscureció, escuché que alguien tocaba la ventanita de metal en la puerta del doctor, que era igual a las que había en las demás celdas. La abrí y vi a Mila.

—Magda, si quieren estudiar nuestros cerebros, primero tendrán que matarnos. Déjame salir, por favor.

La dejé salir y, poco después, otra chica insistió en que quería estar con su hermana y también le abrí la puerta. Los oficiales de las SS solían ser desorganizados, así que pensé que cuando las mujeres subieran el tren a medianoche, no notarían que faltaban dos.

Por desgracia, me equivoqué.

Al ver que faltaban dos mujeres, los oficiales se fijaron en mí porque era la única que habría podido liberarlas.

—Te van a matar —dijo alguien a la mañana siguiente, y de inmediato se propagó el rumor de que me ejecutarían.

Recordé lo que había pensado la última vez que estuve en esa situación: *Mi vida llegó a su fin. Se acabó. Por lo menos traté de ayudar a alguien.* Me pregunté cómo me asesinarían. ¿Me dispararían en el patio en el que vi los cuerpos de aquellas tres jóvenes? ¿Me colgarían frente a todas las otras prisioneras? ¿Me inyectarían fenol? ¿Me enviarían a la cámara de gas?

Continué haciendo mi trabajo. ¿Qué más podía hacer? Mientras tanto, las chicas griegas rezaban por mí.

Entonces llegó un mensaje de Yaco, el ejecutor. Todos lo conocían, era un judío polaco tan grande y fuerte que parecía un gigante. Antes de la guerra era luchador, pero era muy gentil para ser verdugo.

—Si no puedo ayudarte de ninguna otra manera, al menos me aseguraré de que sea rápido —decía su mensaje.

Las jóvenes griegas lograron confeccionar en secreto dos hermosas almohadas para mí y las dejaron en mi cama. Eran muy suaves y suntuosas pero, al igual que el muñeco Pierrot que me hicieron las polacas, pensé que no podía conservarlas. Ese día, el automóvil de Wirths estaba estacionado frente al Bloque 10. No había nadie en él y la ventanilla estaba abierta. En el asiento de atrás vi una pistola en su funda. Corrí al piso de arriba, tomé las almohadas, bajé de nuevo y las lancé al vehículo por la ventanilla asegurándome de que nadie me viera.

Minutos después, lo encontré en el pasillo.

—Magda, escuché que está usted en problemas. ¿Por qué liberó a esas mujeres? —dijo.

—Solo hice lo que me pareció correcto. No me pareció estar actuando mal.

—Bueno, ya veremos. Van a convocarla para que se presente ante el *Schutzhaftlagerführer* Aumeier —se refería al director de operaciones del campo.

Enviaron a una joven eslovaca que trabajaba en el área de administración para que me llevara con Aumeier.

—Lo siento mucho, Magda. Nadie sale vivo de esto. Aumeier es un hombre bajito y está acomplejado. Es fuerte y ha asesinado a mucha gente —me explicó camino al encuentro—. Me despediré aquí de ti —dijo cuando estuvimos frente a la oficina del comandante.

Me quedé de pie frente a él, nunca lo había visto. Justo como me dijo la eslovaca, era un individuo fornido y de baja estatura. Tenía una cabeza grande, pero su rostro era pequeño, con los ojos muy juntos y una mirada mezquina.

—¿Por qué liberó a las mujeres? —preguntó.

Le dije lo mismo que al doctor Wirths, que solo había hecho lo que me pareció correcto.

Me volvió a hacer la pregunta y contesté lo mismo.

—Salga de aquí —gritó a todo pulmón.

Di la vuelta y salí. No estaba segura de lo que acababa de suceder.

Regresé al Bloque 10. Todas las personas que me vieron entrar se quedaron en estado de shock. Todas salvo el doctor Wirths.

—Gracias por las almohadas —dijo.

No contesté.

Por desgracia, esto dio pie a que otra situación desagradable se repitiera. Una vez más, Mandel, quien a fin de cuentas estaba a cargo del Bloque 10, enfureció al enterarse de que uno de los comandantes varones me había liberado, y sintió que *yo* merecía ser castigada.

Esa noche vino a recogerme Irma Grese. No la había visto desde que nos encontramos en el camino en Birkenau. Me indicó que la siguiera, pero no me dijo adónde íbamos. Cuando estuvimos fuera, solas, y empezamos a caminar, me dio un poco de conversación trivial, como cuando nos conocimos y nos veíamos en la panadería. No dijo nada respecto a mi supuesto crimen. Ahora que lo pienso, me parece una anécdota surrealista. Escuché a medias lo que me decía porque iba distraída pensando en lo que me sucedería.

Entramos al Bloque 11, el bloque de los castigos. Caminamos por el corredor central y luego dimos vuelta a la derecha y bajamos por las escaleras hasta el sótano. Avanzamos por otro corredor, atravesamos una puerta de hierro y llegamos al fondo del edificio. Ahí nos encontramos con cuatro puertas de madera de la mitad de la altura de las puertas normales.

—Estas son *Stehbunker* —«celdas de pie», me dijo—. Mandel ordenó que pasaras siete noches aquí y que trabajaras durante el día.

Me ordenó que me acuclillara y que entrara a una de las celdas, y cerró la puerta. Me quedé un rato sola en ese cuartito. Estando parada al centro, si extendía los brazos podía tocar sin problemas las cuatro paredes. Estaba oscuro excepto por un diminuto destello proveniente de una rejilla: era un conducto de ventilación cerca del techo. Poco después llegaron otras tres prisioneras y comprendí por qué les llamaban celdas de pie. Una vez que hubo cuatro personas dentro, la única manera de permanecer ahí fue paradas. Incluso en los vagones de los trenes había espacio para sentarnos por periodos breves, pero aquí, ni eso. Con dificultad podíamos mover los brazos y, por supuesto, levantarlos era imposible. Las cuatro pasamos la noche adoloridas y quejándonos. Fue de verdad espantoso. Solo el demonio podría haber inventado un castigo así.

A la mañana siguiente se abrieron las puertas y nos liberaron de la tortura. Las otras chicas, como a la mayoría de las sentenciadas a aquellas celdas, fueron enviadas a trabajar fuera, en los *Kommandos*. Irma Grese dijo que yo tendría que limpiar las letrinas de los bloques circundantes.

Sin embargo, cuando se llevaron a las otras, Irma habló en voz baja.

—Recuéstate. Rápido, descansa un poco antes del pasaje de lista porque, de otra manera, no sobrevivirás este día.

—Gracias, Irma —musité.

—No tiene importancia.

No recuerdo el pasaje de lista de aquella mañana ni de ninguna otra de esa semana. Me costó mucho trabajo cumplir con las tareas que me asignaron, me sentí aturdida y abrumada hasta que encontré a un grupo de prisioneros varones que estaban trabajando en el edificio. Les mencioné que había pasado la noche en las «celdas de pie» y eso bastó para que sintieran lástima por mí.

—Recuéstate y descansa —dijo uno de ellos—. Nosotros vigilaremos y te avisaremos si llega algún oficial. También limpiaremos las letrinas por ti.

Otro me dio algo de comida que había guardado.

Traté de no pensar por la noche que tenía por delante, pero esta llegó y tuve que volver a la celda de pie. Y así se repitieron las noches hasta que terminó mi sentencia. Debí aferrarme a mi cordura. Distintas chicas vinieron a pasar la noche en la celda conmigo, y luego se fueron. Sé que solo sobreviví gracias a que no salí a trabajar con los *Kommandos* y a la ayuda de aquellos hombres que me buscaban todos los días para que yo pudiera descansar un poco. Muchas de las jóvenes que fueron enviadas a realizar labores fuera no regresaron; es probable que hayan muerto de fatiga o que las hayan ejecutado por no hacer bien su trabajo.

El último día, mientras descansaba acostada cerca de las letrinas y los hombres limpiaban, uno de ellos gritó.

—¡Vienen las SS!

Me levanté rápido y ellos se dispersaron. Como no me dio tiempo de fingir que estaba trabajando, solo me senté en el baño más cercano como si estuviera evacuando.

El oficial de las SS me preguntó qué estaba haciendo.

—*Ich scheiße* —dije. Estoy cagando.

—La estaba buscando.

Me dijo que se llamaba Tauber, y que era amigo del *Blockführer* de Birkenau, al que le había dado el muñeco Pierrot.

—Necesito una *Blockälteste* —explicó.

7

De vuelta a Birkenau

Septiembre de 1943

Los silbatos sonaban a las cuatro y media de la mañana, todas las mañanas. En cuanto los escuchábamos, todas en el campamento debíamos salir de la cama sin demora. Las prisioneras se apresuraban a llegar a las letrinas o a las lavanderías; miles de mujeres trepaban entre sí para aprovechar el poco tiempo que quedaba antes de que sonara el silbato por segunda ocasión. Si tenían suerte, les quedaría tiempo para ir a uno de los agujeros sobre los pozos abiertos que servían de rudimentarios sanitarios, y regresar a beber un poco de té tibio en sus barracas.

Cuando sonaba el silbato por segunda vez, todas volvían a salir apresuradas a formarse en hileras de cinco frente a la barraca para el *Zählappell*. Las que se tardaban mucho en salir corrían el riesgo de que las golpeara un guardia o las atacaran los perros. Por desgracia, algunas de las *Blockälteste*, en especial las criminales no judías, también participaban en esta tortura.

Sin importar el clima, todas esperábamos fuera de las barracas a que realizaran el conteo. Permanecíamos de pie sobre lodo o nieve, bajo lluvia, granizo o los abrasadores rayos del sol. Y nos quedábamos de pie *solo* si ese día corríamos con suerte. Estar paradas les permitía a las mujeres extender los brazos y sostenerse entre sí, incluso mecerse con suavidad para aligerar la carga de permanecer tanto tiempo en un mismo lugar. Otros días, la guardia de las SS podía ordenarles a todas que se arrodillaran, e incluso que mantuvieran los brazos levantados por encima de la cabeza. Le llamaban *Sport machen*, «hacer ejercicio»; y en las instancias más crueles de esta práctica, las guardias obligaban a las prisioneras a llevar grandes piedras sobre sus cabezas durante horas. Claro, si acaso las dejaban caer por el cansancio, corrían el riesgo de lastimarse a sí mismas gravemente.

Cualquiera de estas situaciones podía durar horas. Primero, esperábamos hasta que las guardias estaban listas para contar; luego, aguardábamos hasta que lo hacían bien. Si las cantidades en la lista no coincidían con las cabezas contadas, siempre querían averiguar qué estaba sucediendo, así que volvían a empezar el recuento. Inspeccionaban las barracas en busca de mujeres enfermas y de las que hubieran muerto durante la noche. Siempre había alguna. Contaban con más lentitud nada más para hacernos sufrir, y no nos liberaban sino hasta que terminaban de numerar a todas las prisioneras en todos los bloques.

Permanecer de pie o arrodillada de esta manera durante horas, dos veces al día, todos los días, sería una tarea casi imposible para una persona bien alimentada y en buena forma física. Para gente al borde de la muerte, a causa del hambre y el trabajo excesivo, solía ser demasiado. Mientras esperábamos que efectuaran el conteo, las prisioneras se desplomaban y caían muertas. Si alguien fallecía, empezaban a contar de nuevo. Cualquiera que mostrara señales de debilidad o enfermedad, cualquiera que no pudiera trabajar, era desechada y enviada a las cámaras de gas y al crematorio.

Cuando por fin terminaban, todas se dispersaban para ir a trabajar, ya fuera en el exterior como parte de un *Kommando* o en las barracas. Para algunas mujeres, los quehaceres comenzaban de inmediato: su primera tarea era reunir los cuerpos de las que habían muerto durante el *Zählappell*.

Todo esto sucedía una mañana tras otra, una tarde tras otra, y a través de las cercas de alambre veíamos que en el campo de los hombres era igual.

Hacer comprender a otros la brutalidad de un solo pasaje de lista es, de por sí, muy difícil, pero explicar la tortura de la repetición incesante a lo largo de semanas, meses y años, es imposible. El *Zählappell* fue diseñado para deshumanizarnos, hacernos sufrir y evidenciar a quienes estaban demasiado enfermos o débiles para trabajar. Para hacer disminuir las cifras. Era una etapa más en el proceso de exterminio de los judíos.

Para quienes tuvimos la fortuna de sobrevivir, el *Zählappell* fue una constante en nuestra vida desde que llegamos en 1942 hasta el final de la guerra. La única ocasión en que pude descansar de esa tortura fue cuando estuve en el Bloque 10, porque el conteo casi siempre se efectuaba en el interior del edificio. Una de mis labores como *Blockälteste* cuando estuve de vuelta en Birkenau consistió en asegurarme de que las líneas permanecieran rectas durante la larga espera antes de que comenzara el conteo. Al menos, eso me permitía moverme un poco por ahí en lugar de permanecer inmóvil. En cuanto empezaban a contar, sin embargo, me colocaba junto al oficial de las SS que estuviera realizando el proceso y me quedaba ahí hasta el final.

Tauber me necesitaba para que fuera *Blockälteste* del *Stabsgebäude*: el mal llamado «bloque de élite». Se trataba de una barraca de madera fuera del campamento principal de mujeres que, en términos oficiales, era un subcampo independiente. En él se albergaba a trescientas sesenta mujeres que desempeñaban tareas secretariales para los oficiales de las SS. Eran prisioneras, pero no estaban sujetas a la misma brutalidad asesina que el resto; además, casi todas eran gentiles, es decir, no eran judías. Solo había una mensajera o *Läuferin* judía, era una joven checa llamada Leah.

Cuando entré al bloque por primera vez, las mujeres no me notaron. Me di cuenta de que, en comparación con las del campo de concentración, estas jóvenes estaban hasta cierto punto tranquilas. No podría decir que sus condiciones de vida fueran cómodas, ya que en su barraca también hacía frío y los colchones no tenían suficiente relleno ni les proporcionaban calor. Sin embargo, siempre es más fácil lidiar con la incomodidad cuando no se vive bajo la constante amenaza de que lo maten a uno en cualquier momento. A estas jóvenes no les dispararían por mirar de manera incorrecta a un guardia y tampoco las enviarían a la cámara de gas ni las harían «subir por la chimenea» solo por ponerse enfermas o por alguna razón similar.

Para el *Zählappell* tenían que entretenerse fuera y podían tomar el tiempo que quisieran para formarse. Sus «filas» no eran rectas porque cuando estaban alineadas continuaban parloteando y bromeando entre ellas. Los guardias no las obligaban a arrodillarse ni a mantener los brazos levantados. Cuando llegaban a contarlas, lo hacían de una manera bastante relajada y, por lo tanto, con frecuencia se equivocaban en la cuenta.

Pasaron un par de días y las mujeres continuaron ignorándome. Entonces tomé un silbato que me había dado Tauber, caminé al centro de la barraca y silbé a todo pulmón. Todas se quedaron en silencio.

—Me asignaron el puesto de *Blockälteste*. Yo no lo pedí. El oficial Tauber me ordenó hacerme cargo, así que aquí estoy. Ayudaré lo más que pueda. Si desean algo de mí, pueden pedírmelo. Quiero que este lugar esté limpio y sea lo más agradable posible, pero tienen que comportarse de manera adecuada. Las he visto bromear y jugar durante el pasaje de lista, eso provoca que el conteo dure mucho más. Me parece que no les importa que otras prisioneras cansadas y hambrientas tengan que esperar de pie mucho más tiempo por culpa suya.

Las chicas permanecieron en silencio.

—A partir de ahora —continué—, cuando se haga la llamada al *Zählappell*, quiero que salgan lo más rápido posible. No vamos a prolongar esta tortura para las mujeres que la están pasando peor.

A la mañana siguiente, las chicas hicieron lo que les pedí y el pasaje de lista se efectuó en mucho menos tiempo.

De la misma manera que lo hice cuando me asignaron al Bloque 10, logré conformar y traer un grupo de chicas eslovacas muy jóvenes para que me ayudaran en el bloque de élite. Fungieron como *Stubenälteste*, *Stubendienst* y *Läuferin*. Esto resultó muy útil porque podíamos hablar en el mismo idioma, y a ellas también les benefició porque evitó que tuvieran que trabajar en las brutales «actividades agrícolas» de los *Kommandos* en el exterior.

Ahora necesitaba que mis jóvenes ayudantes emprendieran una tarea diferente. Cuando las chicas del grupo de élite se fueron a trabajar a las oficinas en el campo de concentración, mis asistentes y yo reunimos todas las mantas viejas de las barracas. Encontramos unos carritos y los usamos para llevarlas al almacén. Ahí expliqué que Tauber me había ordenado reemplazar las trescientos sesenta mantas viejas. En realidad, Tauber nunca ordenó esto, pero para ese momento yo sabía bien que la gente del almacén no lo corroboraría con él. Yo era la *Blockälteste* del bloque de élite y conocía el nombre del oficial, con eso bastaba. Llevamos las mantas nuevas a las barracas y las colocamos sobre todas las plataformas para dormir.

Esa noche, cuando regresaron las jóvenes y vieron su ropa de cama nueva, no podían creerlo. Comenzaron a conversar muy animadas, y en cuanto volvió a sonar el silbato para el pasaje de lista, y por siempre a partir de entonces, se formaron con presteza y obedecieron las órdenes.

En eso consistía mi vida como *Blockälteste*: en encontrar maneras sencillas de mejorar las condiciones de vida, ya fuera obteniendo mantas nuevas o ahorrándonos algunos minutos en cada *Zählappell*.

Después de pasar algún tiempo en ese bloque de élite me asignaron de nuevo al campo principal de mujeres en Birkenau. En los meses siguientes me moví entre diferentes bloques, iba adondequiera que Katja me lo pidiera. Ella solo se esforzaba por obedecer las órdenes que le daba María Mandel, la *Schutzlagerführerin* o comandante del campo, y, al mismo tiempo, trataba de disminuir el sufrimiento de las prisioneras. Algunas veces yo era *Blockälteste* y en otras ocasiones solo era la segunda al mando.

Después del bloque de élite pasé una temporada breve en un bloque de *Mischling*, es decir, de mestizos. En su mayoría, se trataba de niños a los que las SS consideraban medio judíos. Eran de distintas nacionalidades: italianos, griegos y franceses. En el bloque también había algunas mujeres embarazadas.

No sabía por qué habían decidido mantener vivos a esos niños y a sus madres; me parecía extraño porque no podían trabajar y para las SS la capacidad laboral era lo más importante. A los viejos, los enfermos y la mayoría de los otros niños los enviaban a las cámaras de gas en cuanto llegaban a Birkenau. Había rumores respecto a un médico llamado Josef Mengele. Decían que experimentaba con los pequeños, pero hasta ese momento yo no me había enterado de los detalles ni tenido contacto con él.

Poco después de ser asignada a ese bloque, me convocaron a presentarme ante un comandante, creo que se apellidaba Böhm. Ahí me informaron que estaba por llegar la población entera de un pueblo ruso.

—No son judíos, pero serán nuestros prisioneros —dijo el comandante—. Si los rusos acceden a liberar a un oficial de alto rango que capturaron, permitiremos que la gente regrese a su pueblo.

»Al ver su expediente me enteré de que usted es maestra de jardín de niños. Quiero que se haga cargo de las madres y de sus hijos, también de las ancianas. Las jóvenes solteras permanecerán en un bloque separado —explicó Böhm.

Pensé en lo horrible que era aquel lugar para cualquier adulto y en que, para los niños, sería un infierno mayor. Sobre todo porque cada vez hacía más frío.

—*Herr Kommandant*, este lugar no es para niños. Le suplico que les permitan asearse todos los días para evitar las enfermedades, que los pasajes de lista se lleven a cabo en las barracas y que los alimenten bien.

—Así se hará —dijo el comandante.

Los rusos llegaron y yo fui asignada al Bloque 2, donde albergarían a las madres, los niños y las ancianas. Cuando se enteraron de que las condiciones no serían tan terribles como en el resto del campamento, las mujeres se sintieron muy agradecidas y prometieron que me llevarían a conocer a *Batushka Stalin*: a papá Stalin.

Como de costumbre, había otras personas que no estaban tan contentas conmigo. No me lo esperaba, pero poco después tendría otro roce con la muerte.

Las solteras rusas fueron alojadas en el Bloque 3, junto a nosotras. Su *Blockälteste* era una alemana no judía y estaba muy celosa de las condiciones que yo había logrado establecer en mi barraca. Lo recordaba cada mañana y cada tarde porque veía que nosotros no teníamos que salir para el *Zählappell*. Entonces se le ocurrió mentirle a Mandel, inventar algo sobre mí, y eso bastó para que me sacaran de la barraca y ella pudiera hacerse cargo. En la primera nevada de la estación, me llevaron marchando y me metieron a la fuerza a un bloque donde encontré a un grupo de prisioneras judías. Yo no tenía nada, ni siquiera una cobija. Unas horas después, sin embargo, Stasa, mi amiga polaca, averiguó dónde me encontraba y me trajo una almohada y una cobija. Me dijo que trataría de sacarme de ahí, pero, a la mañana siguiente, me pareció improbable: después del pasaje de lista, a las que no teníamos labores asignadas nos dijeron que nos llevarían al *Revier* para que nos esterilizaran por radiación. De inmediato recordé mi experiencia en el Bloque 10 y a las chicas que nunca regresaron después de ser sometidas a los experimentos del doctor Schumann. Una vez más, tuve que afrontar la idea de que mi fin había llegado. Nos llevaron caminando al *Revier* y, al llegar, uno de los asistentes del médico me reconoció. Cuando entraron los otros médicos a la sala para iniciar el trabajo, les dijo que los conductos estaban congelados, por lo que no podrían realizar esterilizaciones ese día. Con esa simple mentira, aquel hombre salvó mi vida y la de las otras mujeres. Al menos, por un tiempo.

Mientras tanto, Stasa se mantuvo al tanto de lo que sucedía en el Bloque 2. Un día vio a un hombre entrar a la barraca y corrió a buscar a Margot Drechsler, la asistente de Mandel. Stasa no hablaba alemán, pero con gestos furiosos se dirigió a la asistente mientras hablaba en polaco: «*Chodz, chodz*», ven, ven. Drechsler la siguió al Bloque 2 y Stasa señaló al interior. Drechsler sorprendió a la nueva *Blockälteste* y al hombre que Stasa había visto entrar al bloque: su amante.

—Lárgate de aquí, ¡desaparece! —le gritó Drechsler al hombre. Luego se dirigió a la *Blockälteste*—: Sacaste de aquí a Magda con tus mentiras, pero ahora pagarás por ello. Irás al *Straffkommando*.

Drechsler se refería al Bloque 11, la barraca del castigo.

—Trae a Magda de vuelta —le dijo a Stasa.

Stasa no entendió las palabras, pero escuchó mi nombre y comprendió lo que le estaba pidiendo Drechsler. Para cuando me encontró se había quedado sin aliento.

—Magda —entró gritando—, debes volver al Bloque 2, después te explicaré todo.

Y así fue. Más tarde, me contó muy orgullosa lo que había logrado.

Las mujeres y los niños rusos estaban encantados de verme. Algunos incluso me levantaron en hombros mientras todos gritaban:

—¡Magda ha vuelto! ¡Magda ha vuelto!

Poco después, llegó una mensajera con un anuncio. Se había emitido la orden de que todos los niños menores de catorce años subieran a un camión al día siguiente. Como era de esperarse, la noticia les provocó mucha ansiedad a las madres, nadie sabía lo que les pasaría a sus hijos.

Cuando estuve en el camino del campo, vi a Irma Grese y me acerqué. Le pregunté si sabía algo respecto a la orden.

—No te preocupes por eso, Magda. Los van a adoptar familias alemanas. La mayoría son granjeros que no tienen hijos, los van a tratar bien. Los niños ayudarán a sus padres adoptivos en las labores y, después de algunos años de germanización, ni siquiera recordarán que eran rusos.

Por desgracia, no había nada que yo pudiera hacer para impedir que se llevaran a los niños, pero logré darles algo antes de su partida. «Organicé» retazos, cordeles y plumas; en los retazos escribimos el nombre completo de cada niño y se los atamos al cuello, bien escondidos debajo de las camisas. Hablamos con cada uno y les dijimos cosas como: «Misha, tienes catorce años. No olvides que tienes un hermano mayor que se llama Ivan, recuérdalo a él y al resto de tu familia. Cuando acabe la guerra, deberás informar que eres ruso y que deseas volver con tus padres».

No sé lo que les haya pasado a esos niños, ni si alguno logró volver a casa.

Tiempo después me asignaron el cuidado de otra barraca. Poco a poco se fueron llevando a la mayoría de las jóvenes rusas, al parecer, las trasladaron para que trabajaran como enfermeras en hospitales administrados por alemanes. Nunca supe qué les sucedió a las mujeres mayores ni a sus maridos, quienes se encontraban presos en el campamento de varones.

De vez en cuando, si se presentaba un momento de sosiego, me ponía a reflexionar sobre las ocasiones en que tuve el *chutzpah* y el valor necesarios para hablar con firmeza al dirigirme a los oficiales de las SS, como cuando hablé con el doctor Wirths y, después, cuando le expliqué con claridad al comandante Böhm las condiciones que quería que me garantizara para recibir a los niños rusos. En ningún caso anticipé cómo actuaría, pero cuando llegaba el momento, algo me impulsaba a hacer lo necesario. Y por eso no dejaba de preguntarme si esa capacidad también sería parte de la misión que, según el rabino Belzer, me había sido encomendada.

A finales de 1943, cuando empezó a hacer más frío, se presentó otro incidente. Todo comenzó con una peculiar historia que me recordó una joven eslovaca que había trabajado con una mujer alemana, bastante corpulenta y amigable, a quien llamaban Poof Mama. Nadie sabía su verdadero nombre, pero antes de la guerra fue la *madame* de un burdel. Ahora estaba a cargo de un sauna que acababan de construir en Birkenau. El nombre oficial de estas instalaciones de desinfección era *Entwesungsanlage*, y era el lugar donde procesaban a los prisioneros que llegaban.

En el otoño de 1942, poco después de que nos trasladaron de Auschwitz I a Birkenau, nos entregaron vestidos para reemplazar los viejos uniformes rusos que recibimos al llegar. Eran vestidos grises simples, le dieron uno a cada joven. Los usábamos para vestir, trabajar y dormir todos los días. No nos dieron ropa interior, así que esto era lo único que teníamos para mantenernos calientes.

Tal vez, como muy pocos prisioneros sobrevivían más de algunos meses en Auschwitz-Birkenau, a nadie se le ocurrió reemplazar los vestidos y, por eso, unos quince meses después se encontraban en condiciones deplorables, hechos jirones debido a la lluvia, el sol y la tierra. No nos servirían para protegernos del frío cuando llegara el invierno.

Algunas de las chicas empezaron a rasgar sus viejas mantas para ponerles parches a sus vestidos, o a envolverse con ellas como una especie de ropa interior rudimentaria. Un día que una joven eslovaca estaba trabajando en el sauna, se inquietó mucho porque escuchó el rumor de que iban a enviar a todas las eslovacas al crematorio para castigarlas por el daño que les estaban causando a las mantas.

Me dijo que le había contado sus preocupaciones a Poof Mama.

—No te preocupes, *Liebchen* —dijo la otrora *madame*—, regreso en un rato.

En efecto, Poof Mama volvió más tarde.

—Descuida, ya arreglé el asunto. Fui a hablar con *Lagerführerin* Mandel y le dije: «Si se atreve a hacerles algo a mis chicas eslovacas, les diré a todos los comandantes que usted era la mejor prostituta de mi burdel». Me pidió que no lo hiciera, así que creo que podemos contar con que no dirá nada a las SS sobre las mantas rasgadas.

Por algún tiempo no volvimos a oír nada sobre un posible exterminio de eslovacas, pero nunca supimos si Poof Mama en verdad había amenazado a Mandel. De todas maneras, parece que las SS se enteró sobre las mantas de una forma u otra porque, más adelante, llegó una orden repentina: todas las jóvenes eslovacas debían ir al sauna. Para ese momento, de las siete mil que llegamos en 1942 solo quedábamos unas trescientas vivas, y casi todas trabajábamos en el área de limpieza o cocina, o éramos funcionarias: *Stubenälteste* o *Blockälteste*, por ejemplo. Desempeñar una función era fundamental para la supervivencia porque nos permitía trabajar en equipo con otras y ayudarnos a salir adelante. Esta vez, sin embargo, nos preguntamos si estar tan unidas sería un punto en nuestra contra. ¿Por qué nos enviaban al sauna?

Trescientas mujeres entramos al gran vestíbulo del edificio del sauna. Ahora había una mesa larga y, detrás de ella, varios oficiales de alto rango de las SS. Al centro reconocí al *SS-Obersturmführer* Franz Hössler, un oficial que llevaba algunos años en Auschwitz y tenía fama de ser despiadado en extremo. Cuando yo estaba en el Bloque 10, inauguró un burdel en el campo principal de Auschwitz. Reclutó a mujeres no judías o a las que él consideró arias, y las puso a trabajar a cambio de mejores condiciones de vida. Ascendió por el escalafón y ahora ocupaba el rango de *Schutzhaftlagerführer.* Estaba a cargo del campo de trabajo de mujeres y trabajaba en conjunto con Maria Mandel. Además de él, detrás de la mesa estaba el *Schutzhaftlagerführer* del campo de varones: *SS-Obersturmführer* Johann Schwarzhuber.

Hössler empezó a acusarnos de haber dañado los bienes de los alemanes porque rasgamos las montas.

—Eso es sabotaje —dijo—, y ahora serán enviadas a la cámara de gas por ello.

Trescientas almas entristecieron en ese momento.

Di un paso al frente. Las jóvenes detrás de mí trataron de impedírmelo, pero las ignoré.

—*Dreiundzwanzig achtzehn* reportando —«2318» dije, chocando los talones. Tal vez a Hössler le asombró mi insolencia, pero el caso es que no dijo nada, así que yo interpreté su silencio como una autorización para hablar—. Con todo respeto, comandante, los vestidos que estamos usando los recibimos hace un año. Hemos trabajado con ellos, dormido con ellos y permanecido paradas bajo el sol y la lluvia con ellos durante el pasaje de lista todos los días. Están muy desgastados y, como cada vez hace más frío, me parece humano que algunas de las chicas hayan tratado de protegerse un poco, aunque eso haya implicado arrancarle un trozo a una cobija vieja. Si usted se encontrara en una situación similar, haría lo mismo. Si nos pudieran dar otros vestidos para reemplazar estos, ya no nos veríamos en la necesidad de dañar los bienes alemanes —dije, y di un paso hacia atrás, de vuelta a mi cola.

Por un rato, Hössler me fulminó con la mirada en silencio. Estaba tan furioso que tenía el rostro encendido.

—¡Judía insolente! —gritó—. Tú serás la primera en subir por la chimenea, maldita…

—Espere, no solo es una judía insolente: también parece capaz de razonar —interrumpió Schwarzhuber—. Les daremos vestidos nuevos a estas mujeres.

Hössler redirigió su mirada fulminante hacia Schwarzhuber, pero no se atrevió a criticarlo frente a nosotras y tampoco le dijo nada cuando nos ordenó regresar al campo.

Al día siguiente nos entregaron vestidos nuevos y las chicas me abrazaron tanto que terminé con el cuerpo adolorido.

¿Cómo encontré valor para volver a hablar y defendernos? Quizá, después de casi dos años de estar en Auschwitz-Birkenau, había llegado a entender cómo funcionaba la mente de los oficiales de las SS. Sabía que trescientas mujeres eran valiosas para ellos porque si dejábamos de desempeñar nuestras labores como funcionarias, ellos se quedarían con muchos problemas y un gran dolor de cabeza. O, tal vez, algo más poderoso que yo me impulsó. Una vez más.

A finales de 1943 me sentía exhausta. Llevaba meses al borde del colapso. Primero fui *Blockälteste* del Bloque 10, después sufrí la tortura de la celda de pie, de nuevo fui *Blockälteste* en varias barracas y me encargué de mujeres de varias nacionalidades, incluyendo las rusas y sus hijos y bebés. Cada vez que llegaba un nuevo tren, tenía que asegurarme de que los recién arribados aprendieran las reglas de comportamiento en el campo para que tuvieran más probabilidades de sobrevivir. Les enseñaba durante todo el tiempo que les tomaba ajustarse a la conmoción de encontrarse de repente en un mundo espantoso e incomprensible... y, mientras tanto, también me aseguraba de obedecer al pie de la letra las órdenes de las SS y no parecer demasiado indulgente.

Le pregunté a Katja si podría descansar un poco y ella me encontró un empleo en la oficina del campo de concentración, trabajaría con Helen «Zippy» Spitzer, quien más adelante sería conocida como Helen Tichauer. La oficina estaba en un extremo del Bloque 4, al otro lado se encontraba la zona de alojamiento para quienes trabajábamos ahí. Yo conocía bien a Zippy porque, como yo, llegó en el segundo tren y desde entonces le había ayudado a Katja a llevar los registros. Katja y Zippy diseñaron un sistema con el que lograron salvar muchas vidas. Cada vez que se realizaba una selección, ellas tenían la tarea de copiar los números de los tatuajes de los prisioneros seleccionados para las cámaras de gas y elaborar una lista maestra. Cuando hacían el registro, sin embargo, reemplazaban los números de prisioneros vivos con los de aquellos que ya habían sido asesinados. Las SS nunca contaban la cantidad de gente que transportaban los camiones, solo les interesaba la lista maestra, y si en ella aparecía suficiente gente, se quedaban contentos.

Zippy era diseñadora gráfica, por lo que su vida tenía cierto valor para los nazis. Casi desde el principio le asignaron la tarea de pintar líneas rojas en las prendas civiles que eran reutilizadas como uniformes en el campamento. Eso fue cuando las SS ya había dado uso a todos los viejos uniformes de los militares rusos, y antes de que se utilizaran las bien conocidas «pijamas a rayas». Ahora estaba a cargo del *Hauptbuch*, es decir, de los libros en que se registraban los detalles de los prisioneros. Zippy debía apuntar, con su más meticulosa y bella caligrafía, el número del tatuaje y la causa del deceso de cada uno de los prisioneros enviados a las cámaras de gas. En la columna de «causa del deceso» no tenía permitido escribir la verdadera razón que, en la mayoría de los casos, era asesinato por envenenamiento con gas. En lugar de eso, tenía que inventar una enfermedad: ataque al corazón, tifoidea, neumonía, difteria…

En una ocasión, conversé al respecto con Irma Grese.

—Estamos seguros de que ganaremos la guerra. Nadie creerá esas historias sobre las cámaras de gas porque tenemos un registro completo de las muertes de las mujeres. Verás, Magda, ¡somos muy astutos! —me dijo muy orgullosa.

El tiempo probaría que Irma se equivocaba porque, en lugar de conservar toda su «evidencia» fraudulenta, las SS la destruyeron por completo.

La peor parte de este trabajo era que los registros a veces los llenaban con anticipación, es decir, Zippy tenía que inventar las causas de deceso de gente que aún no había muerto. Por supuesto, a muchos no los conocía porque acababan de llegar a Birkenau, pero identificaba a buena parte de los que aparecían en sus listas y, a veces, llegaba a verlos en el campo sabiendo que estaban destinados a perecer. «Es como ver un cadáver viviente, alguien que sé que, mañana o pasado mañana, estará muerto», me dijo en una ocasión. Por desgracia, en vista de cómo funcionaba el letal sistema de las SS, ni Zippy ni nadie podía hacer algo para evitar que esa gente fuera asesinada.

Durante el invierno entre 1943 y 1944 trabajé con Zippy realizando la misma labor: registrando las entradas con mi mejor caligrafía. Luego, en la primavera de 1944, mi relativa paz llegó a su fin cuando Katja vino a verme y me dijo que dentro de poco llegarían varios trenes con miles de húngaros, y que Mandel quería que yo asumiera de nuevo un puesto de funcionaria. Por supuesto, nadie sabía que estábamos a punto de vivir el periodo más letal en la oscura historia de Auschwitz-Birkenau.

8

Lagerälteste

Mayo de 1944

Katja nos llevó, a mí y a otras seis mujeres, casi todas eslovacas, al sector B-IIe de Birkenau, conocido como el «campamento gitano». Los nazis consideraban que los romaníes eran gente «sucia», es decir, los veían más o menos de la misma manera que a los judíos. Miles de romaníes fueron reunidos y enviados a Auschwitz para realizar trabajos forzados y para ser exterminados. Los aislaron en ese sector y no les permitieron mezclarse con otros prisioneros. Sin embargo, quizá debido a las ejecuciones masivas, más o menos setenta y tres por ciento de las barracas en el sector B-IIe habían sido vaciadas para recibir a los trenes con los prisioneros húngaros.

Katja habló con nosotras.

—Ustedes fueron elegidas como las *Blockälteste* para los húngaros porque hablan húngaro y alemán.

Luego nos asignó los bloques. A mí me tocaría el Bloque 1, a Vera Fischer el Bloque 7, y a su amiga Anna le asignaron el 4.

Para ese entonces, Vera y yo éramos amigas, pero cuando nos conocimos fue de una forma en cierta medida peculiar. Ella también era eslovaca, llegó a Auschwitz unas dos semanas después que yo. En una ocasión, muy al principio, cuando estábamos en el Bloque 9, en el campo principal de Auschwitz, descubrí que había rayado la madera de su litera para escribir unas palabras. Le di una bofetada y le dije que estaba destruyendo bienes de los alemanes y que si llegaban a descubrirla podrían castigarla a ella y a otras también. Aunque le sorprendió mucho mi actitud, comprendió por qué actuaba yo de esa manera; me explicó que estaba tratando de plasmar la letra de una canción que había recordado. Cuando supe esto, «organicé» un poco de papel y un lápiz para que pudiera escribir la letra de la canción como era debido. No recuerdo qué canción era porque aquel papel desapareció hace mucho tiempo, quizá solo unos días después. Sin embargo, ese fue el principio de mi amistad con Vera. Le recomendé que esperara su sopa en la parte trasera de la cola para que le tocaran más verduras porque estas siempre se quedaban al fondo del caldero. Al igual que yo, tiempo después ella también llegó a ser *Blockälteste* en Birkenau.

Después de que Katja nos acomodó en nuestros respectivos bloques, nos anunció que ella estaría a cargo de ese grupo de siete barracas. También nos dijo que había un nuevo *Kommandant* en el complejo de Birkenau, el *SS-Hauptsturmführer* Josef Kramer, un hombre conocido por sus crueles asesinatos. Por esta razón, lo mejor sería mantener en orden nuestras áreas asignadas y no llamar la atención de las SS.

Poco después, empezaron a llegar los húngaros.

Aunque desde agosto de 1942 habíamos hecho todo lo posible por sobrevivir a Birkenau, mientras los oficiales de las SS seguían abusando, torturando y asesinando en los sectores B-Ia y B-Ib de los campos originales para hombres y mujeres, era obvio que tenían planes mucho más ambiciosos.

Desde el interior de nuestro campo habíamos visto cuatro chimeneas elevarse sobre las nuevas cámaras de gas y crematorios. Se construyeron treinta cabañas, así como un nuevo *Effektenlager*, es decir, el almacén donde se guardaban los objetos confiscados a los prisioneros al llegar, y al que conocíamos mejor por el nombre de *Kanada*. Este *Kanada* era mucho más grande que el del campo principal en Auschwitz I, que fue el primero. Estuvo listo a finales de 1943, más o menos al mismo tiempo que inauguraron un nuevo sauna. Era el mismo edificio donde fuimos convocadas para presentarnos ante los *Schutzhaftlagerführer* Hössler y Schwarzhuber. Justo fuera de nuestro campo, también construyeron una rampa y una vía muerta o bahía de carga. Cuando se terminaron los trabajos, en mayo de 1944, esta infraestructura les permitió a los trenes ingresar directamente al complejo. Antes de eso tenían que detenerse en la vía principal, a unos cientos de metros de lo que llamaban *Judenrampe*. Ahora los nazis podían hacer descender a los recién llegados y vaciar los trenes más rápido para efectuar la selección inicial. Lo mejor de todo, para las SS, era que ya no necesitarían transportar hasta las cámaras de gas en camión a quienes elegían para ejecución inmediata; bastaría con decirles que les darían un baño para enviarlos a su destino final.

Todas estas instalaciones permitirían procesar a muchos más prisioneros, lo que significaba que el sueño nazi de la «fábrica de la muerte» se estaba volviendo realidad.

Al otro lado de la calle principal era posible ver que estaban construyendo cientos de barracas detrás de cercas electrificadas, y que el mismo paisaje se extendía a lo lejos. El sector B-IIe, el campamento gitano donde Vera, las otras y yo estábamos ahora, formaba parte de este proyecto de expansión.

En mayo empezaron a llegar miles de trenes de Hungría, pero hasta antes de eso hubo pocos húngaros en Auschwitz-Birkenau porque, a diferencia de Checoslovaquia y otros países, Hungría no apoyaba la política alemana de la deportación de judíos. No obstante, todo cambió cuando Alemania invadió Hungría, en la primavera de 1944, y cerca de medio millón de judíos fueron expatriados del país y transportados en los siguientes dos meses, la mayoría a Auschwitz.

El sistema cambió un poco cuando estuvo lista la nueva bahía. Ahora, cuando los trenes llegaban, veíamos a cientos de personas formadas en la rampa. Entonces se efectuaba la selección y, a la mayoría de la gente, en especial a los ancianos y las mujeres con niños, la mandaban… directo a las cámaras de gas y a los crematorios.

A las mujeres más jóvenes con capacidad de trabajo se les procesaba en el sauna y luego las destinaban al campamento gitano; llegaban de cientos en cientos cada vez. Al igual que sucedió con nosotras cuando arribamos, dos años antes, estaban perdidas, confundidas y aterradas porque no tenían idea de lo que les sucedería a ellas o a sus familias.

Un domingo, poco después de que llegaron las primeras húngaras al campo judío, vino a buscarme mi prima Aliska, quien ocupaba el puesto de *Läuferin*.

—Magda, ven pronto. Las chicas del Bloque 1 quieren ir a ver al doctor Klein porque les dijo que las llevaría a un sanatorio.

Seguí a Aliska de vuelta al Bloque 1 y vi al doctor Fritz Klein, un hombre alto y delgado con gafas. Era médico del campo y se estaba dirigiendo a un numeroso grupo de chicas. En un húngaro perfecto les decía que eran muy hermosas y que no tenían por qué soportar esas condiciones de vida.

—¿Por qué tendrían que estar en este campo? —dijo—. Las enviaré a mi sanatorio, ahí tendrán todo. Es un lugar agradable y limpio, además hay jardines y comida sana.

Las chicas se empujaban entre sí para tratar de llegar al frente y que Klein las eligiera para ir con él. Entonces noté que entre ellas estaba otra de mis primas: Magda Englander. Magda cojeaba desde siempre, y si los oficiales hubieran notado ese detalle, la habrían sentenciado a muerte; por eso siempre trataba de conseguirle trabajo en las barracas y evitar que saliera con un *Kommando*, lo cual la habría puesto en evidencia de inmediato.

Por supuesto, ya sabía lo que estaba haciendo Klein. Vera y yo lo habíamos visto muchas veces en acción. Era uno de los crueles juegos con que las SS recibían a los nuevos prisioneros. El sanatorio del que hablaba no existía, solo les prometía mejores condiciones a las chicas para engañarlas; su verdadera intención era enviarlas a las cámaras de gas. Para él, de hecho, que fueran jóvenes, estuvieran sanas y pudieran trabajar no tenía ninguna importancia, pronto llegarían muchas más.

Desde que bajaron del tren, tratamos de hacerles comprender a las jóvenes que no debían creer nada de lo que dijeran los oficiales y guardias de las SS; señalamos las chimeneas y les dijimos: «No crean en sus promesas, la única forma de salir de aquí es por ahí». Sin embargo, escuchar a Klein hablándoles con dulzura y en su propio idioma fue suficiente para convencerse. Todas querían ir con él.

Empujé a las otras para poder llegar al frente y levanté la mano.

—No irán a ningún sanatorio ni van a dejarme aquí para que me pudra sola. Si yo tengo que quedarme, también ustedes —grité. Entonces señalé la barraca—: Regresen, todas adentro, vamos.

Algunas dieron la vuelta para dirigirse a la barraca, pero otras empezaron a quejarse.

—¿Por qué tienes que ser tan mala? —preguntaron, fulminándome con la mirada.

Algunas se pusieron histéricas. Y otras, incluso Magda, mi prima, estaban tan desesperadas por ir con Klein que debí abofetearlas para hacerlas entrar en razón. Si tenía que volver a golpearlas para salvarles la vida, lo haría con gusto.

Volteé a ver a Klein.

—Usted no tiene nada que hacer aquí hoy. *Kommandant* Kramer se molestaría mucho si se enterara de que vino, así que váyase y no vuelva a hacer esto.

Klein desenfundó su pistola, pero entonces cambió de opinión, dio la vuelta y se fue. Mi *chutzpah* funcionó de nuevo, me sentía aliviada, pero por dentro estaba temblando.

Después de eso, algunas de las chicas y Magda, claro, me guardaron rencor por mucho tiempo. Nunca me agradecieron haberles salvado la vida, lo único que recordaban era que las abofeteé.

Los trenes que transportaban a los judíos húngaros continuaron llegando sin cesar. Poco después, nuestros siete bloques estaban tan llenos que sobrepasaban incluso el ofensivo hacinamiento que las SS esperaban. Y de las chimeneas de los crematorios, el humo continuó saliendo todo el día, todos los días.

En algún momento, Katja vino a verme.

—Todas se mudarán al sector B-IIc, le llaman *Lager* o Campo C. Mandel te ordenará ser la *Lagerälteste* y te encargarás de todo el lugar.

—Katja, ten piedad de mí, por favor; no puedo hacer esto. Te suplico que elijas a alguien más —dije, tratando de encontrar una excusa para liberarme de tal carga—. Incluso si saliera de esto viva, ¿cómo podría mantener felices a miles de mujeres. ¿Te imaginas cuántas enemigas haría?

—Pero es una decisión que no me corresponde —replicó—. Además, a través del sistema de comunicación clandestino las mujeres han manifestado que quieren que lo hagas porque saben que tratarás de ayudar a todas en la medida de lo posible. ¿Preferirías que lo hiciera Stenja? Sabes que es brutal. En cuanto pueda, empezará a enviar mujeres a la cámara de gas y no se detendrá.

Me sentía muy infeliz, no quería aceptar una responsabilidad tan grande.

Un poco más tarde me mandó a llamar Margot Drechsler, quien todavía era asistente de *Lagerführerin* Mandel.

—Hellinger, tú serás la *Lagerälteste* en *Lager* C —dijo.

—No me nombres *Lagerälteste*, por favor —dije—. No sé cómo desempeñarme.

—Por supuesto que no sabes, Magda. ¡Nunca ha habido un Campo C! —dijo riéndose.

Al día siguiente, asistimos al pasaje de lista.

—Magda, pasa al frente.

Caminé a la reja frente a nuestro campo y vi una limusina con la puerta abierta; en el interior se encontraba el *Kommandant* Kramer.

—*Dreiundzwanzigachtzehn* —«2318», anuncié chocando los talones.

—Hellinger —dijo Kramer—, suba.

Conocía la reputación de Kramer, se hablaba de ello desde que llegó al campo de concentración. Era un hombre muy alto y robusto. Al parecer, cuando fue comandante en otro campo, mató por lo menos a una persona apretándole el cuello con sus enormes manos hasta hacerla caer al suelo, y luego la pisoteó.

Permanecimos en silencio mientras el vehículo avanzaba los quinientos metros necesarios para llegar al otro campo. Descendimos y vi las dos largas hileras de barracas que se extendían frente a nosotros. Kramer me miró desde las alturas.

—Usted será *Lagerälteste* aquí —dijo.

Calculé treinta bloques, pero en realidad eran treinta y dos. Si en cada uno había mil prisioneros, sería responsable de más de treinta mil personas. Era una ciudad completa rodeada por una cerca electrificada.

Caminamos hasta el primer bloque y miré al interior. Había compartimentos para dormir, pero, excepto por eso, estaba vacío.

—*Herr Kommandant*, ¿usted quiere que sea *Lagerälteste* en este lugar? —pregunté—. Esta barraca está vacía, no hay paja para los colchones, no hay mantas ni cuencos para comer, ni cucharas. Si espera que estas mujeres vivan en estas condiciones, sus guardias dirán que son unas puercas judías, así que tal vez sería mejor enviarlas a las cámaras de gas de una buena vez.

—¿Por qué le importan tanto los otros? Debería preocuparse por usted misma y punto —dijo.

—Si estuviéramos en la situación contraria, es decir, si usted estuviera a cargo de los prisioneros alemanes y no tratara de ayudarlos, algunos dirían que es un cobarde.

Kramer me fulminó con la mirada por un momento y luego me miró de arriba abajo. Permanecí inmóvil. Solo me mantuve erguida y le sostuve la mirada. Algo me decía que estaba tratando de detectar una señal de debilidad, pero yo estaba decidida a no mostrar ninguna.

—Los suministros llegarán mañana —dijo.

En el interior del Campo C ya había ocho mil prisioneros varones. Algunos oficiales de las SS estaban discutiendo cómo trasladarlos al campo adyacente, al sector B-IId, conocido como Campo D. Los oficiales querían evitar confusiones y desorden cuando los hombres se encontraran en el camino con las mujeres provenientes del campo gitano, es decir, del otro lado.

—Si me permite hacerme cargo, yo puedo organizar el cambio —dije, y él estuvo de acuerdo.

Fui al Campo D y busqué a la *Lagerälteste.*

—Necesito traer a ocho mil hombres, pero para mantener el orden los llevaremos en grupos de mil.

Así pues, inicié la tarea. Organicé a los primeros mil para que, formados en filas de cinco, marcharan hasta su nuevo campo. Los guardias de las SS continuarían vigilando a lo largo del camino, pero no tendrían nada que hacer. Luego reuní a mil mujeres del campo de gitanos y las hice marchar al Campo C. Cuando estuvieron dentro del bloque, se mudaron los siguientes mil varones. Este proceso lo repetimos ocho veces hasta que todos estuvieron donde las SS los quería.

Los oficiales estaban sorprendidos por la facilidad con que resolví el problema. De hecho, parecían asombrados de ver que una judía fuera capaz de ese nivel de organización. El comandante Kramer solo miraba satisfecho.

Entonces detecté una oportunidad.

—Comandante Kramer, si yo lograra trabajar en conjunto con mis *Blockälteste* y las otras funcionarias, y si pudiéramos conservar este lugar limpio y en orden, ¿usted podría mantener a sus guardias fuera del campo lo más posible?

—Tendría usted que trabajar con las SS-*Helferin* Grese porque, a partir de mañana, ella será la *Lagerführerin* de este campo.

Y de esa manera establecimos el Campo C. Trabajé con Katja y juntas buscamos chicas eslovacas, en especial a las que realizaban labores peligrosas con los *Kommandos* en el exterior. Cuando las encontramos, las nombramos *Blockälteste*, líderes de bloque. Algunas eran amigas y primas nuestras: Vera, Surka, la pequeña Marika, Minka, Miri y Františka.

Una chica llamada Elsa Krauss se acercó y me dijo que era de Michalovce, mi pueblo natal; tenía la idea de que tal vez éramos parientes lejanas. Me preguntó si podría asignarle algún empleo como funcionaria.

—Eres justo la chica que he estado buscando. Quiero que encuentres a unas cien jóvenes más, o todas las que necesites. Formarán un grupo que será responsable de limpiar el campo, incluyendo las letrinas. Tenemos que mantener este lugar lo más aseado posible a pesar de las circunstancias.

Una mitad del Bloque 2 consistía en una cocina, y en la otra había un cuarto de unos dos metros por cuatro para mí; otro era para una maravillosa joven llamada Gerda, la *Rapportschreiberin* del Campo C; y otro para la *Lagerkapo* Surka, quien era responsable de organizar a las mujeres para los grupos de trabajo o *Kommandos*. La *Blockälteste* del Bloque 2 y las chicas que trabajaban en la cocina también dormirían en esta área del edificio.

Se eligió una *Stubendienst* entre las chicas húngaras para que pudiera explicarles sus tareas en su propio idioma. Como lo habíamos hecho siempre, desde que llegamos a Auschwitz, todas las mañanas un grupo de jóvenes transportaba grandes calderos de té claro de la cocina a las barracas. Se necesitaban cuatro por caldero. Después traían el pan y, en muy pocas ocasiones, margarina, queso o salami. Luego, en las tardes, llevaban la caldosa y agria «sopa» con algunas verduras en el fondo del caldero.

Al principio, en este campo había aproximadamente siete mil mujeres, casi todas húngaras, y solo las que se habían mudado del campo gitano. No obstante, a partir de que empezaron a llegar más y más trenes de Hungría, el Campo C se llenó prontamente en unos cuantos días. No pasó mucho tiempo antes de que mi «ciudad» alcanzara su máxima población de más de treinta mil personas hacinadas en un área de ochocientos metros de largo por doscientos de ancho. Como muchos otros supervivientes también lo recuerdan y han confirmado en sus propias crónicas, las condiciones eran espantosas. Todos los bloques estaban superpoblados, las «camas» no eran más que una capa de paja y una delgada sábana que tenían que compartir cuatro o más mujeres. La comida había sido repugnante desde nuestra llegada y nunca nos dieron ni de lejos lo suficiente para proveer una nutrición mínima aceptable. Todas las mujeres se convertían en poco más que un esqueleto en cuestión de días.

La muerte siempre nos rondaba. Nunca deberá olvidarse que el periodo que abarcó el verano y el otoño de 1944 fue el más letal del Holocausto. En unos cuantos meses, los nazis asesinaron a cerca de cuatrocientas mil personas, principalmente judíos húngaros. La mayoría fue enviada a las cámaras de gas en cuanto llegaron los trenes, pero muchos otros murieron en las semanas y meses subsecuentes. Algunos solo perdían la esperanza y caían muertos o se estrellaban contra las cercas electrificadas para dar fin al martirio. En muchos otros casos, que un prisionero se lastimara durante las labores, se enfermara o estuviera malnutrido, es decir, cualquier cosa que le impidiera trabajar, era razón suficiente para que los guardias lo enviaran «a la chimenea», pero, en sí, no necesitaban ninguna razón. Si un guardia elegía dispararle a un prisionero y asesinarlo por estar en el lugar equivocado o por haberlo mirado de una manera que no le agradaba, podía hacerlo sin consecuencias. Después de todo, el objetivo que los nazis planeaban lograr, tarde o temprano, era el genocidio, así que la vida de un prisionero judío no tenía ningún valor.

¿Cómo podía yo lograr que ese infierno inexpugnable fuera, al menos, un poquito menos insoportable?

En un principio estaba en una posición en la que no podía elegir, pero ahora sentía sobre mí la responsabilidad de la vida de treinta mil personas todos los días. Si había algo, aunque fuera mínimo, que pudiera hacer para mejorar las condiciones de vida para las mujeres en ese campo, lo haría.

Después de escoger a mis *Blockälteste*, las reuní para hablar con ellas.

—Fueron elegidas para este puesto con el objetivo de que hagan todo lo que puedan para cuidar a nuestras hermanas judías. Ustedes tendrán un cuarto propio donde dormir y cierta libertad, pero, a cambio, deberán esforzarse al máximo —les advertí.

Insistí en que mantuviéramos el campo lo más limpio y aséptico posible, en el contexto de nuestras insoportables condiciones. Trabajaríamos en equipo para prevenir o contener los brotes de enfermedades. Trataríamos de mantener el orden para no atraer la atención de los guardias de las SS. Nos aseguraríamos de que el *Zählappell* no durara más de lo necesario. Nos encargaríamos de que la comida se distribuyera de manera justa y de que aquellas que la necesitaran más, porque trabajaban en el exterior o estaban enfermas, obtuvieran algo adicional, si acaso había suficiente. Esconderíamos a las enfermas o lesionadas para evitar que las enviaran a las cámaras de gas.

Si lográbamos hacer todo eso, podríamos salvar algunas vidas o, al menos, lograr que nuestra existencia fuera un poco más tolerable. Sin embargo, debíamos trabajar en equipo.

—Si fallan en sus tareas, yo misma las castigaré —dije.

Por desgracia, a veces tuve que usar la disciplina. Muchas de las chicas eran muy jóvenes y exigirles que asumieran la responsabilidad de una *Blockälteste* o *Stubendienst* era demasiado. Tuve que empezar a portar una cachiporra, no para golpear gente, sino para afirmar mi autoridad. También usaba una chaqueta a rayas con una banda en el brazo que llevaba las letras «LA» para indicar que era la *Lagerälteste*.

En una ocasión, se acercó a mí una prisionera.

—Te he estado observando, Magda, la manera en que usas tu cachiporra. Cuando hay *balagan*, «caos», y las chicas empiezan a gritar, chillar y reñir, das un paso al frente, levantas la cachiporra, las miras directo a los ojos y esperas hasta que se detienen. Por alguna razón, te escuchan y obedecen. Pensé que debía decirte esto porque, si no lo hubiera visto con mis propios ojos, no lo creería —dijo.

—Es algo que debo hacer porque, de lo contrario, habría caos todo el tiempo. Y si hay caos, los guardias vendrán y empezarán a dispararles a todas. Conservar el orden los mantiene alejados —expliqué.

No había tiempo para ser amable al respecto.

En otra ocasión, de pronto escuchamos gritar a una de las jóvenes.

—¡La Cruz Roja! ¡La Cruz Roja está aquí!

No sé qué le habrá hecho pensar eso, pero era una falsa alarma. Por desgracia, se inició el pandemonio de todas formas, y las chicas empezaron a bailar, cantar y arrojar cosas por todos lados, incluyendo sus cuencos para la sopa. Me aterró la idea de que los guardias notaran la conmoción y vinieran al campo con sus armas; así que me puse mi chaqueta a rayas y caminé hasta el centro del grupo de las alborotadoras con mi cachiporra en alto.

—¡Silencio! —grité.

Algunas de las jóvenes retrocedieron un poco, otras se detuvieron y miraron la cachiporra, pero otras continuaron celebrando de forma injustificada.

Volví a gritar y, poco a poco, se fueron callando.

—La Cruz Roja no está aquí —dije—, fue una broma tonta que decidió hacer alguna. Una broma muy peligrosa. Recojan sus cuencos de sopa y vuelvan a sus barracas. Yo dirijo este campo y he logrado que pocos hombres o mujeres de las SS vengan aquí, eso salva vidas. Recuérdenlo, y que a ninguna se le ocurra siquiera volver a causar alboroto.

Entonces se dispersó la multitud.

Al día siguiente, cuando las mujeres encargadas traían la sopa, escuché gritos provenientes de una de las barracas. En el momento en que entraban con el caldero, una mujer corrió hacia ellas, levantó la tapa y metió su cuenco. La sopa se derramó y les quemó las manos a las jóvenes que la transportaban. Ahora, por lo menos, una aullaba de dolor. Odié hacerlo, pero tuve que abofetear a la mujer que provocó todo.

—Con la sopa que derramaste les quemaste las manos a cuatro chicas y, para colmo, varias mujeres no recibirán sus porciones.

—Lo hice por mis dos hijas —dijo en tono suplicante.

—Otras mujeres tienen hijas también —repliqué, a pesar de que sentí mucha lástima por ella.

Uno de los problemas recurrentes era que ciertos hombres, prisioneros que trabajaban en un *Kommando* en el Campo C, tenían la costumbre de acercarse a las barracas y usar los cigarros para atraer a las chicas a los baños a fin de tener sexo. Yo no soportaba que se aprovecharan de ellas de esta manera, y me inquietaba también la posibilidad de que quedaran embarazadas, por eso les pedí a mis ayudantes que fueran muy estrictas al respecto e impidieran los encuentros. Luego me acerqué a uno de los hombres y le dije que, si llegaba a encontrar a alguno de ellos tratando de a atraer a las mujeres, le informaría al *Kapo* alemán. Esta amenaza bastó para que la mayoría de los varones acataran mi orden, pero no todos. Un día, una de las mujeres que estaba a cargo de la limpieza de las lavanderías sorprendió a una chica con un prisionero. Cuando la trajeron a la oficina, escribimos en una gran hoja de papel «¡ME VENDÍ POR UNOS CUANTOS CIGARROS!» y le dije que se arrodillara y sostuviera el letrero. Cuando las otras pasaron junto a ella, las escuché decir cosas como: «Se lo merece», «Qué vergüenza», «Esta mujer hará que nos estigmaticen» y «Esto es un campo de concentración, no un burdel». Dudo que eso haya servido para disuadir a otras de comportarse de la misma manera, pero, al menos, este tipo de actividad disminuyó.

Algunas semanas después de ocupar el puesto noté que ciertas *Blockälteste* no estaban cumpliendo de forma adecuada con sus obligaciones. Como en sus barracas se suscitaban peleas de las que ni siquiera se enteraban porque preferían quedarse sentadas en sus cuartos, decidí reunirlas.

—¿Recuerdan lo que les dije? ¿Que ustedes estaban aquí para ayudar a las otras? No podemos hacer nada contra las SS porque no tenemos la fuerza necesaria. Sin embargo, podemos hacer todo lo posible por mantener el orden, asegurarnos de que todas reciban un poco de la comida que hay y ese tipo de acciones. Como en este momento no hay orden y les advertí que las castigaría, prepárense.

Frente al campo había un estanque, parecía una piscina, pero en realidad era un suministro de agua de emergencia en caso de que hubiera un incendio.

—Quiero que salten como ranas —les dije—. Quiero que salten alrededor del estanque varias veces, y espero que eso les ayude a recordar mi mensaje.

Al principio no creían que de verdad las estuviera castigando porque todas llegamos en los primeros trenes y llevábamos dos años juntas en Auschwitz-Birkenau. Porque éramos amigas.

—¿Hablas en serio, Magda? —me preguntó una de ellas.

—¿En serio van a ignorar el *balagan*? ¿El caos en sus bloques? ¿Por qué no les importó que el desorden pudiera atraer a los guardias y causarnos problemas? Quizá ahora estén enojadas conmigo, pero cuando reflexionen comprenderán que merecen este castigo por no haber pensado en sus hermanas.

A las chicas no les quedó más opción que saltar como ranas varias veces alrededor del estanque. Todo terminó entre risas, pero no me importó; sabía que habían comprendido el mensaje.

Muchas de las mujeres húngaras en el campo me veían correr por todos lados con mi cachiporra y alzarla en algunas ocasiones; hablarles con severidad a algunas jóvenes y, a veces, abofetear a una que otra para meterla en cintura. Creo que estas mujeres no entendían que las cosas podían ser muchísimo peor, porque no les había tocado vivir el caos absoluto de dos años atrás, ni habitar en el campamento fangoso, asqueroso e inconcluso de Birkenau al que nos mudaron seis meses después de nuestra llegada. Estas mujeres no veían las pequeñas mejorías que nosotras habíamos logrado para beneficiar *su* vida, no apreciaban la diferencia que implicaba el simple hecho de contar con varias que ya conocíamos el funcionamiento de los campos. Al llegar, en lugar de creer todas las mentiras de los guardias de las SS, pudieron contar con nosotras para adaptarse al entorno, a pesar de lo traumático que era. Como la mayoría de quienes ocupábamos cargos de funcionarias éramos eslovacas, siempre hubo una desconfianza cultural. Durante siglos, los húngaros menospreciaron a los eslovacos y los consideraron campesinos sin cultura ni educación. Todo empeoró tras la caída del Imperio austrohúngaro, cuando Hungría perdió buena parte de su territorio ante el nuevo país: Checoslovaquia. Por supuesto, nada de esto tenía que ver con nosotras, pero eso no impidió que las prisioneras húngaras se negaran a escucharnos. Muchas pensaban que las funcionarias eslovacas creíamos tener privilegios que en realidad no poseíamos, que ejercíamos más poder del que nos había sido conferido, o que colaborábamos con las SS. No parecían entender que vivíamos con la espada de Damocles colgando sobre nuestra cabeza, y que incluso la menor amabilidad que mostráramos bastaría para que los nazis nos consideraran demasiado amables y nos mataran.

Algunas de esas mujeres parecían ver a los nazis, nuestro enemigo común, como un mal menor.

Cuando empecé a conocer a más mujeres en nuestro campo, también fui detectando quién tenía habilidades que podríamos aprovechar.

Un día se acercó a mí una chica y me dijo que era hija del rabino de la sinagoga en Košice, una pequeña ciudad no muy lejos de Michalovce. Me explicó que era gimnasta y que quería hacer algo útil.

—He estado buscando a alguien como tú —le dije—. Me gustaría que todos los días busques y reúnas a las más jóvenes, las más pequeñas. Cuando las hayas juntado, sin que nadie te vea, ve a la parte trasera del campo y muéstrales cómo hacer algunos ejercicios. Eso les ayudará física y moralmente. Si les da hambre, ve a la cocina y dile a las mujeres que yo te envié. Ellas les darán algo.

Una mañana se acercó a mí una mujer que se presentó como la doctora Gisella Perl y me dijo que necesitaba un par de zapatos, así que la invité a que pasara a mi cuarto, donde le di los zapatos y una toalla. Como ya empezaba a hacer frío, también le proporcioné un suéter que algunas de las jóvenes habían «organizado» para mí. Gisella me contó que era ginecóloga y que había trabajado en un sanatorio rumano. Entonces le dije que la pondría a trabajar en el *Revier.*

Poco después, pude constatar que había sido una buena decisión.

Un día empezó a circular la orden de que todas las mujeres embarazadas debían reportarse para registrarse antes de que las enviaran a un sanatorio, lo cual seguramente significaba que las asesinarían. Entonces envié a mis mensajeras con el aviso de que las mujeres embarazadas no debían reportarse a ningún lugar y que, más bien, la *Lagerälteste* las visitaría. Llamé a la doctora Perl y le pedí que determinara la cantidad actual de embarazos en el campo.

Por suerte solo había unas cuantas mujeres embarazadas y pude lidiar con ellas una por una. Les ordené que se reunieran conmigo y con Gisella, y les explicamos que «ir al sanatorio» significaba que las enviarían a las cámaras de gas, y que abortar podría salvarles la vida. Gisella les explicó que, como eran muy jóvenes, el riesgo de que el aborto les impidiera tener hijos más adelante era bastante bajo. Naturalmente, las mujeres dudaron a pesar de las explicaciones porque, después de todo, las estábamos poniendo en un predicamento espantoso. Por suerte, logramos convencer a la mayoría y las obligué a jurar que no se lo mencionarían a nadie porque si nuestro plan llegaba a descubrirse, enviarían a muchísimas más «a la chimenea».

Entonces fuimos al *Revier* y la doctora Perl efectuó los abortos de la mejor manera posible teniendo en cuenta las condiciones: las mujeres debieron acostarse en el suelo sucio, y no teníamos ni equipo ni manera de aseptizar el lugar. A pesar de todo, las intervenciones se realizaron sin complicación y logramos que todas descansaran un poco antes de regresar a sus barracas.

Tiempo después descubrimos a una mujer que había logrado ocultar su embarazo. Cuando estuvo a punto de dar a luz, Gisella la ayudó y logró que el bebé naciera. La nueva madre descansó un día entero en el *Revier* y luego volvió a su barraca. Como los guardias jamás habrían permitido que el bebé continuara vivo en Auschwitz, solo dejamos que falleciera para evitar que las SS le impusieran una muerte cruel tras una vida tan breve.

En los meses subsecuentes, la doctora Perl ayudó a dar a luz a decenas de bebés y realizó un sinnúmero de abortos en el suelo del *Revier.* De esa manera salvó a muchas mujeres, aunque, por desgracia, fue a costa de la vida de muchos recién nacidos y nonatos inocentes.

Este era el tipo de dilemas que enfrentábamos quienes veíamos la oportunidad de salvar una vida en un contexto en el que, de todas formas, miles más se perdían a diario.

9

Conexiones con las SS: Irma Grese

Cuantas más oportunidades tenía de observar a los oficiales más prominentes de las SS, como Eduard Wirths, Josef Kramer e Irma Grese, mejor entendía que, a pesar de sus prácticas asesinas, seguían siendo seres humanos. Esto no lo digo para tratar de justificar sus acciones de ninguna manera, ni para insinuar que alguno de ellos me simpatizaba. No, ni por un instante, al contrario: ver que eran seres humanos me permitió comprender que tenían necesidades y *vulnerabilidades* humanas, lo cual, a su vez, propició oportunidades para ayudar a otros. La gente como Vera Fischer y como yo, es decir, quienes llegamos a Auschwitz en los primeros trenes, aprendimos que, si lo hacíamos con cuidado y elegíamos el momento oportuno, podíamos contestarle a los guardias y oficiales de las SS. Por supuesto, el miedo siempre estaba ahí, pero si éramos respetuosas, si evitábamos decirles qué hacer y si actuábamos con la cantidad adecuada de *chutzpah*, a veces lográbamos manipularlos.

Creo que no hay mejor ejemplo de esto que la manera en que logré trabajar con Irma Grese.

Al terminar la guerra, Grese se convirtió quizá en la guardia más infame de las SS. Era joven y atractiva, y en los campos de Ravensbrück, Auschwitz-Birkenau y Bergen-Belsen se difundió su reputación de mujer promiscua y cruel en extremo. En 1945, durante el mal llamado Juicio de Belsen, cuando se escucharon los cargos contra ella, Josef Kramer y cuarenta y tres personas más acusadas de crímenes de guerra en Auschwitz y Bergen-Belsen, Irma se convirtió en el centro de atención de buena parte de los medios de comunicación que, de hecho, la apodaron la «Bella Bestia». Solo tenía veintidós años cuando la sentenciaron a ser ejecutada en la horca.

La reputación de Irma Grese continuó extendiéndose, tanto que, en muchas crónicas, se le puede percibir como un monstruo unidimensional. Sin embargo, yo sabía que también era una persona. Sí, era una persona malvada y capaz de un sadismo inefable, pero también era una joven dañada que, debajo de su coraza, era vulnerable e incluso impresionable.

Kramer me dijo que Irma Grese había llegado al Campo C el día que nosotros nos mudamos a ese sector. Cuando la vi entrar caminando, me acerqué a ella y me reporté para ponerme a su servicio.

—*Lagerführerin* Grese. Yo soy su *Lagerälteste.* Trataré de trabajar en equipo con usted.

Grese era la única guardia de las SS que tenía una base permanente en el Campo C. Su oficina se encontraba en la pequeña caseta en la entrada. En esa caseta también había una guardia que estaba de servicio todo el tiempo; su tarea consistía en vigilar quién entraba y quién salía.

Irma me buscaba por lo menos una vez al día para hablar. A menudo sosteníamos conversaciones como las que tuvimos al principio en la *Brotkammer* o panadería del campo principal de Auschwitz, y en las que yo llegué a sentir que me veía como una hermana mayor. A veces hablaba conmigo de una manera indiscreta, como lo hacen los jóvenes que tratan de impresionar a alguien mayor. En ocasiones me contaba sobre su familia. Eran cinco hermanos del área rural de Alemania; su padre era granjero y su madre había fallecido cuando ella era adolescente. Me contó sobre sus años en la escuela y me dijo que en esa época también se unió a la BDM: *Bund Deutscher Mädel* o Liga de jóvenes alemanas. La BDM era una organización femenina nazi, e Irma estaba muy orgullosa de haber formado parte de ella porque solo podían inscribirse jóvenes arias «genuinas». Así fue como se entusiasmó respecto a la «misión» de los nazis y se enteró de los «peligros» de la «contaminación» racial. Cuando contaba estas cosas, era como si no recordara que estaba hablando con una prisionera y, mucho menos, una prisionera *judía*. Me dijo que unirse a la BDM había provocado una división en su familia porque su padre era un hombre muy religioso y conservador, y no creía en el nazismo. De hecho, se enojó aún más cuando Irma se unió a las SS y, desde que regresó a casa la primera vez con su uniforme, él no volvió a dirigirle la palabra.

También me contó sobre su carrera. Me dijo que al principio quería ser enfermera y que había trabajado en el sanatorio Hohenlychen. Uno de sus profesores fue el doctor Karl Gebhardt, alguien de quien yo nunca había oído hablar. Irma se refirió a él como un «santo» del partido nazi. Después de la guerra se supo que Gebhardt fue uno de los primeros médicos que realizó experimentos en quienes los nazis consideraban «subhumanos», es decir, los judíos y los romaníes. Sin embargo, Irma no logró llegar a ser enfermera y, finalmente, dejó el hospital. Entonces trabajó en una lechería por un periodo breve antes de presentarse como voluntaria y unirse a las SS cuando solo tenía dieciocho años. Me contó que entonces no sabía nada sobre los campos de concentración y que jamás habría imaginado que fueran tan terribles, pero que los nazis eran capaces de convencer a alguien de que trabajar en un lugar así era atractivo. A pesar de todo, Irma se unió a las SS y, una vez dentro, desempeñó su trabajo con gran lealtad. Se esforzaba mucho por utilizar el uniforme de la manera correcta y estar siempre impecable, a diferencia de los otros guardias, ya fueran hombres o mujeres. Asimismo, hacía lo necesario por destacar y avanzar en la organización. Para el momento en que la reencontré, cuando la asignaron al Campo C, tenía veinte años y la acababan de ascender al rango de *SS-Oberscharführerin*: el segundo más alto disponible para una oficial. Era muy raro que alguien tan joven recibiera esa distinción.

De vez en cuando, también me hablaba de lo que había escuchado sobre los planes de los nazis para ganar la guerra y me contaba chismes sobre otras oficiales de las SS a las que conocía superficialmente y no las unía una amistad. A veces llegué a pensar que tal vez esa era la razón por la que me trataba como una hermana mayor y no como prisionera: yo era la única persona con quien podía hablar.

A pesar de que llegó a tratarme de una manera casi familiar, Irma no tardó en hacerse la reputación de una mujer brutal y, en algún momento, también alcancé a ver esta faceta suya. Un día, durante el pasaje de lista, yo estaba parada frente al Bloque 2. De pronto llegaron dos mensajeras acompañadas de cuatro prisioneras muy angustiadas a las que les habían hecho unas cortadas en los senos. Era un cuadro aterrador, las pobres mujeres aullaban de dolor, con los senos sangrándoles profusamente. Les pregunté qué había sucedido, quién les había hecho eso, pero estaban muy asustadas para responder.

Una de las mensajeras dio un paso al frente.

—Esta mujer me dijo que la *Lagerführerin* Grese las azotó con su látigo.

Le ordené a la *Läuferin* que llevara a las mujeres lesionadas al *Revier.*

—Dígale a la doctora Perl que yo la envío, que por favor haga lo que sea necesario para ayudar a estas pobres mujeres.

Luego fui a buscar a Irma y, después de asegurarme de que nadie me escuchara, me dirigí a ella.

—¿Qué les hiciste a esas pobres mujeres? Están sufriendo muchísimo, lo más probable es que se les infecten las heridas y mueran. Deberías estar avergonzada —exclamé. Entonces Irma levantó su látigo—. Te reto a que me azotes también, sé que te agrada ver sangre. *Ich bin beleidigt.* Escucha, me siento muy ofendida —le dije antes de dar la vuelta e irme caminando.

Más tarde, ante mi asombro, ella me buscó.

—*Vergib mir* —«Perdóname», dijo.

A partir de entonces, rara vez volvió a mostrar su faceta sádica si yo me encontraba cerca, pero por desgracia continuó siendo una guardia despiadada con las otras mujeres. Anhelaba tener poder y los lujos que este traía consigo, pero para eso tenía que opacar a todas las otras guardias de las SS, tanto en su apariencia como en su disposición a ser cruel. Con frecuencia nos enterábamos de que usaba su látigo o la pistola, o que obligaba a las prisioneras a «hacer ejercicio» durante el pasaje de lista. A mí siempre me pareció muy raro que me mostrara tanto respeto y que, al mismo tiempo, pudiera ser tan despiadada y cruel con tantas mujeres más. Un minuto me hablaba como si fuéramos amigas, y al siguiente se comportaba como un demonio sádico.

Todo el tiempo se escuchaban rumores sobre la vida amorosa de Irma Grese. Según fuera la fuente, se creía que tenía aventuras con Mengele y Kramer, entre otros, pero también con algunas mujeres, incluyendo prisioneras. Es posible que todo esto haya sucedido, claro. La doctora Perl me contó que, en una ocasión, la obligó a que le practicara un aborto, pero Irma no me dijo nada y yo no le presté atención al asunto.

No obstante, solía tratarme como su confidente.

Un día vino a verme.

—Magda, mañana te voy a presentar a Hatchi, mi nuevo novio. Ya me dirás lo que opinas de él.

Al día siguiente, un *Kommando* del campo de varones estaba realizando algunas labores en el Campo C. Entre ellos había un hombre a quien yo conocía un poco porque había hablado con él brevemente en algunas ocasiones. Esta vez, llamó a mi puerta y me preguntó si podía hablar conmigo. Con un gesto le indiqué que entrara rápido porque, si me hubieran visto con él, nos habrían castigado a ambos. O matado.

—¿De qué se trata? —pregunté.

—¿Sabe? La admiro mucho. Cuando acabe la guerra, si sobrevivimos, me gustaría que estuviéramos juntos. Antes de todo esto, yo era baterista de jazz de fama internacional.

El prisionero me prometió una vida maravillosa, viajaríamos por todo el mundo porque él tendría que ir de gira para tocar su música.

En ese momento, Irma entró con Hatchi y se sorprendió al ver a otro prisionero en mi cuarto.

—Este hombre trabaja con el *Kommando* —expliqué—. Es un baterista de fama mundial —añadí, con la esperanza de distraerla del «crimen» que estábamos cometiendo al sostener una conversación.

—¿Ah, sí? Bien, veamos si es baterista de verdad —dijo Hatchi, agachándose—. Vamos, toca un redoble en mi trasero.

El prisionero efectuó un ritmo rápido y complejo con las manos y luego levantó la bota y usó el suelo como un tercer «tambor».

—Vaya, es un baterista sin duda —dijo Hatchi, riéndose.

El baterista pensó que ese sería un buen momento para volver a unirse a su *Kommando*: la distracción funcionó.

Irma permaneció en mi cuarto con Hatchi y hablamos algunos minutos. Cuando se disponían a salir, volteó a mirarme con las cejas arqueadas y aire inquisitivo.

Yo asentí para dar mi aprobación y volví al trabajo.

Al baterista no volví a verlo. Y en cuanto a Irma, durante su juicio, después de la guerra, me enteré de que en 1945 se fue al campo Bergen-Belsen para seguir a Hatchi, cuyo verdadero nombre era *SS-Sturmmann* Fritz Hatzinger.

—Magda, quiero que vengas conmigo al campo de los varones —dijo Irma en otra ocasión que vino a verme.

—¿Para qué me necesitas? Tú puedes ir cuando lo desees.

—Hay un hombre que me agrada mucho —explicó—. Quiero visitarlo, pero si vienes conmigo parecerá un asunto oficial.

Una vez más, en lugar de ordenarme algo, me lo pidió como un favor entre amigas.

—¿Cuándo quieres ir?

—Mañana —dijo.

Entonces me di cuenta de que era una oportunidad extraordinaria para que algunas de las mujeres intercambiaran mensajes con sus hombres en el Campo D.

Por lo general, la única ocasión en que los varones y las mujeres podían comunicarse era cuando ellos venían a nuestro campo a entregar artículos o hacer reparaciones; sin embargo, eran encuentros muy limitados y arriesgados. Si la oportunidad se presentaba, un prisionero se presentaba ante mí y me pedía que le ayudara a ver a su mujer, hermana u otro miembro de la familia. A veces encontraba en nuestra cocina una tarea específica para un varón y la asignaba, lo cual representaba una enorme diferencia para él, aunque la tarea durara poco tiempo. Al igual que las mujeres que trabajaban en esa zona, el prisionero en turno no debía permanecer de pie para los pasajes de lista ni asistir a las selecciones. Tendría alimentos y podría llevarse algunos restos escondidos para compartirlos con sus parientes o amigos. A cambio, a veces me ayudaban a «organizar» artículos o a hacer llegar información al campo de los varones.

En cuanto Irma Grese salió de mi cuarto, después de pedirme aquel favor, reuní a mis mensajeras y llamé a Gerda, la *Rapportschreiberin.* Les dije que necesitaba «organizar» papel y lápices, y que quería que corrieran por todos los bloques para decirles a las mujeres que tuvieran maridos, padres o hermanos en el otro campo, que les escribieran un mensaje breve.

—Díganles que escriban en el papel el nombre de la persona y el número de bloque, si lo saben. Yo trataré de entregar los mensajes.

Al día siguiente, caminé con Irma hasta el Campo D, el de los varones. Llevé conmigo el fajo de mensajes escondidos bajo mi vestido.

—Espera aquí —me dijo Irma cuando estuvimos en el sector de los hombres. Encontré al *Lagerälteste* y al *Rapportschreiber*, y les conté sobre los mensajes. Ambos eran judíos. Con su ayuda pude distribuir las valiosas misivas. Algunos de los hombres que recibieron un mensaje tuvieron incluso la oportunidad de escribir una respuesta en la parte de atrás de la hoja, y luego me devolvieron todo.

Así fue como logré arreglar el intercambio. No fue gran cosa, pero sí lo suficiente para que algunos hombres y mujeres se pusieran en contacto y supieran que estaban vivos. Para ciertas personas, el mensaje recibido fue una razón para seguir adelante, para conservar la esperanza.

Luego, Irma y yo volvimos al Campo C. En el camino solo tuvimos una conversación trivial, pero ella se veía complacida consigo misma. No se dio cuenta de que yo me sentía igual.

Este ejercicio lo repetimos un par de ocasiones más, pero no sé cuántas veces habrá ella visitado el campo de varones sola.

Como todos sabíamos que Irma era una mujer brutal y despiadada, yo siempre trataba de tener cuidado y no pasarme de la raya. La inusual relación que teníamos proveía varias oportunidades de mejorar o, incluso, salvar vidas, y no quería sobrepasarme poniéndola a prueba para ver cuán flexible podía ser. El mayor riesgo que corrí tuvo que ver con un brote de escarlatina.

Las SS desarrollaron una manera sencilla de lidiar con los brotes de enfermedades y las posibles epidemias. Esta situación fue inusual. Lo más común era que un médico de las SS descubriera tifoidea, escarlatina o malaria en un bloque, y que los oficiales ordenaran que toda la gente fuera enviada a las cámaras. Lo mismo sucedía si surgía una enfermedad infecciosa en el *Revier*: asesinaban a todas las enfermas. Los nazis consideraban que la neumonía era la única enfermedad a la que se podría sobrevivir. Cuando varios enfermaban, aunque solo fueran unos cuantos, enviaban a la cámara de gas a todos los prisioneros de ese bloque o, incluso, del campo afectado.

Del otro lado de nuestro campo había otro, también de mujeres. Le llamaban «México». «México» era una parte construida de la expansión del complejo de Birkenau, cuyo nombre oficial era B-III. Albergaba a ocho mil mujeres y jóvenes húngaras. Un día, detectaron escarlatina en un grupo y asesinaron a las ocho mil de inmediato, estuvieran enfermas o no.

En cuanto me enteré de eso, les pedí a mis mensajeras que buscaran a todas las mujeres del Campo C que fueran médicas certificadas, y que las trajeran. Poco después, tenía frente a mí a sesenta y seis profesionales.

—Hay escarlatina en los campos —les dije—. Tenemos que tratar de controlar cualquier brote. Las dividiremos para que en cada bloque haya dos de ustedes. Su labor consistirá en observar a las jóvenes y hacerme saber si alguna de ellas presenta síntomas de la enfermedad. En ese caso, las pondremos en cuarentena en el cuartito al fondo de cada bloque.

Dadas las condiciones antihigiénicas en que todas vivíamos, sería cuestión de días antes de que la enfermedad se presentara. Sin embargo, al separar de inmediato a las chicas enfermas, logramos mantener los brotes bajo control.

Ahora teníamos que impedir que los guardias de las SS supieran de la enfermedad, lo cual significaba, principalmente, ocultárselo a Irma. Yo no iba a permitir de ninguna manera que exterminaran a las treinta mil personas que había en el campo. El desafío principal era el *Zählappell* porque no queríamos que las jóvenes enfermas se mezclaran con las sanas y se desatara una epidemia, y, al mismo tiempo, teníamos que justificarlas sin que su ausencia causara sospechas.

Al final, lo que nos salvó fue el clima porque todo sucedió durante una ola de calor en el verano de 1944.

Fui a ver a Irma.

—Hace demasiado calor, ¿por qué no descansas en el Bloque 2 mientras yo me encargo del *Zählappell*?

—Pero ¿qué dirá Mandel si me ve?

—No te preocupes por ella —le dije—. Tú eres la *Lagerführerin* de este campo y puedes hacer lo que te venga en gana.

Y así fue. En cuanto ella se fue a descansar, yo pude trabajar con Gerda, mi *Rapportschreiberin*, y juntas nos aseguramos de que el pasaje de lista se realizara sin importar si las mujeres podían permanecer fuera de sus barracas o no.

El clima permaneció igual durante seis semanas, y todo ese tiempo logré convencer a Irma de que me permitiera pasar lista sola: ni una sola chica fue enviada a la cámara de gas por culpa de la escarlatina. Mi relación con la guardia alemana me había permitido salvar, quizás, hasta treinta mil vidas.

En otra ocasión, poco después, sucedió algo similar. Irma Grese y yo nos preparábamos para otro pasaje de lista, estábamos paradas en el Bloque 2 mientras afuera llovía muy fuerte.

—Supongo que no querrás estar aquí fuera bajo esta lluvia —le dije—. Tengo la solución. Enviaré a una *Läuferin* a todos los bloques para que lleve un mensaje a las *Blockälteste.* Les diremos que les ordenen a las mujeres sentarse en sus literas en grupos de diez, con las piernas colgando al frente. Yo iré corriendo con la *Rapportschreiberin* y las contaremos rápido, de diez en diez. De esa forma no tendrás que mojarte.

Irma estuvo de acuerdo y, por una vez, las jóvenes del Campo C no tuvieron que esperar paradas bajo la lluvia para que se efectuara el *Zählappell.*

Un día descubrí que Irma podía ser más compasiva si el problema involucraba a una familia. ¿Sería porque extrañaba a la suya? Era difícil saberlo, pero lo importante era que yo podía aprovechar esa situación.

Lili Junger era otra de mis primas. Me encontró poco después de llegar a Birkenau. Al igual que la *Läuferin* Aliska, Lili era todavía muy joven, solo tenía catorce o quince años. Me sentí muy triste la primera vez que la vi en el campo porque comprendí que no había eludido la deportación. Quería hacer todo lo posible por protegerlas a ambas, por eso nombré a Aliska como una de mis mensajeras, de esa forma podría estar al pendiente de ella. A Lili decidí nombrarla asistente de Irma Grese, debía hacerle favores, transmitirle mensajes, recoger suministros y ese tipo de tareas. A cambio de eso, tendría una vida más llevadera y acceso a mejores alimentos; viviría con nosotras en el Bloque 2, que era más seguro y limpio, ya que los otros estaban abarrotados, debido a todas las mujeres húngaras que acababan de llegar.

Un día Irma estaba en el Bloque 2. Pasó por las literas y, por casualidad, levantó uno de los «colchones».

—¿De quién es esta cama? —preguntó.

Miré lo que había encontrado debajo. Había todo tipo de artículos: latas de sopa, salami, jabones e incluso perfumes.

—Es la cama de mi prima Lili —dije.

Gracias a su trabajo como asistente de Irma, Lili había logrado robar y guardar todos esos artículos de relativo lujo que tenía ocultos. Los guardaba para ella misma.

—Tu prima debe ser castigada —dijo Irma—. Si no te haces cargo, te abofetearé.

—Descuida, Irma, yo la abofetearé a ella primero.

Irma se fue y, con ayuda de una mensajera, saqué de debajo del colchón casi todos los artículos y los coloqué sobre una banca.

Más tarde, cuando Lili regresó, la confronté.

—¿Qué diablos es todo esto? ¿Cómo es posible que tengas tanta comida y jabón y lujos, mientras otras no tienen nada? Estoy muy avergonzada de haberte dado un puesto que te mantuviera a salvo. Sé que tu posición te permite «organizar» estas cosas, y eso no es un problema, pero estás siendo muy egoísta.

»La *Lagerführerin* Grese dijo que me castigaría si no te castigaba yo a ti, así que toma —dije, abofeteándola con fuerza—. Espero que hayas aprendido la lección.

Como muchas otras, cuando terminó la guerra Lili no recordaba casi nada… excepto las tres tremendas bofetadas que le propiné. Para ser franca, el hecho de que fuera mi prima fue lo que la salvó de recibir un castigo mucho peor: sabíamos que Irma había asesinado a tiros a una mujer por mucho menos que eso.

Algunas semanas después, estaba yo en la parte de atrás del Bloque 2 mirando el camino que iba del Campo C de los varones al campo D. A lo largo de ese sendero de grava, de alrededor de un kilómetro de longitud, llegaban los nuevos, es decir, quienes habían sobrevivido a la selección en la rampa. Tenían que caminar desde el apartadero hasta el sauna para el procesamiento, y luego volver a su campo.

Un grupo de hombres recién llegados venía marchando por el camino, todavía vestían su propia ropa. Uno de ellos me pareció conocido a pesar de que llevaba pantalones de lino, camisa y un gran sombrero, también de lino, que en aquel entonces era típico en cientos de comunidades de granjeros. Me le quedé viendo por un instante y luego desvié la vista.

—Malkele, Malkele —escuché a alguien gritar. Me estaba llamando por mi nombre hebreo. Volví a mirar—. Malkele, soy Moishe Mendel, tu tío.

Entonces noté que al hombre lo acompañaba su hijo. Era mi primo Shlomo.

—No te detengas, tío —le dije—, es arriesgado. Me pondré en contacto contigo después. Creo que puedo ayudarte.

Siempre había estimado a mi tío Moishe, pero me inquietaba haberlo visto en el campo de concentración porque, aunque sobrevivió a la selección en la rampa, era un hombre mayor. Si llegaban a enviarlo a trabajar fuera, en un *Kommando*, no duraría mucho tiempo.

Le envié un mensaje al *Lagerälteste* en el campo de los varones y logré que ubicaran a Moishe en una barraca donde su única tarea sería permanecer fuera de la puerta. No sé por qué las SS insistían en que alguien efectuara este trabajo, pero, al menos, eso permitiría que mi devoto tío pudiera orar cuando quisiera. Luego arreglé las cosas para que Shlomo trabajara en la bodega *Kanada* separando la ropa. Mis conexiones en el *Brotkammer* me permitieron garantizar que Moishe tuviera un poco de pan adicional, lo cual era importante porque no comería salami ni ninguna otra carne que no fuera kosher. Asimismo, hice arreglos para que otro contacto que trabajaba en el área de uniformes le diera a Moishe uno grande a rayas que ayudaría a disimular su edad, aunque fuera un poco.

Poco después hablé con el líder del *Kommando* que a menudo traía a un grupo de hombres a trabajar en nuestro campo. Le pedí que llevara a Moishe un día para que pudiera verlo. Le expliqué a Irma que mi padre vendría a trabajar en nuestro campo y le pedí que le permitiera visitarme. Me dijo que, si me visitaba en mi cuarto, ella no lo notaría, así que eso hicimos. Moishe llegó, se sentó a mi lado y conversamos un rato. Mientras él estaba conmigo, una de las mujeres de la cocina preparó un poco de sopa adicional para él, sopa de verdad, con muchas verduras para nutrirlo. Moishe saboreó cada cucharada, y a mí me dio muchísimo gusto verlo comer.

—Mi Magda, ¿estás tratando de transformarme en un hombre joven? —me preguntó.

—Claro —contesté—, en este lugar tienes que parecer joven.

Poco después de eso tuve la oportunidad de ayudar a otro pariente. Creo que, más o menos en julio, recibí la noticia de que habían traído a Birkenau a mi tía Ester, junto con su amiga Lovy. Cuando llegaron, las instalaron en el Bloque 25, en el sector B-Ia. Yo sabía que, de ahí, lo más seguro era que las enviaran muy pronto a las cámaras de gas. Por suerte, Ester le preguntó a la *Blockälteste* si yo estaba en Birkenau y, como ella me conocía, pudo hacerme llegar el mensaje de mi tía. Le conté a Irma Grese sobre la situación y obtuve su permiso para visitar a Ester y a Lovy; luego me arreglé con Katja para que fueran transferidas al Campo C, lo que las salvó de las cámaras de gas, al menos por un tiempo. Cuando volví a visitar a mi tía, se quejó con amargura, me dijo que había sufrido de terribles dolores de cabeza, así que le pedí a la doctora Gisella Perl que la examinara. Gisella descubrió que tenía en el cerebro un enorme tumor que continuaba creciendo y, claro, sabíamos que no habría manera de atenderla en ese lugar. Por desgracia, falleció algunos meses después.

Más adelante, en otro tren llegó una amiga de la infancia: Ruzenka Elefant. Cuando yo era niña, vivimos algún tiempo en casa de sus abuelos y nos hicimos buenas amigas. Me enteré de que cuando empezaron las deportaciones, escapó a Hungría con Moskovic, su marido. Él era constructor en Michalovce. Llegó a Auschwitz porque la atraparon en las redadas de judíos en Hungría. Estaba embarazada, pero logró escapar de la selección para la cámara de gas porque cuando llegó llevaba un amplio vestido que ocultó su embarazo.

Ruzenka llegó al Campo C y nos vimos muy pronto. Para ella debió de ser más fácil reconocerme porque mi cabello había crecido de nuevo o, al menos, un poco. A ella, en cambio, la acababan de rapar en el sauna. Cuando me vio, corrió hacia mí, nos besamos y nos abrazamos.

Después Irma me preguntó quién era y le dije que era mi hermana.

—¿Cómo es posible? Ella tiene el cabello oscurísimo y tú eres muy rubia —exclamó.

—Es que ella se parece a mi padre y yo a mi madre.

En el caso de Ruzenka, encontrar un empleo seguro en algún lugar de Birkenau no bastaría. Su estado la ponía en una situación de muy alto riesgo, pero yo no podía hacerme a la idea de que diera fin a su embarazo. Usé mis contactos para que subiera a un transporte que la llevó a una fábrica donde, por lo que había escuchado, las condiciones eran mejores, en especial para las mujeres.

Aunque Irma Grese y yo éramos cuidadosas y tratábamos de no permitir que otros, en especial la gente de las SS, notaran la familiaridad con que nos tratábamos, muchas mujeres se dieron cuenta de que me respetaba. Por supuesto, también ya había corrido la noticia de que en algún momento abordé el automóvil de Kramer y que un día amenacé a Klein en el campamento de gitanos. Todo esto hizo que los guardias más jóvenes se hicieran la idea de que tenía cierto estatus entre los oficiales de las SS, pero no era así. Cualquiera de ellos habría podido matarme en un instante, en especial si me atrevía a mostrar demasiada familiaridad frente a otros. Por suerte, de vez en cuando pude aprovechar esta distorsionada percepción.

Un día, Marika, la *Blockälteste* del Bloque 3, apareció en mi puerta. Quería hablar conmigo y con Gerda, la *Rapportschreiberin*, sobre una joven llamada Suzi.

Suzi solo tenía catorce años y había llegado con su madre de Hungría en el mismo tren. Fueron seleccionadas para trabajar en lugar de que las ejecutaran de inmediato; a ambas las procesaron de la manera común, así que perdieron su ropa y su cabello. Las separaron y las enviaron a bloques distintos. Aunque ambas estaban en el Campo C, entre treinta mil prisioneras y trabajando en distintas zonas, sería muy difícil que se volvieran a ver. Suzi preguntó por todos lados, pero no encontró a su madre.

Una tarde, la niña estaba en la lavandería y vio a una mujer con la cabeza inflamada y llena de ampollas. Parecía que el resto de su cuerpo también se había quemado por el sol, y los ojos apenas se le veían. Entonces la mujer la miró.

—¡Suzi! —exclamó.

La pequeña no había reconocido a su propia madre.

Se abrazaron llenas de gozo. La madre le explicó que tenía ampollas en la cabeza por los químicos que habían usado para desinfectarla y que las quemaduras de su piel se debían al trabajo que realizaba en el exterior.

Como ya estaba oscureciendo y Suzi no quería arriesgarse a perder a su madre de nuevo, ambas fueron al Bloque 3, donde la señora estaba ubicada. Suzi durmió apretada junto a su madre porque el lugar ya estaba abarrotado. A la mañana siguiente, sin embargo, empezaron los problemas porque en el *Zählappell* fue evidente que había una mujer más en el bloque. Y, claro, en el 12, de donde venía Suzi, faltaba una prisionera. Después de dos recuentos, una de las mujeres que dormía en la litera en que Suzi pasó la noche con su madre, señaló a la niña y dijo que era la que sobraba.

Como era domingo, Irma Grese no estaba en el campo, habían dejado a cargo a una *Blockführerin* llamada Hasse. Era una mujer muy corpulenta, sus piernas parecían troncos, su rostro era del color de los rábanos y tenía el cabello rebelde. Además, era violenta, así que sacó a Suzi de la cola y empezó a golpearla con una cachiporra. Continuó golpeándola y empezó a empujarla hacia la reja del frente del campo. Cuando Suzi cayó al suelo inconsciente, Hasse solo la arrastró hacia un lado y la dejó tirada en el camino. La pequeña estaba junto a los cuerpos de otras mujeres que habían muerto durante la noche, así que un camión pasaría por ellos por la mañana para llevarlos al crematorio. Si no hubiera recobrado la consciencia, se la habrían llevado también. Pudieron levantarla cuando ya había empezado a llover, pero lograron llevarla al Bloque 3, donde Marika y su madre la atendieron.

Después de que Marika nos explicó todo esto, Gerda transfirió a una prisionera del Bloque 3 al 12 para hacer espacio y albergar a Suzi donde estaba su madre. También le encontró trabajo en la cocina para que no tuviera que asistir al pasaje de lista, así podría mantenerse oculta de Hasse.

Para el siguiente domingo, Suzi había logrado dejar atrás esta experiencia.

Como los domingos había menos guardias, las empleadas de la cocina distribuían todo lo que hubiera quedado de la semana. Suzi recibió un cuenco de patatas y, después de verificar que no hubiera guardias, salió y las compartió con un grupo de mujeres que estaba cerca de ahí. Cuando vio a su madre, le hizo una señal para que se acercara, volvió a la cocina por más patatas y salió para compartirlas con ella.

Justo cuando estaban a punto de acabarse las patatas, Hasse salió de la nada. Esta vez se llevó a las mujeres que las estaban comiendo, incluyendo a la madre de Suzi. Se produjo una conmoción, las mujeres empezaron a gritar, y la cólera de Hasse fue en aumento. Para cuando salí a ver lo que estaba sucediendo, vi a Suzi enrollada como serpiente en la cachiporra de Hasse para evitar que golpeara a alguien más. La guardia estaba tan enojada que, si hubiera logrado recuperar su arma, seguro habría asesinado a la pequeña a golpes.

—*Was geht hier vor sich?* —grité. «¿Qué pasa aquí?»—. *Lasst sie los!* —agregué, «¡Suéltala!».

Hasse me fulminó con la mirada, estaba furiosa, pero soltó la cachiporra.

Se fue y no volvió a molestar ni a Suzi ni a su madre jamás.

¿Cómo era posible que yo, una prisionera judía, tuviera ese tipo de influencia sobre una guardia de las SS? ¿Fuera un guardia *junior* o no? Al parecer, ese era el nivel de percepción de mi estatus.

Por desgracia, ese no fue el fin del sufrimiento de Suzi. Una mañana muy fría había un grupo de mujeres cerca del Bloque 2, las habían elegido para que trabajaran en una fábrica y las iban a transferir. Estaban esperando a que llegaran los camiones en que las transportarían. Desde la cocina, Suzi notó que tenían mucho frío y se le ocurrió prepararles un poco de té. Cuando estaba hirviendo el agua, Irma pasó a su lado y le preguntó qué hacía.

—Voy a preparar té para las mujeres de allí fuera —dijo la niña.

—¿Quieres té? —preguntó Irma—. Toma, aquí tienes.

Entonces levantó la cacerola y le lanzó a Suzi el agua.

La pequeña gritó, corrió a buscarme y me encontró en mi cuarto. La llevé al *Revier* y, por suerte, hallamos algo para mitigar el dolor de las quemaduras.

Ese era el tipo de acto impetuoso, infantil y cruel del que era capaz Irma Grese; además, era un ejemplo del límite de mi influencia sobre ella. No creo que hubiera hecho lo mismo si yo hubiera estado en la cocina, pero no podía estar a su lado todo el tiempo. Por desgracia, podía hacer cualquier cosa cuando yo no estaba cerca.

A pesar de todo lo que le sucedió, Suzi sobrevivió a la guerra y, como era de esperarse, a menudo hablaba de esa última experiencia que tuvo con Irma y mostraba sus cicatrices.

10

Conexiones con las SS: Kramer y Mengele

La relativa calma que teníamos los domingos, porque ese día no se realizaban trabajos en el exterior y había menos guardias en general, se extendía a todos los caminos del campo de concentración. Cualquier otro día, en el sendero que iba del Campo C al D, y que era el acceso principal a los sectores B-II y B-III, había un tránsito nutrido: motocicletas y camiones de las SS iban y venían; *Kommandos* que se dirigían a su zona de trabajo o venían de vuelta; y grupos de recién llegados que caminaban de la rampa a los campos. Los domingos había muy poco tránsito.

Como en el interior de los campos también había más libertad de movimiento, a veces las mujeres podían reunirse detrás de la cerca electrificada del Campo C, a una distancia segura, y hablar con los hombres que también se reunían detrás de la cerca del Campo D. Tenían que hablar fuerte o, más bien gritar, porque los separaban unos veinte metros. Sin embargo, de esa manera padres e hijas, esposos y esposas, hermanos y hermanas, tenían la posibilidad de reconfortarse entre sí y de transmitir las noticias que hubieran recibido de otros familiares o amigos. Algunos llevaban las cosas más lejos: escribían un mensaje en un trozo de papel, envolvían una piedra con él, y lo lanzaban por encima de las cercas, de un campo a otro. También lanzaban otros objetos, si estos tenían peso suficiente para llegar al otro lado.

Como teníamos prohibido comunicarnos, me preocupaba que algún guardia llegara a descubrir a estas personas y las castigara.

Por eso colocaba a mis *Läuferin* en varios puntos a lo largo de la cerca y les ordenaba que corrieran la voz si veían algún vehículo acercarse. Sus advertencias les darían a los prisioneros el tiempo necesario para alejarse de las cercas y «desaparecer».

Sin embargo, mi plan no funcionó del todo. Un día, estaba haciendo mis rondas y el *Kommandant* Kramer apareció de la nada. Me dijo que no quería que los hombres y las mujeres se comunicaran, y que, a partir de ese momento, todos los domingos yo tendría que caminar junto a la cerca de ida y vuelta para asegurarme de que no sucediera.

Por supuesto, las cosas no se harían como él planeaba, y es posible que lo supiera desde entonces. Yo hice lo que me ordenó: los domingos caminaba en ocasiones de ida y vuelta al lado de la cerca, pero antes de iniciar el recorrido les ordenaba a mis mensajeras que les avisaran a las mujeres cuando me acercara para que pudieran alejarse de la cerca y dejaran de hablar o de lanzar objetos. Para cuando terminaba el recorrido, no había visto nada. Y, por supuesto, era imposible vigilar el camino de un kilómetro de longitud al mismo tiempo.

Dos o tres semanas después, un domingo cálido y soleado, me encontraba en el camino cuando vi una motocicleta acercarse. Para cuando llegó adonde yo estaba, los hombres y las mujeres se habían alejado de la cerca e iban de regreso a sus campos respectivos. Los únicos ahí éramos el oficial de las SS y yo, y cuando se quitó las gafas de protección, vi que era el *Kommandant* Kramer.

—Hellinger —dijo—. ¿Qué está haciendo aquí?

Me pareció una pregunta extraña, ya que él mismo me había asignado esa tarea. Pensé que tal vez estaba bromeando, así que decidí seguirle la corriente.

—*Herr Lagerkommandant*, estaba pensando que me gustaría ir al teatro —dije, sonriendo a medias—, pero no tengo qué ponerme. Tampoco tengo jabón, ni talco, ni colorete, ni lápiz de labios, ni perfume. Ni cepillo para el cabello, así que… no puedo ir al teatro después de todo.

Kramer se quedó pensativo por un instante.

—Tiene razón, no puede ir al teatro luciendo así. Mañana pasaré por usted, la llevaré a un lugar donde recibirá todo lo que necesita y la traeré de vuelta —dijo, y yo me quedé atónita.

Cuando regresé al campo, Gerda, Vera y Surka querían saber por qué sonreía. Les conté sobre la broma entre Kramer y yo. Todas reímos, pero minutos después, seguimos trabajando y ya nos habíamos olvidado del asunto.

A la mañana siguiente, una de las *Läuferin* vino corriendo a buscarme.

—*Lagerälteste*, por favor venga al frente, *Lagerkommandant* Kramer la espera.

Yo no podía creerlo. Supuse que Kramer querría verme por alguna otra razón, así que me acerqué a él con la formalidad de costumbre.

—*Dreiundzwanzig achtzehn*, 2318, reportándose —dije, chocando los talones como de costumbre.

—Hellinger, como le prometí, iremos a conseguir lo que necesita para el teatro.

Por suerte, pensé rápido.

—Necesitaré que me acompañen algunas de las chicas para que me ayuden.

—Sí, tráigalas —dijo Kramer.

Volteé a ver a una de las mensajeras.

—Trae a cincuenta mujeres. Las primeras cincuenta que encuentres. Rápido, antes de que *Kommandant* Kramer cambie de opinión.

Así pues, unos minutos después, el comandante Josef Kramer de Birkenau me acompañaba caminando a la bodega *Kanada*, con cincuenta chicas siguiéndonos de cerca.

Cuando llegamos, después de caminar kilómetro y medio tal vez, Kramer me pidió que esperara mientras él recogía lo que yo necesitaba. En cuanto se fue, les ordené a las chicas, que estaban detrás de mí, que se apresuraran a reunir algunos carritos y tomaran lo que pudieran de los bloques de la zona de almacenaje.

—Busquen jabón, toallas, mantas, suéteres, medicinas... Todo lo que pueda ser útil. Trabajen rápido y apilen todo en los carros —dije.

Los carritos eran en realidad unas carretillas de madera que una o dos personas tiraban de la parte frontal; en ellos se podían transportar muchos suministros.

Las chicas fueron corriendo y, mientras tanto, yo obedecí y esperé. Miré a mi alrededor y noté que la mayoría de los edificios estaban repletos de pertenencias. En las últimas semanas había llegado tanta gente que no había suficiente espacio para guardar los artículos confiscados.

Después de un rato vi a Kramer volver. Traía un pequeño maletín de maquillaje, como los que se colocan sobre los tocadores. Tenía dos cajones y un espejo con bisagras que podía inclinarse, no tengo idea de cómo habrá llegado algo así a Birkenau. En el otro brazo cargaba un vestido negro de seda y algo que parecía un motivo floral de color rojo brillante estampado en el hombro.

—En los cajones hay jabón, perfume, lápiz labial, un cepillo, un peine, medias y ropa interior. Ahora sí puede ir al teatro. ¿Contenta? —dijo Kramer.

—Sí —contesté—, mucho. Estoy muy agradecida. Todo es muy hermoso.

Pero más hermosos aún eran los cinco carros que las chicas traían desbordantes de artículos.

—Por favor, deje el maletín y el vestido aquí —le dije al comandante—. Las chicas pueden ayudarme a llevarlos al campo.

—No, le prometí que la traería de vuelta, así que eso haremos —dijo.

Así pues, caminamos de vuelta al campo. Kramer cargó el vestido y el maletín todo el camino, y en ningún momento mencionó las carretillas que traían las chicas detrás de nosotros. Me parece que decidió hacerse de la vista gorda. Cuando llegamos a la entrada del Campo C, bajó el maletín y me entregó el vestido. Le ordenó al guardia que estaba ahí que abriera la reja y permitiera pasar todo. Se montó de nuevo en su motocicleta y se fue.

—Lleven todo al Bloque 2 —les dije a las chicas con los carritos. Tomen algunos objetos para ustedes, y luego vayan a buscar a todas las doctoras y tráiganlas.

Al día siguiente, las doctoras tomaron los medicamentos y todo lo demás, y lo distribuyeron entre las barracas, tratando de asegurarse de que la mayor cantidad posible de mujeres recibiera algo. Nunca tendríamos lo suficiente para ofrecerle a la gente algo más que una baratija que la reconfortara, pero, al menos, teníamos lo necesario para brindarles a muchas chicas algo que les permitiera recordar la vida que tenían antes.

Era una situación muy peculiar, como encontrar algo en un desierto. ¿Sería un oasis? ¿Un espejismo? ¿Lo soñamos? A veces me he preguntado si en realidad sucedió, pero, tiempo después, otras personas que también estuvieron en ese campo de concentración me recordaron el incidente, así que fue real.

Lo más interesante es lo que ocurrió con Kramer. ¿Cómo alguien como él, que después sería declarado culpable de los crímenes de guerra más terribles, alguien responsable del asesinato de miles de personas, podía también comportarse como un ser humano? ¿Habría considerado su acción una forma de ejercicio? ¿Habrá sido una broma retorcida a nuestra costa? ¿Quizás un momento de «lujo» en medio de la privación? ¿O, tal vez, estaría buscando mostrar un rasgo, aunque fuera tenue, de normalidad en sí mismo? Nadie lo sabrá. Nunca.

Aunque el Campo C siempre estaba a su máxima capacidad de treinta mil prisioneros, la población no era estable. Las mujeres aparecían y desaparecían todo el tiempo, a veces en grupos de cientos; los oficiales de mayor rango de las SS realizaban selecciones en cuanto llegaba cada transporte, pero, a veces, también en el interior del campo.

Buscaban a las enfermas o débiles, y las mandaban al *Sonderbehandlung* (S.B.) o «tratamiento especial». Era uno de los numerosos eufemismos que usaban los nazis para enviar a la gente a una muerte inmediata.

Separaban a quienes tenían buena vista y manos fuertes, a la gente que estaba sana y en forma. A ellos los enviaban a lugares como los muchos subcampos de Auschwitz que proveían esclavos para que trabajaran en las fábricas alemanas. El mayor de estos campos era Monowitz, también conocido como Auschwitz III. Proporcionaban trabajadores para la gran planta de hule IG Farben. Muchas de las personas que podían realizar un trabajo especializado o de mayor valor para los nazis sobrevivirían a la guerra.

Una de mis tareas como *Lagerälteste* era acompañar y permanecer de pie junto al oficial de las SS que realizaba la selección. Tenía que mirar con indiferencia mientras muchas mujeres jóvenes y, digamos, sanas —teniendo en cuenta que vivíamos en un infierno— eran apartadas de una hilera para después enviarlas a encontrarse con su destino. Eran chicas que no tenían idea de lo que estaba sucediendo.

Una de las personas que con frecuencia llevaba a cabo las selecciones en la rampa y en los campos era el doctor Josef Mengele, quien llegaría a ser conocido como el Ángel de la Muerte. Mengele elegía a algunos prisioneros para los trabajos forzados, otros para las cámaras de gas y otros para que fungieran como sujetos de experimentación científica. Yo no estaba al tanto del trabajo que él realizaba, es decir, no de la manera en que estaba al corriente de lo que hacían los médicos del Bloque 10. Sin embargo, después nos enteramos de que hacía experimentos repugnantes con gemelos, gente que tenía los iris de colores distintos y personas con discapacidades. También le entusiasmaba la idea de hacer espacio en el *Revier* y, para eso, era necesario ejecutar a todas las mujeres del bloque.

Mengele parecía gozar de las selecciones, a menudo las efectuaba de una manera particularmente brutal. Silbaba la melodía del vals *El Danubio azul* mientras elegía a las mujeres y hacía oscilar un garrote como si estuviera dirigiendo una orquesta. Con un movimiento enviaba a una de las chicas a la derecha para que continuara trabajando y, al siguiente, enviaba a otra a la izquierda, a la cámara de gas. Por lo general, no mostraba interés en si la persona estaba sana o enferma, daba la impresión de que elegía al azar, de que no le importaba. Se basaba en el principio de la «Solución final»: exterminar a los judíos.

Mientras tanto, yo estaba en conflicto, dividida entre una tristeza desgarradora y una ira casi incontenible, y, al mismo tiempo, no podía mostrar ninguna emoción.

Cuando Mengele terminaba la selección, salía del Campo C. Un solo guardia llevaba a las dos hileras de chicas hasta el frente del campo: unas serían transportadas en un camión adondequiera que se necesitara su trabajo como esclavas, y las otras serían llevadas a las cámaras de gas. Como estas últimas no sabían adónde irían, no tenían razón para oponerse, por eso las SS no necesitaban demasiados guardias.

Un día, después de la selección, la desesperación se apoderó de mí y aproveché una oportunidad. Como sabía que no habían contado aún a ninguno de los grupos, caminé hasta la cola de las jóvenes elegidas para ir a las cámaras de gas y separé a algunas.

—Vengan conmigo sin hacer preguntas —les dije.

Así logré llevar a unas cincuenta de vuelta al campo en silencio. Saqué de la cola a tantas como me pareció que sería posible llevar conmigo sin que nadie lo notara y, por suerte, el guardia no nos vio; me salí con la mía. Supongo que mi acto fue tan descarado e inesperado que nadie se dio cuenta de lo que estaba pasando. No pude salvar a todas, solo a algunas. Al menos por un día más.

La siguiente vez que Mengele efectuó una selección, eligió a una cantidad mayor de jóvenes para las cámaras de gas. Yo estaba furiosa. Una vez más, cuando se fue y la hilera empezó a avanzar al frente, miré en ambas direcciones para ver si había guardias de las SS, caminé hasta la mitad de la cola y le dije a un grupo de chicas que dieran media vuelta y volvieran a sus barracas. Esta vez pude separar a más, unas cien, quizá.

A partir de entonces repetí este truco cada vez que se presentó la oportunidad. Primero observaba la ubicación de los guardias y de las líderes de los campos, y cuando me parecía que nadie estaba prestando atención a las jóvenes que marchaban hacia la muerte, me acercaba y me llevaba a todas las que podía. A veces solo eran veinte, a veces más.

Los guardias de las SS solían ser muy eficientes; sin embargo, sus sistemas tenían fallas. Una de las debilidades más flagrantes era su arrogancia: les resultaba imposible imaginar que una humilde prisionera muerta de hambre, o incluso una *Lagerälteste*, se atreviera a ser tan descarada como yo lo fui en esas ocasiones.

Algunos años después, en Israel, conocí a una señora llamada Chava, superviviente del Campo C. Me contó que, en una ocasión, Mengele eligió a varias mujeres de su familia durante la selección.

—Todas lloramos cuando las vimos partir —me dijo.

Me dijo que su prima, una muchacha más joven que ella, siguió discretamente a las elegidas cuando la cola avanzó. Minutos después, regresó corriendo y gritando.

—¡No lloren! ¡Magda las trae de regreso!

Casualmente, en esa ocasión salvé a familiares de aquella dama. Estaban muy agradecidas. Y yo estaba contenta de que fuera aquella chica quien me vio llevando a cabo ese peligroso truco y no un guardia de las SS.

A Mengele parecían desagradarle en particular las mujeres jóvenes. En uno de los procesos eligió a ochocientas no mayores de dieciséis años y le dijo a un guardia que las escoltara al Bloque 3, el cual había sido vaciado uno o varios días antes. Le dijo al joven guardia que patrullara y vigilara las puertas para asegurarse de que nadie entrara ni saliera.

Todas sabíamos que el hecho de que hubieran asignado a un guardia significaba que, a la mañana siguiente, las chicas serían llevadas a la cámara de gas. Por eso hablé con Gerda. ¿Podíamos hacer algo al respecto?

En esa ocasión decidimos aprovechar otra de las debilidades del sistema nazi: el alcohol.

Que todos los guardias de las SS estuvieran por completo comprometidos con la causa y fueran malvados en esencia es, hasta cierto punto, un mito. Por supuesto, los que estaban comprometidos y eran malvados eran quienes ascendían de rango con facilidad, pero había muchos otros guardias de tropa que pasaban demasiado tiempo en los campos de concentración y se aburrían. Eran los mismos que casi siempre estaban ebrios o drogados, y eran la mayoría.

En esa ocasión, recordé que en el Bloque 30 había una botella de vodka. En ese mismo bloque trabajaba con regularidad un pequeño *Kommando* que se dedicaba a reparar y dar mantenimiento a las máquinas de coser. El *Kapo* alemán de ese grupo de trabajo era muy flojo y casi siempre estaba ebrio; y como no le importaba llevar a cabo el trabajo ni lo que sus hombres hicieran, estos se la pasaban conversando. Por las noches guardaba su vodka en el cuarto que usualmente le habría correspondido ocupar a una *Blockälteste*. Yo sabía dónde estaban las botellas, así que le pedí a Gerda que fuera por una. No nos importó que el *Kapo* notara la falta porque la cómoda posición de la que él gozaba dependía en gran medida de que nosotras nos hiciéramos de la vista gorda en cuanto a su comportamiento.

Mientras Gerda fue por la botella, yo me acerqué al guardia y hablé con él. Me dijo que tenía que irse de Birkenau al día siguiente, porque lo transferían para ir a luchar al frente ruso. Cuando Gerda volvió, le conté lo que me había dicho el guardia y armamos gran alharaca respecto a lo desafortunado que era.

—Tenemos algo de vodka —dijo Gerda—. ¿Le gustaría beber un poco?

Y claro, aceptó de inmediato. Primero bebió un poco, y luego un poco más. Gerda continuó hablando con él y «trabajándolo» con más tragos hasta que, por fin, al atardecer, se quedó dormido por lo ebrio que estaba.

Cuando oscureció, fui a la parte trasera del bloque, toqué con fuerza la puerta y abrí.

—Soy yo, la *Lagerälteste* —grité—. Necesito que cien de ustedes vengan conmigo ahora mismo.

Hice que las jóvenes se organizaran en la formación típica de filas de cinco para que todo se viera «normal» y las guie hasta adentrarnos en el campo. Entré a un bloque, busqué a la *Blockälteste* y le dije que necesitaba que alojara a las jóvenes por esa noche.

—No me haga preguntas ahora, por favor —le dije—, solo encuéntreles lugar. Mañana arreglaremos todo.

Regresé al Bloque 3, saqué a otras cien chicas, las llevé a otro bloque y repetí la operación hasta que el lugar quedó vacío.

Gerda, mientras tanto, aprovechó que el guardia estaba dormido para tomar la botella vacía que todavía tenía entre las manos.

—Gerda, ¿sabes qué sucedió aquí?

Ella negó con la cabeza.

—Bien, si tú no sabes y yo tampoco, no pasó nada. Regresemos a nuestros cuartos y tratemos de dormir un poco —dije.

A la mañana siguiente, el guardia ya no estaba y, por supuesto, el Bloque 3 seguía vacío. Poco después ya habíamos llevado de vuelta a todas las chicas a los bloques donde les correspondía estar y fue como si la selección de Mengele nunca hubiera tenido lugar. Nos asombró ver que, después de esa noche, nadie mencionó nada respecto a la «desaparición» de esas ochocientas jóvenes. Tampoco supimos qué le pasó al guardia, pero eso no importaba; el hecho era que Gerda, una botella de vodka y yo logramos salvar a ochocientas chicas por, al menos, un día más.

En otra ocasión, Irene, una de las *Stubendienst*, vino al Bloque 2 a verme. Estaba llorando, se había enterado de que Mengele eligió a un grupo de muchachos para enviarlos a las cámaras de gas al día siguiente. Dos de esos adolescentes eran los hermosos hijos de su hermana.

—Un prisionero me dijo que tal vez podría salvarlos si le conseguíamos un reloj de pulsera, un Schaffhausen —dijo Irene.

Como este tipo de artículos de lujo eran la moneda ilícita de uso corriente en el campo de concentración, era obvio que el prisionero tenía la intención de usar el reloj más adelante para recibir algún beneficio personal, tal vez incluso para salvar su propia vida.

Había llegado el momento de volver a «organizar». Llamé a una mensajera y le pedí que le avisara a alguien que yo conocía y que trabajaba en *Kanada*. Ahí había miles de relojes confiscados y el trabajo de esa persona era separarlos para que los nazis los enviaran a Alemania y allí fueran vendidos. Yo no conocía a fondo esos procesos, pero, de alguna manera, el encargado encontró el reloj que buscábamos. Después logramos que alguien lo llevara a escondidas al campo de los varones y se lo entregara al hombre que lo pidió. El prisionero rescató a los muchachos que habíamos acordado, pero por desgracia, los otros fueron enviados a las chimeneas.

Cuando recibí la noticia de que Erich Shon, un amigo muy cercano de la familia, había llegado al Campo D, de inmediato hice arreglos para ir a visitarlo. Erich siempre fue una persona bien conectada, en cuanto nos vimos y nos saludamos, me dijo que me tenía información importante para mí.

—Las noticias se han divulgado —me explicó—. A través del sistema de comunicación clandestino la gente se ha enterado de tu labor y todos te admiran y te tienen en gran estima.

Me colocó un anillo en la mano. Tenía un símbolo grande que parecían las letras «P» y «W».

—Quieren que aceptes este anillo. Es como los que usaron los miembros de la resistencia en el levantamiento del gueto de Varsovia en 1943.

A partir de entonces usé el anillo lo más que pude, solo me lo quitaba cuando pensaba que podría causarme problemas. Me sentía muy orgullosa de él, en especial porque, para empezar, alguien se había arriesgado muchísimo para introducirlo al campo de concentración. Imaginé que el lugar más seguro para guardarlo era en mi dedo, así también sería más difícil que se perdiera.

Tiempo después, sin embargo, llevarlo puesto casi me costó la vida.

Una mañana llegó una mensajera con un anuncio: debía presentarme al frente del campo de inmediato. Cuando llegué, encontré a Irma Grese y a Mengele parados cerca de la cabaña del guardia. En ese momento, la limusina negra de Kramer entró por la reja. Se detuvo frente a mí. En el asiento trasero se encontraba el comandante. Al verme, me llamó por la ventana.

—Hellinger, suba, quiero inspeccionar el campo.

Esto me puso en un dilema. Por un lado, tenía que obedecer las órdenes de Kramer y, por el otro, era consciente de que Grese y Mengele estaban a mi lado y no debía avergonzarlos.

—*Herr Kommandant*, ¿no se vería muy mal que una judía se sentara junto al *Lagerkommandant*? Por favor, permita que el doctor Mengele viaje con usted. Yo puedo caminar.

—¡Que Mengele camine! —gritó Kramer—. Usted suba. Hará la inspección conmigo.

Pensé que tal vez no debería continuar poniendo objeciones, pero entonces noté el estribo, es decir, el escalón que estaba debajo de las puertas de los automóviles de lujo de aquel entonces.

—Viajaré en el estribo, *Herr Kommandant* —propuse.

—De acuerdo, suba al estribo —dijo Kramer.

Subí al estribo y me sujeté de la puerta para estabilizarme.

Y en ese momento, vi el rostro de Kramer enrojecer.

—¿Qué tiene en el dedo? ¿Acaso se está atreviendo a usar el anillo del levantamiento? —me preguntó en voz baja.

Bajé la mirada, estaba en shock. ¡Había olvidado quitármelo!

Kramer desenfundó su pistola y apuntó a mi mano, estaba a solo unos centímetros.

—¡Le voy a volar el dedo en este preciso momento!

No me moví, solo contuve el aliento y esperé a que disparara.

Kramer me miró.

—¿Por qué no quita la mano?

—Porque, la quite o no, si usted así lo desea, de todas maneras, me disparará y me destrozará el dedo —contesté.

—Pues ahora le voy a destrozar la mano completa —dijo.

No moví la mano.

—Lamento haberme puesto este anillo —dije—. No volveré a hacerlo.

Kramer se me quedó mirando un largo rato y luego soltó el gatillo y volvió a enfundar su pistola.

—Suba al automóvil —dijo. Esta vez, obedecí sin objeciones. Después del altercado no me atreví a mirar ni a Irma Grese ni a Mengele; sin embargo, era consciente de que Kramer, haya querido hacerlo o no, acababa de reforzar mi importancia frente a ellos. Tal vez solo estaba tratando de burlarse de Mengele. Era bien sabido que se odiaban.

El chófer se internó hasta cierto punto en el campo, y luego Kramer y yo caminamos alrededor para inspeccionar algunas barracas, las lavanderías y las letrinas.

—Ha mantenido todo en orden como prometió, Hellinger —dijo el comandante.

Después de eso, me dio mucho gusto informarle a mi personal que, gracias a su esfuerzo, habíamos podido mantener al margen a las SS. Y, a partir de entonces, fui más cuidadosa cada vez que me ponía el anillo.

Uno de los trabajos más aburridos era el del guardia en la entrada al campo de concentración, los domingos por la tarde. Como casi nadie entraba ni salía, aprovechaba para pasar el tiempo en su cabaña y embriagarse. En una ocasión, me parece que fue alrededor de septiembre de 1944, envió a una mensajera a buscarme. Quería verme.

Cuando llegué, él ya se tambaleaba y hablaba con dificultad.

—¿Tienes novio? —me preguntó.

—No, no tengo.

—¿Por qué no? Deberías… tener uno.

—Nadie me quiere —dije.

Y, de todas maneras, ¿cómo podría tener novio si no contaba con tiempo?, pensé. Era absurdo.

A pesar de su estado de embriaguez, al guardia le molestó mi respuesta.

—El primer hombre que pase por aquí seguramente te querrá —dijo—. Espera y verás.

Unos minutos después, por el camino de fuera del Campo C, se acercó una larga cola de varones. Formaban parte de un *Kommando* e iban de vuelta al Campo D. Luego me enteré de que habían caminado cuatro kilómetros desde la zona donde trabajaron ese día.

—¡Oye, tú! Ven aquí y conversa con esta mujer —le dijo el guardia a uno de los hombres al frente de la cola.

El hombre obedeció. Se quedó mirándome un momento antes de preguntarme mi nombre.

—Me llamo Magda —respondí.

—¿Y de dónde eres?

—Mire… lo siento, pero no puedo hacer esto. No puedo hablar así nada más con un desconocido —dije, volteando a ver al guardia—. Además, este hombre tiene obligaciones.

—Tienes razón —dijo el guardia ebrio, y luego se dirigió al prisionero—: Mañana por la mañana te reportarás en esta entrada.

Luego volteó a verme.

—Tú también vendrás —dijo—, y te asegurarás de registrar su número en el libro.

Se refería al registro de la gente que entraba y salía del campo.

Regresé al Bloque 2, y Gerda y Surka me preguntaron qué había sucedido. Les conté la historia, se rieron y me empezaron a molestar. Todas nos preguntábamos qué sucedería al día siguiente.

Regresé a la entrada del frente por la mañana como el guardia me había ordenado y, después de un rato, apareció el prisionero del día anterior. Escribió su número en el registro: 65066. Luego entró a la cabaña del guardia, le entregó una botella de *schnapps* que traía escondida bajo el brazo, y el guardia se fue.

De pronto me sentí avergonzada. No sé bien por qué, pero preferí huir, así que dije que tenía trabajo pendiente. Corrí directo a la parte trasera del campo, entré al Bloque 30 y me escondí ahí.

Después de un rato, mi pequeña prima Aliska me encontró. Solo tenía catorce años, pero me dio un buen sermón.

—¡No tienes que casarte! Solo habla un poco con él.

Después, no recuerdo si fue el mismo día o más adelante, el prisionero 65066 volvió y trató de hablar conmigo de nuevo. Esta vez se arriesgó a entrar a mi cuarto en el Bloque 2. Entonces me presenté de nuevo y por fin supe su nombre: Béla. Como estaba nerviosa, me di la vuelta y miré un pequeño espejo que tenía colgado en la pared. Levanté un peine e intenté arreglarme el cabello.

—Ha pasado mucho tiempo desde la última vez que vi a una mujer cepillarse el cabello —dijo.

Entonces volteé y, por primera vez, noté que era un hombre muy guapo y que sus ojos eran de un color azul profundo. De pronto me sentí más cerca de él. No obstante, si alguien me hubiera vaticinado en ese momento que frente a mí estaba el hombre con el que me casaría y pasaría el resto de mi vida, le habría dicho que era una locura.

En las siguientes semanas Béla encontró la manera de que le permitieran entrar al Campo C, lo que le dio la oportunidad de visitarme. Nunca hicimos nada que no fuera hablar porque, para ese momento, ambos sabíamos que sería muy arriesgado acercarnos demasiado. En ese lugar ya era suficientemente difícil negociar sin caer en la trampa de involucrarse en una relación complicada y peligrosa.

Irma Grese lo vio en algunas ocasiones. De hecho, le gustaba molestarnos cantándole una canción alemana: «Cuando miro tus ojos / azules como el cielo / se vuelve azul el mundo entero». Por eso me pareció que aprobaba y toleraría que Béla entrara y saliera del campo.

Tiempo después logré arreglar un empleo para él con el pequeño *Kommando* que se encargaba de las máquinas de coser en el

Bloque 30, el que vigilaba el *Kapo* que siempre estaba ebrio. Logré hacer algo para que la vida de Béla fuera más sencilla. No nos veíamos mucho porque yo estaba muy ocupada y mantener el orden en el campo continuó siendo mi prioridad, pero teníamos encuentros ocasionales.

11

La historia de Béla

En las pocas ocasiones que podíamos encontrarnos, Béla me contó parte de la historia de su vida.

Béla Blau era seis años mayor que yo. Nació en 1910, en la ciudad hoy conocida como Bratislava, en el río Danubio, y fue el octavo hijo de una familia judía. Me dijo que desde los cinco años tuvo que formarse a las cinco de la mañana para conseguir pan y leche. En su escuela impartían las clases tanto en alemán como en húngaro, lo cual le resultó útil a los dieciséis, cuando entró como aprendiz de vendedor en un negocio de textiles.

Se casó en 1937, y él e Irma, su mujer, se mudaron a una ciudad más pequeña: Žilina. Más adelante, ese mismo año, tuvieron un hijo al que llamaron Erwin. Para ese momento, Béla ya había trabajado varios años para la empresa fotográfica Agfa, pero en 1938 lo despidieron debido a su origen judío. Tiempo después, como parte de la nueva política de *arianización* del gobierno eslovaco, la Guardia Hlinka lo desalojó de su céntrico apartamento. Él y su familia, incluyendo su suegra, que en ese momento vivía con ellos, fueron forzados a mudarse a las orillas de la ciudad. Ahí fue cuando la guerra en verdad comenzó para ellos.

—La vida cotidiana se volvió un asunto de miedo y tensión —me contó—. La Guardia Hlinka empezó a llevarse a la gente sin advertencia alguna, así que, cada vez que escuchábamos que alguien pasaba frente a nuestra casa, nos preocupaba que llamaran a la puerta.

Béla tomó toda clase de empleos que le permitieran alimentar a su familia hasta que, en algún momento de 1941, la Guardia tocó la puerta. Los llevaron a todos a lo que debió de ser un campo de tránsito cerca de donde los arrestaron y, naturalmente, ellos imaginaron que los mantendrían presos o los matarían. Nunca se enteró por qué, pero algunos días después los liberaron y los enviaron de vuelta a casa. Sus pertenencias, sin embargo, no se las devolvieron.

—Un día después de Yom Kippur, en 1942 —me contó—, creo que fue alrededor del 21 de septiembre, alguien volvió a llamar a la puerta. Cuando abrimos nos encontramos con dos hombres vestidos de civiles y dos más con el uniforme de la Guardia Hlinka, estaban armados. Yo conocía a uno de los civiles porque era alguien de la zona; sin embargo, él fingió no reconocerme. Nos dijeron que teníamos treinta minutos para reunir nuestras pertenencias, y luego nos ordenaron, a mí, a mi hijo de cinco años, a mi mujer y su madre, que los siguiéramos.

»Nos llevaron de nuevo al campo de tránsito, pero esta vez, en lugar de entrar, el hombre que yo conocía nos dijo que esperáramos fuera de la oficina con un grupo de unas treinta personas más. Desde donde estábamos se alcanzaba a escuchar un alboroto, gente que discutía. Después de un rato, salió el hombre con un montón de papeles y nos dijo que lo siguiéramos. Caminamos a lo largo de un tren de ganado y, cuando pasamos junto a un vagón que todavía tenía una puerta, noté que estaba repleto de gente. Todos estaban aterrados, me pareció escuchar que hablaban francés, pero luego pasamos junto a otros vagones y escuché a las personas gritar en distintos idiomas. En polaco y otros que no reconocí.

»Por último, el hombre nos ordenó, a mí, a mi familia y al resto del grupo, que abordáramos un vagón vacío. Justo antes de subir, como yo lo conocía, le pedí que me permitiera ver el papel que traía en la mano.

»'Démelo', le dije. Me entregó el documento y vi cuarenta nombres mecanografiados. Cuatro habían sido tachados, y el mío y los de mi familia fueron añadidos con lápiz. No se suponía que debiéramos estar en ese tren, otros ofrecieron un soborno para huir y nosotros fuimos los reemplazos.

Béla me contó que aquel oficial corrupto y otros como él terminaron también en Auschwitz tiempo después. Ahí los reconocieron ciertos prisioneros que, al igual que él y su familia, fueron añadidos a las listas de transporte a cambio de sobornos. Los prisioneros que habían sido traicionados asesinaron a algunos de esos oficiales a golpes o lanzándolos contra las cercas electrificadas.

Béla y su familia viajaron en el vagón de ganado. Fue incómodo, pero no iban hacinados como la gente que vio en los otros vagones. Un par de noches después, llegaron al campo principal de Auschwitz.

Para ese momento, las SS ya habían empezado a efectuar selecciones en la rampa y, como era costumbre, las mujeres, los niños y los ancianos iban de un lado, y los hombres y las mujeres capaces de trabajar, del otro. Así pues, separaron a Béla del resto de su familia.

Me confesó llorando que no se opuso porque ninguno sabía qué les esperaba. No fue sino hasta después que se enteró de la espantosa realidad: su pequeño, su mujer y su suegra fueron asesinados en la cámara de gas y luego los enterraron en una fosa común detrás del campo de concentración.

Béla y los otros *Zwangsarbeiter*, o trabajadores esclavizados, fueron procesados en el sauna, donde les quitaron todas sus pertenencias y su ropa.

—Me dieron unos pantalones y una camisa a rayas que eran dos tallas más chicos. Después de algunas semanas, sin embargo, perdí tanto peso que me quedaron. Por alguna razón, nos permitieron conservar los zapatos, así que me los coloqué entre las rodillas mientras me ponía la camisa. Sin embargo, un prisionero polaco que estaba trabajando en el sauna me empujó para hacerme perder el equilibrio, recogió mis zapatos y huyó corriendo.

Béla también logró conservar un reloj de pulsera que, tiempo después, le entregó a un prisionero que trabajaba en el *Politische Abteilung* a cambio de un par de zapatos.

Al principio estuvo en el Bloque 10, el mismo donde más adelante fui la *Blockälteste* y donde albergaron a las mujeres con las que realizaron experimentos médicos. Para él fue un shock asomarse por las rendijas en las persianas y ver cómo llevaban a cabo las ejecuciones del otro lado de la pared, entre ese bloque y el 11.

Me contó que, días después, sufrió una conmoción aún mayor porque uno de sus amigos salió a trabajar en un *Kommando* y, cuando regresaron, lo trajeron muerto.

—Los hombres que lo cargaron me dijeron que el *Vorarbeiter* polaco, es decir, el capataz, le dijo a mi amigo: «Escucha, si me prometes que me darás tu ración de comida por la noche, te dejaré en paz». Él se negó porque todavía le quedaba algo de valor, pero hizo enfadar al *Vorarbeiter*, y este lo golpeó con una pala hasta matarlo. Como el *Vorarbeiter* también era prisionero, se consideró que había cometido un acto de insubordinación, por lo que, más adelante, varios prisioneros alemanes lo mataron a golpes.

Béla me contó que, durante los primeros días tras su llegada al campo de concentración, a él y a los otros varones del grupo los acosaron de manera constante.

—Nos despertaban a medianoche y nos forzaban a salir para el *Zählappell* sin ninguna razón. En otras ocasiones, nos perseguían y nos hacían bajar corriendo por las escaleras hasta llegar al frente de la barraca. A veces nos hacían quedarnos parados por horas junto a la cama. A cualquiera que sorprendieran dentro de la barraca durante el día, sin importar cuán enfermo o débil estuviera, lo enviaban al Bloque 11 para ser castigado o lo hacían subir al siguiente transporte que se dirigiera a las cámaras de gas.

Béla trabajó en varios *Kommandos* distintos. Una de sus tareas fue raspar la corteza de los árboles con una pala para un proyecto que consistía en construir un puente. Luego trabajó en la edificación de lo que más adelante se convertiría en la fábrica de municiones Union. El *Kapo* de ese proyecto era analfabeta, y como Béla hablaba el alemán a la perfección, le pedía que se encargara de las tareas que implicaban escribir. A cambio, «organizaba» ropa limpia para él y se la daba. Es probable que esa ropa haya salvado su vida. Para ese momento, estaba muy débil y delgado debido a la falta de alimento, por lo que, en una selección inesperada que se llevó a cabo en el campo alrededor de enero de 1943, se inquietó porque pensó que lo podrían enviar a las cámaras de gas. Sin embargo, el oficial de las SS que hizo la selección lo vio con las prendas «organizadas» y le pareció que se veía bastante bien, así que le indicó que se formara en el lado derecho. Resulta que los elegidos fueron asignados a trabajar en la bodega *Kanada* de Birkenau, un empleo muchísimo más seguro que el que efectuaban los *Kommandos* en el exterior.

—Nos dedicábamos a separar y ordenar todo tipo de efectos personales. Era lo que le confiscaban a la gente que llegaba en los transportes. Lo organizábamos para que lo enviaran a Alemania.

Béla trabajaba con los objetos pequeños: gafas, cubiertos, brochas de afeitar… ese tipo de cosas. Tenía que empacarlos en canastas de mimbre, cerrarlas, escribir una tarjeta que dijera «KL Au»: *Konzentrationslager Auschwitz*, y hacer una lista de lo que había en cada canasta. Había cientos y más cientos de ellas.

Trabajar en *Kanada* no solo era más seguro porque los prisioneros recibían menos palizas y tenían mejores condiciones de vida, también había otros beneficios. Si se era cuidadoso, por ejemplo, era posible conseguir algo de ropa limpia para abrigarse o tomar algunos alimentos encontrados en las valijas de los recién llegados. Los trabajadores del almacén podían beneficiarse de la fuerza que proveía la comida adicional, podían compartirla con sus amigos o usarla para pagar favores.

En abril de 1943 Béla contrajo tifoidea y estuvo en peligro de muerte. En ese tiempo, su bloque estaba en el campo principal de Auschwitz, a tres kilómetros de su lugar de trabajo en Birkenau. Sabía que si se atrevía a caminar esa distancia, bajo el rayo del sol, lo más probable sería que se desmayara y lo enviaran «a la chimenea». Por eso decidió ir al *Revier*, en el campo principal de Auschwitz. Cuando llegó había muy pocos pacientes porque, al igual que sucedía en el campo de las mujeres, cada vez que el hospital se llenaba lo vaciaban enviando a todos a las cámaras de gas. Un amigo suyo le dijo que poco antes habían «limpiado» el lugar, así que en ese momento era seguro ir y descansar unos días, pero debía salir antes de que se volviera a llenar. Por suerte, Béla se pudo recuperar un poco y se marchó de ahí uno o dos días antes de la siguiente limpieza.

Tiempo después, tuvo un dolor en la boca y fue a ver a un amigo que era dentista. El amigo le extrajo un diente y, para agradecerle, Béla decidió sacar a escondidas de *Kanada* un cigarrillo. Por desgracia, ese día los guardias detuvieron a su grupo de trabajo cuando iba de vuelta a las barracas y desvistieron a los prisioneros para revisarlos. Encontraron el cigarro y Béla fue sentenciado a trabajar dos meses en el *Straffkommando*, es decir, la brigada de castigos.

—Fue muy difícil. Teníamos que cavar canales para drenar el agua de una zona pantanosa. Trabajamos hundidos en el lodo hasta la cintura y, cuando terminó la jornada, debimos ayudarnos, a empujones y jalones, para salir de ahí.

Después de esa ocasión, Béla encontró un empleo de oficina y eso le facilitó la vida un poco. Un amigo le consiguió un trabajo que le permitió volver a *Kanada*, pero, claro, otros prisioneros sintieron celos.

—Un día uno de ellos me dijo: «Mañana que vengas, ya no regresarás a casa». Y así sucedió.

Fue cuando el nuevo *Kommando* empezó a trabajar en el desmantelamiento de aeronaves que habían sido derribadas en el área alrededor de Auschwitz.

—Había distintos tipos de aviones: alemanes, británicos y estadounidenses. Les arrancábamos el aluminio y otros materiales útiles que luego eran enviados a fábricas alemanas para que los reciclaran.

»También me hice amigo de ese *Kapo* y lo ayudé con las tareas de escritura. Así fue como llegué a ser el *Schreiber* del *Kommando*. Ese empleo alcanzó grandes dimensiones porque el grupo llegó a tener mil trescientos hombres y veintiséis *Kapo*, y yo tenía que llevar un registro preciso de cada individuo. En una ocasión, se presentó un problema con dos prisioneros rusos que trataron de escapar. Me llamaron al frente y los oficiales me preguntaron cuáles eran sus números. Yo no tenía el dato conmigo en ese momento, así que di la vuelta y fui por mis papeles. Entonces vi a mi asistente correr hacia mí, agitando unos documentos que traía en la mano. Les entregamos los papeles a los oficiales y nos dijeron que nos fuéramos. No sé si atraparon a los rusos, pero sé que, si no hubiéramos podido proporcionarles los números, lo más probable es que nos hubieran enviado a las cámaras de gas a mi asistente y a mí.

»En otra ocasión, ese empleo me permitió hacer algo para facilitarles la vida a otros prisioneros, aunque debo admitir que fue arriesgado. Los desechos de las aeronaves solían llegar en tren, provenientes de las áreas circundantes; por eso necesitábamos ir hasta las vías férreas para descargar el material y subirlo a camiones. Eran las mismas secciones donde se detenían los trenes para que descendieran los nuevos prisioneros que iban llegando. De hecho, a veces teníamos que esperar nuestro tren mientras descargaban el anterior.

»Al final de la rampa había una pequeña caseta que siempre estaba vacía, era para el guardavía. A veces me escondía ahí y observaba desde lejos cómo bajaban los prisioneros. Veía a muchos de los trabajadores de *Kanada*, cuya tarea consistía en esperar a que terminara la selección a fin de recolectar las pertenencias de los recién llegados, subirlas a camiones y llevarlas al almacén para separarlas y ordenarlas. Esos trabajadores se habían vuelto muy hábiles para encontrar la comida entre los objetos y ocultarla. Uno de ellos era amigo mío, se llamaba Ferdo. Cuando la rampa se vaciaba de nuevo, venía a la caseta y compartía conmigo los alimentos que había encontrado.

»En una ocasión, Ferdo compartió una recaudación abundante. Regresé a nuestro *Kommando* con los artículos y llamé a los veintiséis *Kapo*. 'Escuchen. Denme las cachiporras que usan para golpear a la gente', les dije. Les sorprendió mi petición, pero entonces les expliqué mi plan: 'Les daré comida a cambio. Tengo estos ingredientes crudos y necesito sus cachiporras para encender una pequeña fogata y cocinarles algo. Para que coman'.

»Fue asombroso, pero me dieron las cachiporras. Lo que en realidad pensé fue que, si lograba evitar dos o tres palizas diarias, valdría la pena intentarlo. Continué proponiendo este trueque y, poco a poco, las palizas cesaron. Por supuesto, los *Kapo* continuaron gritándole a la gente, pero eso no mataba a nadie.

Béla me miró sonriendo cuando terminó de contarme la anécdota.

—Otro de mis empleos consistió en acomodar a mil trescientos hombres en hileras de cinco para caminar los cuatro kilómetros que debíamos recorrer para volver a nuestro campo al final de la jornada. Un domingo, iba guiando a los hombres y, cuando pasamos frente al Campo C, un guardia ebrio al frente me llamó, señaló a una hermosa mujer y me dijo que hablara con ella. Y aquí estoy, hablando con ella…

12

Resistencia

Julio de 1944

La antipatía y la envidia entre los guardias de las SS resurgió cuando desmantelaron el sector B-IIb de Birkenau.

Yo no tuve nada que ver con ese lugar, pero lo llegué a conocer como el campo familiar Theresienstadt, un lugar donde se daba albergue a familias judías que venían de un gueto en el pueblo de Theresienstadt, en Checoeslovaquia. La mayor parte de los primeros siete mil prisioneros que llegaron a ese campo, incluyendo muchos niños, fueron asesinados en las cámaras de gas durante una primera liquidación realizada en marzo de 1944. Después de eso, arribaron siete mil prisioneros más a los que, en cuatro meses, para julio de 1944, ya habían asesinado también.

La *Lagerführerin* era terrible. Era una despiadada guardia de las SS, llamada Luise Danz. Como no estaba dispuesta a perder su empleo debido a la clausura de Theresienstadt, usó su influencia y presionó a Irma Grese para que renunciara a su puesto y se hiciera cargo del Campo C en calidad de *Lagerführerin*. Entonces vino a verme.

—Magda, ya no serás la *Lagerälteste* de este lugar. Voy a trabajar con mi *Lagerälteste* del B-IIb y asignaré a mis otras funcionarias a diversos puestos.

Imaginé que esperaba que me opusiera, pero no le iba a dar el gusto de verme hacer lo que ella suponía. De todas maneras, yo no podía hacer nada, así que no me quejé, solo asumí el puesto de *Blockälteste* del Bloque 26, mientras Gerda y Surka, que también fueron relevadas de sus cargos, consiguieron otros.

Muy pronto fue obvio que, si Danz permanecía al frente mucho tiempo, la situación cambiaría de forma radical. No le interesaba la limpieza. Cada vez que había alguna tormenta, el lugar se convertía en un pantano. Nosotras manteníamos el Bloque 26 lo más limpio posible, pero siempre había fango en el interior y el exterior. Y si acaso yo no lo creía posible, la violencia aumentó. Al igual que Irma Grese, Danz siempre llevaba consigo un látigo. La diferencia era que, en lugar de azotar gente cuando su mal humor estallaba, como era el caso de Irma, Danz usaba el látigo todo el tiempo, a diestra y siniestra, solo para hacer que las mujeres regresaran a sus barracas.

El Bloque 26 estaba cerca del 30, donde el *Kapo* ebrio tenía su *Kommando*. Descubrí que era bueno para algo: llevaba tanto tiempo en Auschwitz que tenía muy buenos contactos.

Una joven *Blockälteste* le contó lo sucedido, y él vino a verme. Me dijo que había hablado con otros guardias al respecto, y que no debía preocuparme porque, en dos o tres días, a Irma Grese y a mí nos iban a reincorporar a nuestros puestos. Y así fue. Irma regresó, volvió a nombrarme *Lagerälteste*, y también les devolvimos sus puestos a Gerda y a Surka.

A los oficiales de las SS les agradaba pensar que ellos dominaban por completo en los campos pero, como lo demostró la intervención de aquel *Kapo*, nunca tuvieron el control absoluto.

De vez en cuando se presentaban ocasiones de resistencia individual, pero, por desgracia, casi siempre fallaban. Un día, un guardia empezó a golpear a toda la gente que estaba cerca. Una chica griega sintió que había soportado demasiado, así que empezó a golpearlo como si fuera boxeadora. Sabíamos que era cantante porque solía deleitarnos con *Mama son tanto felice*, pero tiempo después nos enteramos de que también era boxeadora profesional. Golpeó al guardia con vigor a diestra y siniestra, pero él era un hombre corpulento y los golpes no tuvieron mucho efecto. De pronto la tomó del cuello, empezó a azotarla contra un barril y la estrelló hasta matarla. La osadía de la chica nos hizo sentir muy orgullosos, pero, al mismo tiempo, nos dio muchísima tristeza que debiera pagar su atrevimiento con su vida.

Quienes teníamos un poco más de libertad debido a los puestos que ocupábamos, encontrábamos mejores maneras de oponer resistencia al control de los nazis o a eludirlo, y, por eso, nuestra lucha era más sutil y exitosa.

Anteriormente describí algunas de las maneras en que pude ayudar, ya sea «organizando» comida adicional o artículos por medio de contactos en las cocinas o en *Kanada*; escondiendo a quienes no se sentían bien durante los pasajes de lista, manipulando a Irma Grese después de haber identificado sus debilidades, etcétera.

Había, sin embargo, otra manera. Consistía en influir en las decisiones sobre la transferencia de algunos prisioneros a las fábricas. Muchos años después de la guerra, recibí una carta de una sobreviviente llamada Yolli Frank, quien me recordó que yo había salvado a su familia porque arreglé su transferencia a una fábrica lejos de Auschwitz. Poco después de llegar a Birkenau, en junio de 1944, Yolli descubrió que yo me apellidaba Hellinger. Se presentó y me dijo que tenía parientes con ese mismo apellido, y así descubrimos que éramos primas. Al principio pude hacer arreglos para que ella y su hermana Lili trabajaran en la cocina del campo, pero luego me enteré de que se realizaría un transporte a la fábrica Siemens en Núremberg, y que en él iría un grupo de prisioneros.

Gracias a las chicas que realizaban labores administrativas en la oficina principal, sabía que la fábrica Siemens era un lugar más seguro que Birkenau. Teniendo en cuenta la cantidad solicitada, las chicas podían identificar cuáles, de las muchas fábricas que pedían trabajadores de los campos de Auschwitz-Birkenau, eran más seguras o peligrosas. En todas usaban a los prisioneros como esclavos, pero algunas eran peores que otras por la forma en que trataban a sus trabajadores. Algunas, por ejemplo, solicitaban grandes cantidades, y por eso resultaba obvio que tenían que reemplazar a prisioneros que morían de hambre o debido al abuso. Por esta razón, considerábamos que se trataba de fábricas de alto riesgo y debíamos evitarlas. Otras, como era el caso de Siemens, rara vez requerían trabajadores para reemplazar a sus empleados, así que nos parecían más seguras. Por supuesto, también contábamos con reportes que nos llegaban a través de las redes de información.

Trabajar en secreto con las jóvenes de los servicios administrativos me permitió incluir los nombres de Yolli y Lili en la lista de los trenes que irían a Siemens. Gracias a eso, terminaron trabajando en las cocinas de la fábrica y sobrevivieron a la guerra. A otras personas logré transportarlas a la fábrica de municiones Krupp, en Silesia, y ahí pudieron vivir en condiciones menos peligrosas.

No obstante, yo no era la única que manipulaba las listas. Gente como Katja, que era *Rapportschreiberin*, y otros que ocupaban puestos de funcionarios, también intervenían. Pero, claro, nuestra influencia era limitada porque los empleados tenían que proveer los números de los prisioneros que les fueran solicitados, incluso si se trataba de fábricas inseguras, así que no era posible salvar a toda la gente.

Había también otros tipos de resistencia más discreta y pasiva, que muchos prisioneros ejercían cada vez que les era posible. A los recién llegados, por ejemplo, les decíamos cómo funcionaban los campos de concentración y de qué manera podían aumentar sus probabilidades de supervivencia. También les confiábamos quiénes eran los oficiales y guardias más despiadados. Asimismo, divulgábamos algunas noticias. A veces podíamos avisarle a una mujer, por ejemplo, si se había confirmado que su marido, hijo u otro pariente continuaba con vida. Los prisioneros que trabajaban con civiles en algunas de las fábricas cercanas a veces traían noticias de lo que estaba sucediendo en el mundo exterior.

Trabajar en equipo siempre resultaba útil. Yo animaba constantemente a las mujeres a hacerlo, porque era una forma muy sencilla de ejercer la resistencia. Una mujer sola y aislada siempre era más vulnerable que otra que contaba con la protección de las demás.

Aunque, claro, en el campo también había formas de resistencia a una mayor escala.

Había grupos secretos que se formaban basados en la nacionalidad y los orígenes, como los de los prisioneros políticos polacos, alemanes o austriacos; los de hombres judíos eslovacos, checos o, también, polacos; y varias agrupaciones de mujeres. A veces los grupos trabajaban en equipo, los miembros organizaban reuniones clandestinas los domingos o cuando se presentaba un día feriado alemán y había menos guardias. Coordinaban planes de sabotaje, intentos de escape, contrabando de medicinas u otros suministros, o medios para obtener información del mundo exterior. Otra forma de resistencia consistía en copiar documentos, enterrados en diversos lugares del campo, que tenían como objetivo proveer evidencia para que, al terminar la guerra, la gente se enterara de lo sucedido en caso de que los nazis destruyeran toda su documentación.

Con frecuencia escuchábamos historias sobre trabajadores que realizaban sabotajes para disminuir la eficiencia de las fábricas alemanas. Béla me contó, por ejemplo, que los hombres con quienes trabajaba en el desmantelamiento de las aeronaves se aseguraban de dañar todos los instrumentos y otros componentes que pudieran ser reutilizados. El intento más famoso de sabotaje sucedió en octubre de 1944, cuando los miembros del *Sonderkommando*, es decir, los prisioneros forzados a supervisar y vaciar los crematorios, hicieron estallar el número IV. Nadie se enteró del plan sino hasta que escuchamos una tremenda explosión al mediodía. Por desgracia, ninguna de las personas que participaron en ese acto de rebelión sobrevivió, y las SS aún tenían otros tres crematorios para continuar con el proceso de exterminio.

Desafortunadamente, nadie habría podido evitar las peores actividades de las SS, en especial el asesinato masivo de la gente en cuanto llegaba en los trenes. Lo único que podíamos hacer era tratar de desacelerar la máquina nazi y, quizá, salvar una vida aquí y allá, aunque fuera solo por un día más.

La última forma de resistencia fue el escape. Todos hablaban de escapar. Todo el tiempo. No obstante, muy pocos habían elaborado planes serios. Siempre había rumores sobre prisioneros que planeaban hacerlo o que lo lograban. Un día, un hombre llamado David vino a nuestro campo a realizar labores de mantenimiento en uno de los techos. Como yo sabía que formaba parte de la resistencia del campo, me pregunté si nos incluiría en sus planes de revuelta o escape si le hacíamos favores como «organizarle» alimentos. Por eso empecé a pasar comida adonde él estaba trabajando; lo hacía a través de una ventana en el techo para que nadie viera. Cuando Erich Schon y Otto Kraus, otro miembro de la resistencia, vinieron a reparar una puerta rota, les ayudé más o menos de la misma forma, pero no sucedió nada importante. En algún momento, David sugirió que escapáramos juntos; me dijo que tenía contactos, pero no contaba con un plan claro y, cuando lo pensé bien, descubrí que no quería dejar a todas las mujeres que dependían de mí. Por eso le dije que no lo haría y solo recé por que la guerra terminara pronto.

Aunque todos soñábamos en escapar, también sabíamos que era demasiado arriesgado y que las probabilidades de lograrlo eran pocas.

Todas las formas de resistencia tenían que ejercerse de manera cuidadosa para evitar atraer la atención de los informantes.

El *Politische Abteilung*, es decir, el departamento político del campo que era, de hecho, la Gestapo o policía secreta, dirigía una red de informantes. A diferencia del sistema de comunicación clandestino, esta red estaba conformada principalmente por prisioneros alemanes. En ese grupo trabajaba una adorable chica polaca. Esto le daba un poco de libertad que ella aprovechó para planear su escape con su novio, también polaco. Por desgracia, uno de ellos debió de haber cometido un error porque empezaron a seguirlos. Poco después, «desaparecieron» al joven de una manera muy discreta, y a ella la arrestaron y la interrogaron los oficiales de las SS. Para asegurarse de que todos recibiéramos el mensaje, convirtieron el violento interrogatorio en un espectáculo que tuvo lugar en un lugar abierto del Campo C. A todos nos obligaron a presenciarlo. Cuando los oficiales se cansaron, le rompieron las manos y los pies, y, por último, la colgaron. La dejaron ahí un día completo antes de lanzarla a una carretilla y enviarla al crematorio para deshacerse de su cuerpo.

Yo también tuve una experiencia con el *Politische Abteilung*. En una ocasión me convocaron y tuve que ir. Debe de haber sido en agosto de 1944. No tenía idea de por qué querían verme, pero, por supuesto, no esperaba que me dieran buenas noticias. Ese departamento era el responsable de recabar la información en el campo de concentración, lo cual incluía los detalles sobre las llegadas y partidas de los prisioneros, por cualquier medio de transporte. Sin embargo, casi todos sabíamos que desempeñaba un papel relevante como fuerza policiaca y departamento de inteligencia del campo, y que se enfocaba en evitar el disentimiento y las revueltas. Cuando me llamaron, me pregunté si habrían descubierto que había sostenido una conversación con uno de los miembros del sistema de comunicación clandestino. ¿O tal vez se enteraron de algunas de mis actividades como la «organización» de alimentos o medicinas?

Fui al cuarto de interrogatorios y ahí encontré al *SS-Hauptsturmführer* Wilhelm Boger, otro oficial conocido por su salvajismo extremo. Lo acompañaban dos oficiales más a los que no reconocí.

Empezaron a preguntarme si tenía parientes en Palestina o contacto con gente fuera del campo. Me cuestionaron sobre si habría escrito cartas o tarjetas postales. Querían saber cómo se había enterado la gente de Palestina que yo estaba en Auschwitz; pero la verdad era que no tenía idea. Fueron muy agresivos y me presionaron para que les diera las respuestas que esperaban, pero como no sabía por qué me preguntaban todo eso ni conocía a alguien en Palestina, no pude darles lo que querían.

Al final, me ordenaron que firmara unos papeles, pero no tenía idea de por qué lo hacía. Luego me empujaron hacia la puerta. Era obvio que algo les inquietaba.

En los días subsecuentes me encontré con mujeres a las que también las habían interrogado respecto a Palestina. Todas eran eslovacas y llegaron en los primeros transportes, en 1942. Al conversar nos dimos cuenta de que varias, aunque no todas, habíamos sido miembros de la organización juvenil Hashomer Hatzair. Asimismo, todas teníamos puestos de funcionarias, ya fuera en los campos o en las oficinas, lo cual nos daba suficiente libertad para escribir de vez en cuando alguna carta y enviarla a parientes o amigos en nuestros pueblos natales. Sin embargo, eso fue todo lo que identificamos como puntos en común entre quienes fuimos interrogadas.

No fue sino hasta después de la guerra que alguien resolvió el misterio: el historiador eslovaco Yehoshua Büchler, quien también fue sobreviviente de Auschwitz. En un artículo publicado en el periódico *Yad Vashem Studies*, en 2002, Büchler contó la asombrosa historia de un inverosímil intento por rescatar a cuarenta y un prisioneros de Auschwitz-Birkenau y de otros dos campos de concentración.

Poco después de que el primer tren salió de Eslovaquia, muchos individuos y organizaciones judías como Hashomer Hatzair, empezaron a trabajar para averiguar adónde habían llevado y qué le estaba sucediendo a gente como a mi familia y a mí. Su labor continuó a lo largo de toda la guerra. Hablaban con quienes trabajaban en las redes ferroviarias y así calculaban el movimiento de los trenes que transportaban a los judíos. Usaban información de cartas y tarjetas postales enviadas desde el interior de los guetos y campos de concentración, así como reportes de varios integrantes del sistema de comunicación clandestino y de la poca gente que alcanzaba a escapar. Estas personas y organizaciones intentaban evitar que deportaran a la gente y, con ese fin, le proveían documentos laborales que probaban que eran ciudadanos de otros países, o le ayudaban a huir a los mismos. Algunos judíos eslovacos lograron eludir la deportación o pudieron escapar de los guetos gracias a que obtuvieron visas para Palestina.

En los campos de concentración, naturalmente, no teníamos mucha información al respecto.

A principios de 1944, dos miembros del sistema de comunicación clandestino judío en Eslovaquia escaparon de Europa y llegaron a Palestina: Jakob Rosenberg y Moshe Weiss. Una vez ahí, entregaron un documento a los líderes del Yishuv —la autoridad de la población judía en Palestina—, y al Departamento de Inmigración judío. Se trataba de una lista con los nombres de eslovacos que, de acuerdo con cartas y tarjetas postales que fueron encontradas, estaban presos en Auschwitz-Birkenau y en otros dos campos de concentración.

Yo no lo sabía, pero mi nombre aparecía en la lista. Los detalles incluían los números de tatuaje de algunas personas y, en el caso de otras, los números de los bloques donde se creía que residían.

Rosenberg y Weiss sabían que debían actuar rápido, que las personas en su lista formaban parte de los últimos miles de eslovacos que fueron deportados en 1942. Tenían la esperanza de que, si nos daban una nacionalidad extranjera y visas, los alemanes nos liberarían y nos permitirían abandonar los campos de concentración. Le solicitaron al Departamento de Inmigración que emitiera unos «certificados» que funcionarían como visas a Palestina para las personas de la lista.

Al principio, nadie tomó en serio a Rosenberg y Weiss, pero en junio de 1944 los líderes judíos escucharon los testimonios de dos personas que habían escapado de Auschwitz y lograron volver a Eslovaquia: Rudolf Vrba y Alfred Wetzler. Gracias a ellos, mucha de la gente del exterior prestó atención y comprendió lo que estaba sucediendo: Auschwitz era un campo de exterminación masiva.

En agosto de 1944 se emitieron certificados a nombre de veinte prisioneros de este campo de concentración. En una carta de Rosenberg a la misión Palestina en Ginebra aparece la lista de quienes recibieron certificados numerados y, en los casos en que se tenía dicha información, se incluye el número de bloque o de tatuaje de la persona. Mi certificado aparece con el código M/438/43/Yh/30.

En la carta de Rosenberg también aparecen los nombres de otros veintiún prisioneros de Auschwitz y Theresienstadt. La lista incluye su información personal, pero no los números de los certificados. Después de su recepción, la oficina de Palestina mandó las cartas a cada persona de la lista, y el documento fue enviado a las autoridades alemanas para que fuera «procesado».

Al parecer, esas cartas llegaron a las oficinas del campo de concentración y luego pasaron al *Politische Abteilung* para que las inspeccionaran los censores. Todo indica que los nazis estaban preocupados y les intrigaba que alguien fuera de Auschwitz supiera los nombres de los prisioneros y, peor aún, los números de los tatuajes. Por supuesto, nunca nos hicieron llegar las cartas, pero como parte de un peculiar esfuerzo alemán por apegarse a las reglas, nos hicieron firmar un acuse de recibo sin informarnos de qué se trataba en realidad. Esos fueron seguramente los documentos que nos hicieron rubricar cuando nos interrogaron y nos preguntaron si teníamos contacto con el exterior.

En los tres meses previos a agosto de 1944, llegaron miles y miles de húngaros a Birkenau. A diario arribaba un tren y, en ocasiones, varios el mismo día. Quienes habitábamos en el Campo C no sabíamos lo que estaba sucediendo porque estábamos aislados, pero, si yo iba a la parte trasera, alcanzaba a ver los ríos de mujeres, niños y ancianos recién llegados. Los llevaban a las cámaras de gas, tras la selección en la rampa. Una cantidad mucho menor de hombres y mujeres provenientes de cada tren permanecían separados, porque los alemanes consideraban que servirían para trabajar. Luego los enviaban a los diversos campos que todavía tenían espacio para albergarlos, entre ellos el C.

Estos trenes dejaron de llegar más o menos en la misma época en que el campo familiar Theresienstadt fue liquidado. Después de eso, disminuyó la cantidad de húngaros que fueron enviados a Birkenau.

Empezamos a preguntarnos si esos sucesos significarían que la situación del conflicto bélico estaba en proceso de cambio. Uno de los rumores más comunes era que los rusos estaban obligando a los alemanes a retroceder en el frente oriental. Algunos afirmaban que la guerra terminaría pronto, pero quienes habíamos sobrevivido casi tres años en ese infierno no nos permitíamos creerlo. Ese «pronto» podría no llegar nunca.

A pesar de que la cantidad de gente nueva que llegaba a Birkenau había disminuido, las SS todavía requerían tener muchos prisioneros para que trabajaran, así que el Campo C continuó albergando a casi treinta mil mujeres. Todo cambió en septiembre, mes en que se realizó una oleada de selecciones. Muchas prisioneras fueron enviadas a otros campos de trabajo de la red nazi; y las que estaban enfermas o débiles terminaron en la chimenea. El resto se dispersó en varios campos dentro del complejo de Birkenau. Algunas llegaron al sector B-Ib, junto al sector B-Ia, donde varias de nosotras iniciamos nuestra estancia en el infierno nazi, casi dos años atrás. Irma Grese también se mudó del Campo C, pero no sé a dónde la asignaron.

Por esa misma época hubo un incremento en la actividad. Notamos que con frecuencia llenaban trenes y camiones con grandes cantidades de material, incluyendo artículos del almacén *Kanada*. Teníamos entendido que enviaban todo a Alemania.

¿A los alemanes les preocuparía la posibilidad de perder la guerra?

Tiempo después, sin advertencia de por medio, terminé siendo la *Lagerälteste* de un campo vacío.

Al principio me pregunté si los nazis estarían planeando traer a miles de nuevos prisioneros para volver a llenar el Campo C, pero, poco después, recibimos la visita de Kramer.

—Hellinger, venga conmigo —dijo—. Ya no será *Lagerälteste*, la llevaré a un lugar donde tendrá que trabajar con más ahínco.

—Puedo trabajar tan duro como cualquier otra mujer judía —dije.

—Oh, pero no sabe a qué me refiero con «trabajar con más ahínco» —me confió. Me dio la impresión de que estaba tratando de transformar la conversación en una especie de juego retórico.

—No soy especial en ningún sentido —dije.

Me llevó al bloque de la cocina en el sector B-Ib y le anunció la situación a Schultz, la oficial de las SS a cargo.

—Ella es Magda, será la nueva líder de las mujeres en la cocina.

Mi trabajo consistiría en dirigir todo en la cocina. El problema era que yo conocía a la mujer que se hacía cargo en ese momento. Se llamaba Franzi y era novia de la *Lagerälteste* del campo. La *Lagerälteste* era una prisionera política alemana que siempre fue compasiva con las chicas judías, por lo que yo no tenía ninguna razón para querer incomodarla ni deseaba que se convirtiera en mi enemiga. Si yo reemplazaba a Franzi como líder, ¿qué pasaría con ella?

Cuando Kramer se fue, hablé con Schultz.

—No tengo idea de cómo llevar una cocina, y Franzi ya está haciendo un excelente trabajo. Preferiría trabajar en la oficina, puedo hacer el trabajo de contabilidad y calcular las cantidades de suministros que necesitamos.

Shultz me miró indecisa.

—Pero ¿qué dirá el *Lagerkommandant* Kramer? Sus órdenes fueron que tú te hicieras cargo.

—Él estará satisfecho —le dije, aparentando aplomo. De lo único que estaba segura era que nunca se enteraría.

—De acuerdo —dijo Schultz—, llevarás la contabilidad en la oficina.

Unos días después, vino a verme una chica llamada Regina. Había trabajado en la cocina del Campo C, pero no tenía empleo seguro en B-Ib —donde estábamos ahora— y eso significaba que corría el riesgo de que la seleccionaran.

Me pidió ayuda para solucionar su situación, y fui a ver a Schultz.

—La contabilidad es muy pesada, ¿podría tener una asistente?

Schultz se encogió de hombros.

—Puedes tener cuantas asistentes desees —dijo.

—Con una bastará.

Regina y yo trabajamos bien juntas, aunque cometimos algunos «errores» en la contabilidad por aquí y por allá, así que, de repente, todas en el campo tuvieron un poco más de alimento.

Después de toda la preocupación y el miedo constante que implicaron ser *Lagerälteste* durante tanto tiempo, ahora me sentía cómoda con este nuevo empleo. Fue una especie de descanso. Por un tiempo pude alejarme del dolor y la brutalidad constantes de la vida en el campo de concentración. También me protegí del *Zählappell* y de la carga de tratar de minimizar el daño y salvar vidas.

Esa favorable situación, sin embargo, duró poco.

Dos o tres semanas después de que me mudé a la cocina vino una *Läuferin* a la oficina.

—¡Magda Hellinger, al frente! —vociferó.

En muchos casos, que llamaran al frente a una prisionera que no desempeñaba un papel de funcionaria *senior*, como era mi caso en ese momento, era mala señal. Significaba que irías al *Politische Abteilung* porque sospechaban que realizabas algún tipo de actividad clandestina. Muchas no regresaban de esa cita. Yo no tenía miedo, porque ya me habían llamado en muchas ocasiones cuando era *Lagerälteste*; sin embargo, muchas jóvenes se inquietaron, así que me besaron y abrazaron para despedirse cuando atendí la llamada.

Al acercarme a la reja del campo reconocí el automóvil negro que, una vez más, me estaba esperando: era la limusina del *SS-Hauptsturmführer* Kramer.

—Hellinger —dijo cuando llegué al vehículo—. Suba y siéntese.

Cuando la limusina avanzó, Kramer me miró.

—*Was haben Sie ausgefressen?* —dijo. Algo como: «¿Qué ha estado tramando?» o «¿En qué problema se ha metido esta vez?».

Respondí que, como siempre, solo me esforzaba por hacer lo mejor por la gente y por la administración del campo.

Recorrimos el camino que iba directo del sector B-IIc (Campo C) al B-IId (Campo D) y, mientras tanto, Kramer continuó repitiendo la pregunta.

—*Was haben Sie ausgefressen?*

Yo respondí, con calma, exactamente lo mismo en cada ocasión, pero cada vez que él insistía, yo me inquietaba más y me preguntaba qué tipo de «crimen» le habrían dicho que cometí en esta ocasión. Pensé en algunas de las cartas que dejé en mi habitación del Campo C, cartas para el campo de varones que nunca tuve oportunidad de entregar. O, ¿habría dejado en mi cuarto alguno de los objetos que solía «organizar»?

—*Was haben Sie ausgefressen?* —insistió Kramer.

—Siempre hago mi máximo esfuerzo por la gente y por la administración del campo —repetí.

Cuando nos acercamos al final del camino, sentí que mi pecho colapsaba. Dar vuelta a la derecha nos dirigiría hacia el Campo C y los edificios de oficinas administrativas. Dar vuelta a la izquierda nos dirigiría a las cámaras de gas.

¿El *Kommandant* me estaría escoltando en persona al final de mi existencia?

—*Was haben Sie ausgefressen?*

Entonces, la limusina dio vuelta a la derecha. Y luego, otra vez a la derecha para ingresar en Campo C.

Cuando estuvimos cerca de la entrada al campo, nos detuvimos.

—Salga del automóvil —dijo Kramer y caminamos hasta la reja—. Usted siempre dice que hace su máximo esfuerzo por la gente y por el campo. Por esa razón, la volveré a nombrar *Lagerälteste* del Campo C. En esta ocasión, sin embargo, cumplirá sus funciones en un entorno laboral, porque vamos a instalar una tejeduría aquí.

Así pues, volví a ser *Lagerälteste*. Y, una vez más, traje a algunas de las chicas eslovacas para que fueran mis asistentes, como fue el caso de Gerda, a quien nombré *Blockälteste*. Las cosas, sin embargo, no fueron como antes. En esta ocasión había una cantidad pequeña de prisioneras, hasta cierto punto, y la mayoría trabajaba en la tejeduría fabricando productos necesarios para que los alemanes combatieran.

Regresar al Campo C significó una ventaja. Al fondo del Bloque 30, Béla continuaba trabajando como parte del *Kommando*, reparando las máquinas de coser en colaboración con el *Kapo*, que siempre estaba ebrio. Así que ahora podríamos vernos de vez en cuando.

Una noche, se separó del grupo antes de regresar a su campo y vino a verme.

—Magda, quiero casarme contigo —me dijo.

—¿Acaso no ves las chimeneas? —contesté—. Aquí no existe la vida, mucho menos el matrimonio.

—Me refiero a casarnos cuando termine la guerra —explicó.

—Pero eres un vendedor itinerante. Yo nunca me casaría con un hombre que tiene que viajar toda la semana y solo está en casa el sábado y el domingo.

Al escuchar esto, agachó la cabeza un poco y se fue para reincorporarse al *Kommando.*

En otra ocasión, me pidió que habláramos en mi cuarto, pero una guardia de las SS lo vio y empezó a gritar.

—¡No tienes permiso para estar aquí!

Béla se fue lo más rápido que pudo.

Poco después, hubo un pequeño incendio en la sala de tejido y vino con otros hombres para apagarlo. Cuando lo lograron, fue hasta mi cuarto y volvió a decirme que quería casarse conmigo cuando terminara la guerra. La incertidumbre respecto al futuro me provocaba mucho miedo, así que no estoy segura de haber aceptado, pero nos besamos y nuestro vínculo se fortaleció.

13

Marcha de la muerte

Diciembre de 1944

A finales del otoño de 1944, cuando la temperatura bajó y empezó a nevar, los persistentes rumores sobre el avance y la cercanía de los rusos se intensificaron. No habíamos escuchado ninguna notificación oficial, pero era obvio que las SS se preocupaban cada vez más. De pronto noté que muchos de los oficiales *senior* habían desaparecido. Ya no veía ni a Kramer ni a Mengele, y ni siquiera a Irma Grese.

Al principio, nuestra vida cotidiana no cambió mucho. Todos tenían que trabajar; los *Zählappell* se seguían realizando una o dos veces al día, las selecciones también; y las ya deplorables condiciones de vida empeoraron, incluyendo la pésima alimentación y la falta de higiene.

En octubre se llevó a cabo una gran cantidad de selecciones, y mucha gente terminó en las cámaras de gas. Sin embargo, en noviembre llegó a su fin este tipo de exterminio. A través del *Sonderkommando* nos enteramos de que iban a desmantelar las cámaras y los crematorios. Las chicas que trabajaron en las oficinas reportaron que les habían ordenado destruir documentos. Algunos edificios fueron quemados hasta que no quedaron más que cenizas.

Yo no podía ofrecerles a las jóvenes mucha información para reconfortarlas porque no la tenía, así que únicamente les repetía lo que había dicho desde el principio, que solo si nos manteníamos unidas tendríamos la oportunidad de sobrevivir.

Para principios de enero, a pesar de lo inclemente del clima, nos enteramos de que nos llevarían caminando al oeste para entrar a Alemania y alejarnos de los rusos, que cada vez estaban más cerca. De hecho, planeaban evacuar todos los campos de Auschwitz. Nadie sabía adónde iríamos ni cuánto tiempo estaríamos ahí. Tampoco podíamos descartar que nos asesinaran a todos; sin embargo, yo había escuchado que, aunque los alemanes no tenían ningún interés humano en mantenernos con vida, necesitaban el trabajo de los prisioneros en el interior del Reich para proseguir las labores inherentes a la guerra. Teníamos la impresión de que las SS tampoco sabían qué pasaría, veíamos a los guardias corriendo por todos lados en un estado que parecía casi de pánico. Sentíamos que los campos estaban regresando al caos que encontramos cuando llegamos a Auschwitz tres años antes. Esta desorganización generó oportunidades, y empezamos a prepararnos para lo que parecía un éxodo inminente, aunque, claro, sería imposible ayudar a todos. Usé mis contactos para «organizar» ropa abrigadora y botas para mí y mis primas. Un grupo de chicas entró a la cocina a la fuerza, tomaron todo lo que encontraron y lo metieron en sacos: salami, azúcar, margarina y pan. Otros grupos de mujeres y hombres hicieron cosas similares para prepararse. Todos los guardias que se dieron cuenta solo nos ignoraron porque, para ese momento, estaban demasiado preocupados por su propia suerte.

En medio de la conmoción, Béla pudo venir a mi cuarto sin pedirle permiso a nadie. Hablamos sobre si, tal vez, no sería mejor permanecer en Birkenau de ser posible, y esperar a que los rusos nos salvaran. De hecho, hubo algunas personas que sugirieron que nos escondiéramos para evitar el éxodo, pero para mí todo resultaba demasiado incierto. ¿Qué harían las SS con quienes nos quedáramos? En particular teniendo en cuenta que casi todos estarían demasiado enfermos o incapacitados para caminar. ¿Le dispararían a toda persona que encontraran? ¿Los quemarían vivos en el interior de sus bloques? Aunque viajar al oeste caminando sonaba peligroso, parecía una opción más certera y confiable. Béla no estaba seguro todavía, pero le dije que yo iría y que esperaba reencontrarlo más adelante.

La mañana del 18 de enero de 1945 nos despertaron unos guardias y nos ordenaron que nos reuniéramos fuera de inmediato. Para ese momento, solo había cerca de mil prisioneras en el campo C; más adelante me enteré de que la cantidad total de mujeres que abandonaron Auschwitz y los subcampos ese día ascendió a cinco mil. En total, entre cincuenta y sesenta mil prisioneros y prisioneras de los campos de Auschwitz participaron en lo que se conocería como «las marchas de la muerte». Miles y miles de prisioneros de otros campos de concentración de toda Europa fueron evacuados en marchas similares. Algunos se alejaron de los rusos que se acercaban desde el frente oriental, y otros se distanciaron de los británicos y sus aliados, que se acercaban desde el frente occidental.

Mientras nos preparábamos para partir, los guardias de las SS nos dieron porciones de pan seco y algunas mantas delgadas, y luego nos ordenaron avanzar en grupos de alrededor de quinientas personas. Salimos del campo y llegamos a una calle pública. Empezamos a caminar en hileras de cinco como de costumbre, pero poco después, esa configuración se disolvió y se transformó en una mezcla sin estructura de mujeres. El frío empezó a calar nuestra ropa y llegarnos hasta los huesos; muy pronto fue evidente que quienes habíamos tenido la oportunidad de prepararnos con abrigos y calzado adecuado duraríamos más que quienes iniciaron la marcha vistiendo solo el uniforme de la prisión y los zuecos de madera abiertos.

No éramos los únicos que recorríamos los caminos. Recibimos noticias de que el ejército ruso que se acercaba desde el este y el noreste estaba provocando que largas hileras de soldados alemanes y civiles polacos se retiraran hacia el oeste. Algunos iban a pie, otros en carretas, automóviles o camiones que avanzaban a vuelta de rueda por caminos sumamente congestionados.

Bajo esas condiciones, me era imposible seguir el rastro de todas las chicas que habían estado en el Campo C, así que enfoqué mi atención en los miembros de mi familia que aún vivían: mi prima Magda Englander, a quien salvé en el campo gitano; mis primas Piri e Irena, que eran hermanas; Ruzenka, que estuvo conmigo desde el principio en Birkenau; su prima Františka, y mi leal *Rappportschreiberin*, Gerda. Me sentía como gallina tratando de mantener juntos a sus pollitos.

Los guardias de las SS estaban nerviosos. Sabían que si los rusos nos alcanzaban, tal vez les dispararían, y por eso nos apresuraban. Poco después de iniciar la marcha, algunas personas del grupo principal ya no se encontraban en condiciones de seguir caminando. Desde que empezaron, estaban débiles y malnutridas y, además, no venían bien abrigadas para afrontar el frío, así que empezaron a tropezarse o caer.

Entonces comenzaron los disparos.

Los nazis no tendrían paciencia con nadie que nos retrasara. A una chica que se detuvo un instante y se inclinó para tratar de acomodarse el zueco, le dispararon y la mataron en ese momento. Otros sufrieron caídas, y también les dispararon o solo los dejaron tirados en la nieve como si estuvieran muertos. A medida que avanzábamos fuimos encontrando más y más cuerpos que los nazis iban desechando y dejando a un lado del camino. Era gente de los grupos de más adelante que ya no pudo continuar, o que los guardias consideraron demasiado lenta. Sin embargo, no había tiempo para sentirse tristes porque teníamos que concentrarnos en nuestra propia supervivencia.

Cuando comprendí la situación en que nos encontrábamos, insté a mi prima Magda a que caminara al frente de nuestro pequeño grupo, porque no quería que los guardias notaran que cojeaba. Las chicas que venían cargando las bolsas con la comida empezaron a preocuparse porque, debido al peso, avanzaban muy lento. Tuvieron que dejar a un lado del camino buena parte de su carga: alimentos que nadie aprovecharía ahora.

Nos empujaron de una forma inclemente, solo nos dejaron descansar unos minutos de vez en cuando. Hacia el anochecer, los nazis nos mostraron unos graneros que estaban cerca, y ahí pasamos la noche hacinados y acostados sobre paja.

A la mañana siguiente, nos ordenaron que nos levantáramos y empezáramos a caminar, sin ofrecernos ni alimentos ni nada de beber.

—¡Vamos, caminen! ¡Todos! —gritaron.

Quienes pudieron levantarse lo hicieron, pero hubo quienes ya no despertaron porque murieron mientras dormían. Los dejamos ahí, salimos de los graneros y empezamos a marchar de nuevo entre la nieve y el gélido viento.

En Auschwitz, cuando inició la marcha, Gerda tenía tos, pero, para esta mañana, había empeorado muchísimo. Le costaba trabajo mantener el paso, incluso con nuestra ayuda. De pronto pasó un caballo tirando de un vagón de poca altura, y el alemán que venía al frente ordenó a gritos que subieran quienes tuvieran dificultades para caminar. Gerda, la amable, dulce e inteligente joven que había trabajado conmigo de una forma tan íntima en el Campo C, levantó la mano. Yo no podía hacer nada. Ambas sabíamos lo que le sucedería, pero fingimos que todo estaría bien. Seguramente, subir al vagón sería mejor que quedarse tirada y morir en el camino. Sufrí mucho por dentro, sabía que no volvería a verla.

Poco después, pasó junto a nosotras otro vagón. No podía creer lo que vi: mis primas Piri e Irena iban sentadas en la parte de atrás. ¿Cómo no me di cuenta de que se habían rezagado?

—Irena, Piri, ¡bajen de ahí de inmediato! —grité—. Si yo tengo que caminar, ustedes también lo harán.

Corrí al vehículo y las bajé a ambas a jalones. Irena trató de empujarme, dijo que ella podía hacer lo que le viniera en gana. Tuve que abofetearla para que me escuchara y entrara en razón.

—¿Qué diablos estabas pensando? ¿Qué no te dije que a la gente que se sube a esos vagones y carretas le disparan en cuanto se pierden de vista? A los alemanes no les interesa salvaguardar la vida de nadie.

Mi gesto las salvó. Ambas sobrevivieron a la guerra, pero, al igual que Magda, a quien tuve que abofetear en el campo gitano, lo único que Irena recordaría más adelante sería que la maltraté.

Llegamos a una encrucijada importante en la que el tránsito se complicó aún más. Largas columnas de prisioneros, civiles y soldados se encontraron en el mismo sitio tratando de seguir distintas direcciones y de cruzar al otro lado a pesar de la demás gente.

—Magda, Magda —escuché. Era una de las mujeres que iba más adelante. Unos minutos después, llegó hasta mí—. Magda, los varones vienen de la dirección contraria. Vi a Béla y les pregunté a las guardias si te permitirían hablar con él. La primera se negó, pero la segunda dijo que no había problema. ¡Ven! ¡Ven!

Seguí a la mujer, me llevó a un pequeño claro al lado de la intersección, y ahí encontré a Béla.

Una guardia de las SS gritó.

—Tienes cinco minutos.

Béla y yo nos dimos cuenta de que, si ambos regresábamos a casa, no tendríamos manera de encontrarnos después de la guerra.

—Sé de memoria el número que tienes tatuado —me dijo—. Si recuerdas el mío, tal vez podamos usarlos para encontrarnos.

—No soy buena para memorizar números —expliqué.

—Es muy sencillo —dijo—: mi número está en el tuyo.

—¿Sí? ¿Cómo es posible?

—Tu número es 2318, o sea, 23 y 18. El mío es 65066. Haz la suma: 6+5+6+6, el resultado es 23. Luego, mi número tiene el 6 tres veces, es decir, 6x3, que da 18. Ahí lo tienes: 23 y 18.

Béla se veía muy complacido consigo mismo por haber inventado este juego matemático para que pudiera recordar su número, pero yo no dejaba de pensar en el hecho de que lo primero que se le ocurrió, tras haber pasado tanto tiempo en el infierno alemán, fue recordar nuestros números en lugar de nuestros nombres completos.

—Búscame en Michalovce —grité cuando comenzó a alejarse para reunirse con su grupo.

Salvo por los primeros dos días, mis recuerdos de la marcha son pocos. Es imposible describir con palabras la manera en que el hambre y el frío se combinaron y mermaron nuestras últimas reservas de energía.

Avanzamos encorvadas, con trabajo, tratando de mantenernos juntas, pero, al mismo tiempo, todas nos evadíamos y nos manteníamos ensimismadas. De vez en cuando, los lugareños nos arrojaban comida, pero casi nadie se atrevía a recogerla porque sabíamos que podría ser nuestro último movimiento. Cuanto más avanzábamos, más cuerpos veíamos tirados: los de quienes caminaban demasiado lento, los de quienes se detuvieron solo por un instante, o los de aquellos que no pudieron dar un paso más.

Los guardias y los soldados que marchaban con nosotros no parecían tener idea de adónde nos dirigíamos, así que dimos vuelta en el lugar incorrecto varias veces. En cada ocasión, nos ordenaron girar y regresar por donde veníamos. En esas condiciones, era imposible manipularlos. A veces se veían igual de asustados y desconcertados que nosotros, la diferencia era que ellos tenían armas y con ellas podían eliminar cualquier obstáculo que ralentizara el avance.

Después de tres o cuatro días de caminar, tal vez más, llegamos a un pueblo. Era Gliwice o Wodzisław Sląski, no lo sé, en ese momento ya no estaba en condiciones de reconocer dónde nos encontrábamos. Ahí nos subieron a unos trenes, distintos a los primeros en que nos transportaron. Estos tenían los vagones abiertos, eran como los que se usan para los insumos a granel como carbón o granos, así que estábamos más expuestas al clima. Seguíamos sin tener alimentos, y solo habíamos bebido el agua que pudimos acumular derritiendo nieve. Lo único que nos quedaba por hacer era mantenernos apiñadas y esperar a que terminara aquella tortura.

Para algunas, por supuesto, la tortura terminó para siempre. Es un milagro que otras hayamos sobrevivido. Creo que pasamos tres o cuatro días más en el tren, y diariamente aumentaba la cantidad de jóvenes que morían. Yo también me enfermé, tuve dificultades para respirar, pero, de alguna manera, logré mantenerme con vida.

El martirio continuó. Cuando por fin bajamos del tren, nos enfrentamos a la desorganización y el caos del campo de concentración de Ravensbrück, al norte de Alemania. Prácticamente ya no podíamos caminar, nos empujaron hasta nuestra «barraca», que resultó ser una casa de campaña grande instalada sobre el suelo desnudo. Aquel espacio de tierra fría y fangosa albergaría a, quizá, tres mil mujeres jóvenes, y ofrecía apenas un poco más de protección de los elementos que el tren descubierto del que acabábamos de descender. Me apiñé con mis primas y mis amigas en silencio porque estaba demasiado enferma para sostener una conversación. Con el pecho congestionado y sin poder respirar bien porque tal vez tenía neumonía o, quizás, hipotermia, nunca supe, me permití pensar que tal vez por fin moriría.

El destino, sin embargo, tenía otros planes para mí.

Un grupo de prisioneras empezó a traernos sopa y té, y justo cuando noté que algunas de ellas hablaban en francés, escuché a una gritar.

—*Magda est là! Magda est là!* ¡Magda está aquí! ¡Magda está aquí!

Eran varias de las mujeres francesas a quienes dirigí cuando fui *Blockälteste* en Birkenau por primera vez. Traté de fingir que me daba gusto verlas, pero, francamente, para ese momento no alcanzaba ni siquiera a ver, mucho menos a sonreír.

—Magda, nosotras cuidaremos de ti —dijeron.

Me llevaron cargando a su bloque. Como casi todas eran prisioneras políticas no judías y, además, intelectuales, les habían dado trabajo en las oficinas y ahora tenían mejores condiciones de vida. Me ofrecieron una ducha, me alimentaron bien y me dieron medicamentos. También una cama donde dormir. Luego me llevaron de vuelta a la gran tienda donde estaban mis primas y mis amigas, pero solo para una cosa: el pasaje de lista. Me dijeron que necesitaba reponerme porque era probable que en algunos días enviaran a mi grupo a otro campo, y que tendría que volver a marchar.

Cuando empecé a recuperarme, las francesas me contaron cómo había sido su vida en Ravensbrück desde que las transfirieron ahí, dos años antes. Ese campo albergaba casi solo a mujeres. En 1943 no estuvo muy lleno porque únicamente vivían ahí las prisioneras políticas y algunas judías y romanís. En sí, Ravensbrück no era un campo de exterminio como Auschwitz, más bien era un campo de trabajos forzados. Los oficiales se enfocaban más en poner a los prisioneros a trabajar en fábricas que en enviarlos a las cámaras de gas. De hecho, hasta ese momento no había cámaras ahí, si los alemanes necesitaban «eliminar» a algunas mujeres, las mandaban a otros campos. No obstante, a las francesas les preocupaba que eso pudiera cambiar. Había rumores de que estaban construyendo una cámara de gas. La población había crecido con rapidez en los últimos seis meses, y las SS empezaron a darle mayor importancia a los asesinatos que al trabajo.

Gracias a esas maravillosas mujeres, en unos cuantos días empecé a sentirme mejor. Al menos, tuve suficiente energía para volver a caminar.

En uno de nuestros últimos días en Ravensbrück sucedió algo extraño. De pronto, el oficial Johann Schwartzhuber apareció frente a mí. Era el *Schutzhaftlagerführer* del campo de varones en Auschwitz, el mismo que estuvo de acuerdo conmigo —en 1943, en Birkenau— cuando le dije que las eslovacas necesitábamos nuevos vestidos. Ahora estaba a cargo del campo de mujeres en Ravensbrück, así que era el responsable de las atroces condiciones en que nos encontrábamos. Vestía con más elegancia que de costumbre, portaba todo el uniforme, incluyendo el gorro oficial y botas pulidas en extremo.

—Te he estado buscando —dijo. Me mostró dos documentos de identidad, uno de ellos tenía mi nombre. Me explicó que tenía un avión esperándolo para volar a Suiza, y que quería que fuera con él—. Estoy bien establecido, cuidaré bien de ti —agregó.

Yo no podía pensar, no sabía qué decir. ¿Por qué tendría que seguir a ese hombre?

—Todos los miembros de mi familia que han sobrevivido se encuentran aquí, no puedo dejarlos. Lo siento, pero ellos me necesitan.

Insistió un poco más, pero yo me rehusé de nuevo. Me salvó la llamada para el *Zählappell*.

14

Malchow

Febrero de 1945

Ravensbrück estaba repleto hasta un punto inenarrable; era un caos. Tal vez por eso los oficiales de las SS decidieron enviarnos a algunas a los subcampos circundantes. Realizaron otra selección, pero no sé cómo encontraron en ese momento a gente en condiciones de trabajar. Cuando se formó el grupo, nos enviaron marchando y, en unas cuantas horas, de nuevo tuvimos que afrontar la nieve y un frío que nos congelaba hasta la médula. De nuevo, los guardias se comportaron de una manera brutal con quienes se rezagaban o no podían seguir avanzando.

Creo que, hacia el final del segundo día, ya no nos quedaba nada de la energía que habíamos logrado acumular mientras «descansamos» y nos «recuperamos» en Ravensbrück, sobre todo, teniendo en cuenta que para la mayoría no fueron más que unos cuantos días de vivir en la inmundicia y la hambruna. Llegamos a un gigante almacén desierto en medio de un pequeño bosque, y nos ordenaron entrar. No había comida y, de nuevo, solo pudimos beber agua gracias a la nieve derretida. Tampoco había sanitarios. Todas caímos desmayadas, preguntándonos de dónde sacaríamos la fuerza necesaria para continuar.

Yo me sentía drenada otra vez, entré en un estado de vigilia y alucinación en que me desmayaba y despertaba sin darme cuenta.

De pronto, vi a mi madre sentada frente a mí. Me recordó la bendición del rabino Belzer y de la misión que había vislumbrado para mí. Me dijo que todavía me quedaban vidas que salvar, que debía continuar. Luego me puso enfrente un cuenco lleno de bollitos tibios, pero cuando extendí la mano para tomar uno, los retiró.

—¿Qué no ves que estoy hambrienta? —dije—. ¿Por qué no me das uno?

—Primero tienes que prometerme algo —contestó.

—¿Qué?

—Que si te casas cuando termine la guerra y tienes hijos, los criarás como judíos.

—¡Pero si de milagro estoy viva yo! —repliqué—. ¿Cuándo seré libre? ¿Cuándo podré casarme y tener hijos?

—Solo prométemelo —dijo.

—Te lo prometo.

En ese momento, noté que alguien me tocó el brazo. Abrí los ojos sobresaltada y vi a una mujer frente a mí sosteniendo un gran cuenco con patatas humeantes. Cuando miré alrededor, vi a otras mujeres con cuencos también.

No estaba en condiciones de averiguar cómo habían burlado la vigilancia de los guardias de las SS. Tal vez los sobornaron. O quizá los guardias se habían ido ya. ¿De dónde venían? Imaginé que serían lugareñas compasivas. En cualquier caso, tenían comida para nosotras, comida buena y caliente. Eran ángeles que habían sido enviados para salvarnos, y a nadie le importaba en realidad por qué estaban ahí ni cómo llegaron.

Para ese momento, el tiempo no significaba nada, pero creo que llevábamos dos noches en ese almacén cuando entraron unos guardias de las SS gritando:

—*Raus, raus!* —¡Fuera, fuera!

Volvimos a salir a trompicones al camino, estaba lleno de gente.

Nuestro grupo se mezcló con uno de soldados alemanes que marchaban en la misma dirección. Eran miembros de la *Wehrmacht*, las fuerzas armadas que, al menos en términos oficiales, eran una entidad separada de las SS controlada por el partido nazi. Dos de esos soldados de la *Wehrmacht* hablaron conmigo, eran un poco mayores que yo. Me dijeron que nos dirigíamos al campo Malchow, un subcampo de Ravensbrück que fue establecido para proveer fuerza laboral a una planta de municiones.

—¿Usted a qué se dedica? —me preguntó uno de ellos.

—Soy maestra de jardín de niños —respondí—. No sé nada sobre municiones.

—Ah, tal vez no, pero es justo a quien estamos buscando —dijo—. Conozco a la *Lagerführerin* y sé que en Malchow hay un grupo de unas cuarenta chicas, tienen alrededor de dieciséis años y llegaron ayer apenas. Quiero que usted sea su *Blockälteste*.

Me pregunté si serían algunas de las ochocientas jóvenes que habíamos salvado en el Campo C.

Ahora que lo pienso, me parece irreal, pero esa conversación que tuvimos mientras yo continuaba arrastrando mi débil cuerpo por senderos cubiertos de nieve, me infundió un poco de energía. La idea de volver a estar en un campo y retomar una rutina, me animó. Pero ¿era eso a lo que me habían reducido? ¿A una mujer con la noción de que un campo de concentración podría brindarme un poco de alivio?

A pesar de todo por lo que habíamos pasado desde que salimos de Auschwitz, cuando llegamos a Malchow todavía tenía a mis «polluelas» conmigo: Ruzenka y Františka, Irena y Piri, y Magda Englander. Gerda… en cambio, pobre Gerda, fue la única que perdimos.

El soldado alemán cumplió su palabra y me llevó, acompañada de mi grupo, directo a ver a la mujer que estaba a cargo de las chicas más jóvenes. En efecto, varias de ellas formaban parte de los grupos que Gerda y yo habíamos logrado salvar de Mengele. Me dio mucha alegría ver que seguían vivas.

Al llegar, nos sorprendió ver que las condiciones de alojamiento no eran tan malas como imaginábamos. Teníamos camas con colchones.

Eran sumamente delgados, pero, al menos, eran colchones. También la comida era mejor. Seguía siendo una situación espantosa porque, no, no estábamos en un hotel. Sin embargo, tener una cama sin colchón era más cómodo que dormir sobre el suelo de tierra helada. La comida mejoró cuando Františka se ofreció como voluntaria para ayudar en la zona de almacenaje. Tenía mucha práctica en la «organización», así que casi todas las noches regresaba con un poco de salami, pan u otro lujo para compartir. Tuvimos mucha suerte en todos estos aspectos. Malchow era un campo pequeño, solo había diez o doce barracas y, en ese momento, en cada una solo había alrededor de cien prisioneras. La atmósfera era más relajada que la de Birkenau porque teníamos mejores condiciones y no había palizas incesantes. Todo esto nos ayudó a recuperar algo de la fuerza que perdimos durante la marcha de la muerte.

No sabíamos cuánto tiempo estaríamos ahí ni adónde nos llevarían después, pero al menos en ese momento no sentíamos miedo constante.

Luego, dos semanas después de nuestra llegada, todo cambió.

En primer lugar, como la producción en la fábrica de municiones disminuyó casi a cero, se necesitaron menos trabajadores. Al parecer, esto se debió a que los directores de la planta ya no tenían acceso a los insumos que necesitaban para producir. Luego, en solo dos días, llegaron miles de mujeres que venían marchando desde Auschwitz y otros campos cercanos a los frentes oriental y occidental. Como había sucedido en Ravensbrück, Malchow se llenó de gente porque, con la esperanza de preservar su fuente gratuita de fuerza laboral, los nazis estaban evacuando a más y más prisioneros de las líneas del frente. En la mayoría de los bloques ahora había cerca de quinientas personas en espacios en los que solo se debería albergar a cien.

Mientras todo esto sucedía, me encontré a Leah, la judía checa que fue mensajera cuando yo era la *Blockälteste* en el *Stabsgebäude*: el bloque de élite. Me contó que las habían transferido a Malchow por haber hecho algo malo; no le pregunté qué fue, pero recuerdo que me pareció raro que, para castigar a alguien, lo enviaran a un mejor campo. De todas formas, Leah siempre fue muy astuta y capaz, y así fue como logró ocupar un puesto como asesora del *Lagerkommandant* del campo.

—Magda, te necesitamos —dijo—. Tienes experiencia dirigiendo a grupos numerosos y, además, nos enfrentamos a la tifoidea y otras enfermedades que las recién llegadas portan y podrían transmitir porque están hacinadas. Ya encontraremos a alguien más para que se haga cargo de las otras jóvenes.

No pude opinar, de pronto ya era la *Blockälteste* de mil mujeres en un edificio con apariencia de granero, independiente de los bloques principales de alojamiento, al que llamaban «la cafetería». Una mujer de nombre Eta también fue designada *Blockälteste* y se hizo cargo de otras mil jóvenes.

Las condiciones se deterioraron y, poco después, fueron las peores en las que yo había vivido en los últimos tres años. Ni siquiera los animales deberían vivir así. En el suelo de aquel enorme edificio solo había paja, así que no teníamos manera de protegernos del frío. Las mujeres no tenían ni abrigos ni zapatos, y ya estaban tan débiles, debido al calvario de marzo, que era un milagro que hubieran llegado tan lejos. Y ahora, tenían que sobrevivir a esto. Ese campo no estaba preparado para recibir a la cantidad de gente que llegó. Como no había comida, me esforzaba por repartirla de forma equitativa, agitaba la sopa para hacer subir la parte más densa del caldo, pero nunca alcanzaba. Vivíamos en la inmundicia, muertas de hambre, sometidas a la tortura del frío constante y temiendo la muerte todo el tiempo. Muchas que habían soportado hasta ese momento, sucumbieron y solo se quedaron muertas en el lugar donde estaban.

Tampoco había trabajo. Al menos, no para la mayoría. Algunas seguían laborando en la fábrica de municiones y, otras, fuera del campo, pero yo no tenía idea de qué hacían ahí. Unas pocas, como yo, trabajaban como funcionarias, pero la inmensa mayoría pasaban el día entero echadas o sentadas en el suelo, en una lenta agonía provocada por el hambre. La tifoidea empezó a propagarse poco después y, aunque mis asistentes y yo tratábamos de mantener separadas a las enfermas de las otras mujeres, no había mucho que yo pudiera hacer en lo personal para evitar que la enfermedad se propagara y arraigara.

Los días y las semanas pasaron así, y luego la situación empeoró cuando la SS-*Aufseherin* Luise Danz llegó a Malchow. Era la misma oficial cruel que reemplazó a Irma Grese y me quitó el puesto de *Lagerälteste* del Campo C algunos días. En cuanto llegó, le añadió más violencia y depravación a la vida en el campo. La habían nombrado *Oberaufseherin*, es decir, jefa de las mujeres guardias, y su labor consistía en racionar la poca comida que había para dársela solo a quienes todavía podían trabajar, y dejar que las otras murieran de hambre. En cuanto llegó, animó a las guardias a golpearnos más mientras ella se paseaba por el campo azotando a todas por cualquier razón.

¿Qué podría hacer yo para detenerla? Pensé que tenía que haber alguna manera, y la estaba buscando cuando ella misma me la proporcionó.

—Hellinger —me dijo una mañana—. Quiero que seas *Arbeitsdienst.* Comenzarás de inmediato.

Era el puesto de «organizadora del empleo». Implicaba separar a la gente para ir a trabajar: quiénes irían a trabajar al exterior en un *Kommando*; quiénes irían a la fábrica, etcétera. Muchos de los que se desempeñaban como funcionarios deseaban mi puesto porque era más bien administrativo y resultaba más llevadero.

—¿Y por qué me ha elegido a mí? —me atreví a preguntar.

—Porque te respeto —dijo.

—¿Me respeta? ¿Por qué?

—¿Recuerdas cuando te quité el puesto de *Lagerälteste*? No cuestionaste mi decisión ni por un instante, ni me suplicaste que te permitiera conservarlo. No tuviste miedo. No necesitabas la gloria de ser la *Lagerälteste.* Tampoco trataste de sobornarme, solo aceptaste mi decisión sin quejarte. Tu actitud me causó una buena impresión, y por eso te respeto.

No entendía cómo funcionaba la mente de Danz, pero pensé que, si esa horrible mujer quería que asumiera el empleo, y en verdad me respetaba, yo haría lo que me ordenara sin objetar. Ocupar el puesto y estar más cerca de Danz podría crear oportunidades para influir en su comportamiento de la misma manera en que influí en Irma Grese y su entusiasmo por usar el látigo. Aunque fuera solo un poco.

Mientras hablaba con Edith, recordé que una de las chicas con las que troné piojos en nuestros primeros tiempos en Birkenau tenía talento para pintar retratos con carboncillo. ¿Sería posible ganarme un poco a Danz apelando a su vanidad?

Algunos días después, le conté a la *Oberaufseherin* sobre Edith.

—¿Le agradaría que le hicieran un retrato? Solo tendría que posar para esta joven. Estoy segura de que le agradaría.

Danz aceptó con entusiasmo, así que «organicé» los materiales que se necesitaban, envié a Edith a ver a Danz y le indiqué que debería trabajar con lentitud.

—Cuanto más tiempo pase sentada, menos oportunidades tendrá de salir a golpear gente —expliqué.

Edith era astuta. Habló con Danz y se tomó su tiempo, incluso detuvo su trabajo en algún momento y le pidió que regresara para volver a posar. Lo hizo dos o tres veces. Finalmente, terminó el retrato y la *Oberaufseherin* estuvo muy complacida.

Era extraño, pero en algunas ocasiones, y durante algunos minutos, Danz empezó a hablarme sobre ella misma, casi como Irma lo había hecho. Era distinto porque Danz era más cercana a mí en edad. Creo que, en lugar de verme como una hermana mayor, como fue el caso con Irma, me vio como una especie de amiga. Sin embargo, yo nunca le dije más de lo necesario para animarla a hablar. En algún momento admitió que las SS tenían el plan de que todos los prisioneros de Malchow murieran tarde o temprano, y que por eso no nos daban suficiente comida. En otra ocasión, me pareció que olvidó con quién estaba hablando porque me presumió su capacidad para golpear a las mujeres hasta matarlas durante el pase de lista.

Con todo lo que me iba diciendo, yo iba detectando sus debilidades, y era algo que planeaba explotar.

—Tengo un hermano que está luchando en el frente ruso —me contó un día—, y estoy muy preocupada por él.

Esta información me dio otra idea.

Pregunté por el campo si había alguien que supiera leer la palma de la mano y poco después encontré entre las mujeres húngaras a una gitana. Le conté sobre Danz y su hermano, y le expliqué mi plan.

—*Oberaufseherin* —le dije a Danz a la mañana siguiente—, sé que está preocupada por el futuro porque los rusos se acercan. Encontré a alguien que sabe leer la palma de la mano. ¿Le gustaría que le dijera su futuro?

Y, por supuesto, aceptó. Llevé a la quiromántica a su cuarto y las dejé juntas.

La mujer sostuvo la mano de Danz y la escudriñó mientras hacía varios comentarios. Le dijo que tendría una vida larga, que pasaría el resto de su vida en su amada Alemania, y cosas por el estilo.

Después de un rato, la quiromántica fue más precisa.

—Veo a alguien que se preocupa por usted, alguien que está muy lejos. Es un hombre… un soldado.

Danz abrió los ojos desmesuradamente.

—¡Mi hermano! —gritó—. Debe de ser él. Está peleando en Rusia y me inquieta.

La quiromántica frunció el ceño.

—Pero veo que *él* es quien está preocupado por usted.

Danz frunció el entrecejo también.

—¿Preocupado? ¿Por qué?

La mujer continuó mirando con zozobra la palma de Danz.

—Creo que él piensa que la guerra está a punto de terminar y le da miedo que la castiguen a usted. En verdad está muy atribulado.

—No sé lo que quieres decir —replicó Danz—. ¿Cómo sabes todo esto?

—Está escrito con mucha claridad en su palma. Él, su hermano, por lo que me ha dicho, se encuentra muy preocupado. Piensa en usted con mucho cariño. La quiere mucho, pero teme que termine muy mal por golpear a las prisioneras.

Al final de la sesión, Danz vino corriendo a verme.

—Magda, esta mujer es extraordinaria. ¿Sabes lo que me dijo?... —y así empezó a contarme toda la conversación hasta que llegó al final—: ¿Crees que debería dejar de golpear a la gente con el látigo?

—No lo sé, *Oberaufseherin*, pero si ese es el deseo de su hermano...

—Eso parece.

Y, a partir de entonces, Danz dejó de ser cruel. También dejó de usar el látigo. O, al menos, ya no lo usaba tanto y por eso yo ya no la veía azotando gente. Me pareció asombroso que lo único que se hubiera necesitado para parar a esa violenta mujer en seco, al menos por un tiempo, fuese una quiromántica.

15

Liberación

Abril de 1945

En aquel entonces no me di cuenta, pero luego noté que Danz fue la última nazi que supo mi nombre.

Mientras se derretía lo último que quedaba de la nieve, las aeronaves de guerra que volaban sobre nosotras y su fuerte ruido se tornaron cada vez más persistentes. Cuando volaban suficientemente bajo, alcanzábamos a ver que algunas eran alemanas, otras británicas y, en ocasiones, rusas. También comenzamos a escuchar más noticias sobre la cercanía de los rusos, y los alemanes entraron en pánico. Poco después, de la misma manera que había sucedido en Auschwitz, muchos de los oficiales de mayor rango desaparecieron.

A principios de abril, un nutrido grupo de mujeres fueron seleccionadas y marcharon hacia las vías férreas que estaban cerca de ahí. Primero escuchamos que las transportarían a otro campo, pero Danz me dijo que ella creía que los Aliados bombardearían el tren en algún momento del trayecto. De acuerdo con la historia, parece que se equivocó, ya que las mujeres llegaron a otro campo, pero no sé lo que les sucedió después de eso.

El hecho de que hubiera menos prisioneras no significó una mejoría de las condiciones, al contrario. Ahora, los oficiales y guardias de las SS que todavía quedaban estaban más preocupados por *su* supervivencia. Solo había comida cada dos o tres días, y nunca era suficiente. Lo único que yo podía hacer era asegurarme de que a todas les tocara algo, y tratar de mantener el orden. Pero, al menos, ya no necesitaba esforzarme por encontrar la manera de impedir que Danz y otras oficiales golpearan a las prisioneras.

No conozco bien la fecha, pero, al parecer, el 1 de mayo de 1945 los oficiales de las SS que todavía quedaban en Malchow reunieron a quienes continuábamos vivas y todavía podíamos caminar, y nos hicieron salir del campo marchando. Creo que nadie sabía a dónde nos dirigíamos, solo era obvio que caminamos hacia el oeste para adentrarnos más en Alemania y alejarnos del avance ruso.

Parecía haber más tráfico civil que el que encontramos en la primera marcha. Vimos carretas cargadas de canastos y muebles, niños e incluso animales. También había gente confundida. Vimos grupos que venían del otro lado, tal vez actuaron respondiendo a los rumores de que las fuerzas aliadas se acercaban por la dirección contraria. Era una verdadera mescolanza, nadie sabía lo que estaba sucediendo.

Tal vez porque hacía menos frío o porque había menos guardias, la marcha no se sintió tan amenazante como las anteriores. Solo fue caótica. Como de costumbre, me esforcé por mantener unido a mi pequeño grupo familiar mientras otros grupos de civiles y de prisioneros de varios campos se mezclaban con nosotros y nos convertíamos en una enorme madeja enredada de seres humanos.

Un día después de que inició la marcha, escuché a varias personas gritar mi nombre.

—Magda, Magda.

Las voces me sonaban familiares, pero los acentos no. Volteé y vi a tres de las mujeres del pueblo ruso que estuvieron a mi cargo en Birkenau casi dieciocho meses antes. Eran algunas de las jóvenes que fueron transportadas para trabajar como enfermeras en hospitales alemanes después de que se llevaron a los niños. Como un milagro, ahora nos volvíamos a encontrar.

Nos besamos y abrazamos como si fuéramos viejas amigas, me explicaron que abandonaron los hospitales y ahora formaban parte de las fuerzas rusas que se acercaban.

—Estamos muy contentas de haberte encontrado —dijo una de ellas—. Los soldados rusos están muy cerca y van a liberar a todos los prisioneros del campo, pero nosotras continuábamos pensando en ti. Si alguien te señala y dice que tenías una posición de autoridad, tal vez algunos soldados rusos te consideren parte de las fuerzas enemigas. Muchos están buscando la manera de vengarse, así que lo más probable es que te violen o incluso te maten —me explicó.

—Necesitas venir con nosotras. Te ocultaremos hasta que podamos explicar quién eres y contarles todas las cosas maravillosas que hiciste por las rusas en Birkenau —comentó otra.

La preocupación en los rostros de estas jóvenes era genuina, así que me pareció que debía confiar en ellas y tomarlas en serio.

—Pero ¿qué pasará con mis chicas? —les pregunté, señalando a mis polluelas—. No quiero abandonarlas.

—Ellas estarán bien, los únicos prisioneros que corren peligro son los que trabajaron con los alemanes como funcionarios, como *Blockälteste* y *Lagerälteste*, por ejemplo. Sabemos que te obligaron a ocupar estos puestos, pero algunos de los soldados rusos no lo comprenden y creen que todos los funcionarios colaboraron con los alemanes.

Al final, negocié con ellas y las convencí de que me permitieran llevar conmigo a Ruzenka y Františka porque ellas también ocuparon puestos y tuvieron responsabilidades.

—Estamos viviendo en un molino de harina cerca de aquí —dijo una de ellas—. Cuando llegue el ejército, se convertirá en base militar, entonces te esconderemos en el bosque cercano hasta que consigamos que los soldados se comprometan a no lastimarte. Luego volverás con nosotras al granero.

Así pues, tras asegurarnos de que no hubiera soldados de las SS cerca, les deseamos buena suerte a las otras jóvenes de nuestro grupo, y las rusas nos llevaron al bosque. Ahí nos construyeron una pequeña choza con ramas y hojas, nos dieron alimentos y nos indicaron que permaneciéramos ocultas hasta que vinieran por nosotras. Nos advirtieron que podrían pasar algunos días antes de que volvieran.

Como el clima era seco, no hacía frío y el suelo no estaba duro, pasamos la mayor parte del tiempo durmiendo. Estábamos en una parte tan profunda del bosque que no escuchábamos el ruido del camino. A veces, sin embargo, oíamos a los aviones que nos sobrevolaban y, a lo lejos, el ruido de lo que tal vez fueron tiroteos o explosiones.

Las mujeres rusas volvieron tres noches después.

—Vengan —dijeron—. Los hombres quieren verlas. Quieren agradecerles lo que hicieron. Descuiden, no las lastimarán.

Las seguimos hasta el molino, y ahí nos recibió un grupo de cerca de cuarenta personas: soldados rusos y otras mujeres que habían estado operando como huestes. Habían acondicionado el edificio como barraca temporal, así que encontramos catres y un comedor. Nos recibieron con generosidad, y cuando llegó el momento de comer, nos sentaron en la cabecera como invitadas de honor y trajeron una cantidad de alimentos y bebidas que no habíamos visto en años. Fue una reunión surrealista, el poco ruso básico que hablaba no me permitía entender lo que se decía, pero fue agradable sentirnos bienvenidas. Cuando terminó la comida me puse de pie y empecé a reunir los platos, pero entonces alguien gritó.

—*Nyet!* Son nuestras invitadas, que otros recojan la mesa.

Nos quedamos un par de días en el molino, hasta que los soldados anunciaron que tenían que continuar avanzando. Cargaron sus camiones, se despidieron y nos señalaron el sendero principal por el que podríamos proseguir nuestro camino.

Cuando nos reunimos con la muchedumbre, notamos que la atmósfera había cambiado. Ya no había soldados alemanes ni de las SS por ningún lugar. Nos llegó la noticia de que Hitler estaba muerto y que la rendición alemana era inminente. Ahora que la nube que había envuelto a Europa durante seis años empezaba a disiparse, la gente sintió un alivio que poco después devino en celebración, incluso entre muchos de los civiles alemanes. Barullo, cantos, baile. Hitler se había ido, y con él también se acabó su autoritario régimen. Los nazis se rindieron en Europa.

La guerra había llegado a su fin.

Para Ruzenka, Františka y yo, así como para millones de personas en Europa, nos era difícil reconocer que habíamos sobrevivido a la guerra. Estábamos vivas y ya no teníamos nada que temer. Sin embargo, nos encontrábamos en el norte de Alemania, en una especie de tierra de nadie, a cientos de kilómetros de casa.

Miles de personas empezaron a circular por los caminos y a pasar la información de boca en boca. Alguien, por ejemplo, avisaba que se enteró de que se había establecido un punto de reunión para los polacos en tal pueblo, o para los franceses en otro. En algún momento encontramos a un hombre checo que nos indicó dónde se estaban juntando los checos y los húngaros, y nos dijo que había camiones que podrían llevarnos a nuestros pueblos o, al menos, acercarnos. Seguimos su consejo y nos dirigimos al sur.

Después de las celebraciones iniciales, a lo largo del camino fuimos testigos de numerosos comportamientos incorrectos. Todavía había demasiada rabia, en especial, entre la gente que fue aprisionada por los nazis. Por desgracia, muchos dirigieron su ira a los civiles alemanes. Otros, incluso algunos de los soldados victoriosos, aprovecharon lo caótico de la situación. Un gran número de soldados armados y antiguos prisioneros entraron por la fuerza a casas y saquearon tiendas.

Por fin llegamos a un lugar donde los rusos habían establecido un campamento agreste. No recuerdo dónde estaba, pero al llegar encontramos a cientos de personas. Había muchos húngaros y checoslovacos, ahí reconocimos a otros supervivientes de Birkenau. Entre toda esa gente encontré a la señora Mordkovic, una amiga de mi madre a quien la doctora Gisella Perl había podido salvar. Nos mantuvimos cerca de otras personas que conocíamos. Todo estaba bastante desorganizado todavía, había grupos de soldados rusos y algunos oficiales que no sabían bien qué sucedía. Por alguna razón, había comida. Tal vez la trajo la

Cruz Roja o una organización similar, pero no lo sé porque los recuerdos que tengo de esa época están tan desordenados como el lugar mismo.

Algunas de las mujeres que me reconocieron porque habían estado en Birkenau empezaron a verme de nuevo como líder, como si todavía fuera *Lagerälteste*. Supongo que era natural.

—Magda, necesitamos su ayuda.

—Magda, ¿en dónde puedo encontrar…?

—Magda. Magda. Magda.

—¡Déjeme en paz! —le grité en algún momento a una mujer—. Ya no soy su líder.

Entonces usé un verso de una canción popular húngara: *Söpörtem eleget, söpörjön már más*, que quiere decir más o menos «He barrido suficiente, que alguien más barra ahora».

Sin embargo, la gente siguió acercándose a mí.

Un grupo de chicas húngaras vino a verme.

—Magda, ayúdenos por favor. Los rusos quieren enviarnos a que les ayudemos a cosechar o a trabajar en sus fábricas. Dicen que, como Hungría era aliado de Alemania, somos enemigas. Pero nosotras solo queremos volver a casa. Sabemos que usted habla un poco de ruso, ¿podría interceder por nosotras ante el comandante?

Entonces fui a ver al comandante ruso.

—Comandante, estas jóvenes no son el enemigo, son mujeres judías, por eso los húngaros las expulsaron. No son más amigas del gobierno húngaro que de los nazis. Llevan meses viviendo en campos de concentración; algunas, años. Tienen derecho de regresar a casa y encontrarse con los familiares que aún les queden.

El comandante se me quedó mirando con aire cansado.

—*Da, da* —dijo. «Sí, sí.» Y asunto arreglado.

Finalmente, empezaron a llegar algunos camiones para transportar a la gente a sus países de origen o para, por lo menos, acercarla a ellos. Identificaron a los grupos y les ofrecieron llevarlos. Nosotras esperamos nuestro turno, pero no llegaba nadie. Poco después, la señora Mordkovic vino a verme.

—Magda, te queda por hacer una última cosa. No quieren transportar a los eslovacos. Hay camiones que van a Praga, pero solo están admitiendo a los checos. Quieren dejarnos aquí para que nos pudramos. Por favor, Magda, tú tienes influencia, habla con el comité —dijo. Se refería al comité que administraba el transporte.

—De acuerdo —contesté—, veré qué puedo hacer.

Fui a hablar con el jefe del comité. Me explicó que no había suficientes camiones para transportar a toda la gente, que debíamos esperar un poco.

—No puede ser que no haya suficiente transporte —dije—. Somos muy pocos, solo quedamos trescientos, es decir, necesitamos dos o tres camiones. ¿Tiene idea del infierno que han vivido los judíos eslovacos? A pesar de ser buenos ciudadanos fuimos los primeros en ser enviados a los campos de concentración, nuestro gobierno incluso les pagó a los alemanes para que nos deportaran. Eso fue hace tres años, y los que quedamos estuvimos en los campos todo ese tiempo. Muchas de estas chicas han pasado cada día preguntándose si los miembros de su familia siguen vivos.

»Sé que hay camiones. Escuché que el presidente Beneš acaba de regresar del exilio y está en Eslovaquia. Si yo fuera su prima, le aseguro que habría un camión para mí.

El hombre me miró y sonrió de una forma extraña.

—De hecho, soy primo del presidente Beneš —dijo.

Al escuchar eso, di un puñetazo en la mesa.

—Vaya, ¡pues entonces para usted sí habría un camión!

—Supongo que tiene razón —admitió. Revisó los papeles que tenía frente a él y me miró de nuevo—. Esta noche habrá camiones. Llevarán a los eslovacos hasta Praga. De ahí tendrán que encontrar la manera de llegar a sus pueblos.

Le agradecí y corrí a hablar con la señora Mordkovic.

—¡Sabía que solo tú podrías lograrlo! —dijo llorando y estrujándome.

Ruzenka, Františka y yo llegamos a Praga. Descendimos de los camiones y pasamos a un gran vestíbulo donde se habían reunido cientos de personas que regresaban a casa desde todas partes de Europa. En medio de todo el ruido y el bullicio, tratamos de acercarnos a uno de los mostradores donde los oficiales estaban registrando a los recién llegados.

Cuando por fin llegamos al frente, nos dieron quinientas coronas checas como ayuda para pagar nuestro transporte y emitieron nuestras identificaciones. Eran unos cuadernillos donde se indicaba nuestro nombre y el destino al que esperábamos llegar.

Yo escribí Palestina en mi cuadernillo porque no tenía la intención de quedarme en el país que me había expulsado como si fuera ropa sucia. Tenía el plan de volver a Michalovce para averiguar si algún miembro de mi familia había sobrevivido y luego emigrar a Palestina para comenzar una nueva vida.

Nuestros hogares se encontraban a más de setecientos kilómetros de distancia, así que empezamos a investigar cómo volver. Ruzenka se enteró de que su pueblo había sido destruido casi por completo a causa de los bombardeos, y tuve que convencerla de que viniera conmigo. Františka viajaría con nosotras hasta cierto punto, y luego, casi al final del trayecto, tomaría otra dirección para ir a su casa.

En el vestíbulo había un gran alboroto, la gente no dejaba de hacer preguntas. Todos buscaban a alguien, y todos habían escuchado el rumor de que alguien había visto por última vez a fulano o perengano en un pueblito, en un campo de refugiados o de concentración. O decían que no lo habían visto en meses. Se escuchaban gritos de agonía y éxtasis, dependiendo de las noticias recibidas.

—¡Magda! ¡Magda!

Volteé y reconocí a uno de los médicos prisioneros de Birkenau estirando el cuello por encima de la gente para verme.

—Béla. ¡Béla está vivo! ¡Béla está vivo! —gritó, y luego empujó a la multitud para llegar a mí y poder hablar—. Deberías reunirte con él. Hace unos días se fue a Michalovce con la esperanza de encontrarte ahí. Te ha estado buscando por todas partes.

Después de agradecerle al médico, le dije que trataría de encontrarlo.

La verdad es que Béla no había monopolizado mi pensamiento. Sí, había pensado en él, pero no contaba con volver a verlo. Tal vez, pensando en todo por lo que tuvimos que pasar, no quise hacerme demasiadas esperanzas. Hasta ese momento ni siquiera sabía si había sobrevivido al resto de la marcha de la muerte y los meses subsecuentes. De todas formas, la prioridad era volver a Michalovce y, si Béla estaba ahí, me daría gusto encontrarlo. A partir de eso, podríamos hablar y discutir sobre nuestros planes respectivos. Tal vez él estaría dispuesto a reunirse conmigo en Palestina.

Sin embargo, no había una manera sencilla de volver a Michalovce porque ninguno de los trenes estaba operando con normalidad, y los que hacían recorridos tenían servicio limitado porque había secciones dañadas en las vías férreas. En los caminos y las carreteras pasaba lo mismo: había zonas con grandes agujeros debido a los bombardeos. Decidimos que seguiríamos avanzando y que, cuando no hubiera ningún transporte, caminaríamos. Varios días después, Ruzenka y yo por fin volvimos al lugar donde empezó todo.

Como era de esperarse, mi pueblo había cambiado. Aunque lo encontré casi intacto porque, al parecer, lo peor del conflicto no lo afectó, de inmediato fue obvio que no era el mismo lugar que cuando me fui.

Por fin llegamos a mi casa, y me sentí aliviada al descubrir que no había sido «adquirida». Me refiero a una práctica que se volvió común entre personas no judías que sentían que tenían el derecho de incautar propiedades vacías. Me recibió mi hermano Ojzer. Nos abrazamos y me confirmó lo que ya me habían dicho otros: nuestros padres y nuestro hermano menor fueron asesinados después de que los llevaron a Łuków, más o menos un mes después de que me deportaron.

Entramos a la casa y descubrí que había varios amigos y parientes con Ojzer. La casa estaba vacía porque, aunque nadie la «adquirió», alguien entró y se robó todo. Tal vez fue gente que pensó que nosotros ya no usaríamos nuestras pertenencias. Cuando los otros se fueron, Ojzer y nuestro primo, Béla Hellinger, construyeron camas y usaron sacos llenos de paja como colchones.

Le pregunté a mi hermano si alguien llamado Béla Blau había ido a la casa, pero me dijo que no había venido nadie, así que decidí preguntar en el pueblo al día siguiente.

Esa noche, Ruzenka y yo descansamos en libertad por primera vez en varios años; sin embargo, todavía no me permitía creer que en verdad habíamos sido liberadas. El futuro me parecía demasiado incierto aún y, aunque había vuelto a casa, no sentía como si estuviera en mi hogar. Tal vez se debía a que apenas empezaba a interiorizar el hecho de que perdí a mis padres.

Al día siguiente, hice mi primera visita. Fui a ver a Marta, mi mejor amiga. Estaba al tanto de que se había casado con Bandi Horvat, pero no sabía que tenían una hermosa bebé. Más que cualquier otra cosa en Michalovce, pasar tiempo con Marta me transportó a tiempos más felices. Estando con ella de pronto sentí que había vuelto al pasado. Me dio almohadas, sábanas y mantas para nuestras camas, y preparó una deliciosa cena para Ruzenka y para mí. En ningún momento me preguntó respecto al campo de concentración y yo no le conté nada. Creo que, en el fondo, intuía que ahora yo solo quería mirar al futuro y, por eso, únicamente hablamos de nuestros planes. Me dijo que ellos pensaban mudarse con toda la familia a Argentina.

Había, sin embargo, algo sobre lo que Marta quería que le contara: Béla.

Tengo entendido que, dos semanas antes, cuando estuvo buscándome en el pueblo, alguien le dijo que fuera a ver a Marta. Béla le dijo que necesitaba volver a Žilina y le dejó una carta para mí. En ella me pedía que lo alcanzara allí y escribió la dirección de su hermana, Aranka Platzner. También decía que había hablado con ella y le había comunicado que quería casarse conmigo.

—Pero casi no lo conozco —le dije a Ruzenka.

—No tuviste oportunidad de conocerlo en el campo —dijo ella, y tenía razón—. Además, hizo el gran esfuerzo de venir hasta aquí para buscarte. Yo creo que su propuesta es seria.

Todos los días recibíamos noticias de alguien más que había vuelto a casa. Me enteré de que también habían regresado Irena, Piri y Magda Englander, a quienes dejamos después de salir de Malchow. Cada vez que alguien retornaba a nuestra comunidad, organizábamos una modesta celebración para manifestar el gozo de nuestros corazones al reencontrarnos, a pesar de haber perdido a tantos más. Todos compartíamos la comida y provisiones con las que contábamos, y, en lugar de hablar del calvario que tuvimos que afrontar, nos enfocábamos en la recuperación y en reconstruir nuestra vida.

Finalmente, cuando vi que ya no tenía ningún pendiente inmediato, decidí descansar unos días y luego viajar los trescientos cincuenta kilómetros entre Michalovce y Žilina. Ruzenka era muy buena costurera, así que me confeccionó un hermoso vestido azul de seda para viajar, y como percibía mi vacilación, me acompañó a la estación y se aseguró de que subiera al tren.

Poco después, ya estaba tocando a la puerta de la dirección en la carta que me entregó Marta.

—Hola, soy Magda —dije.

—¡Magda! Yo soy Aranka, la hermana de Béla. Qué alegría conocerte —exclamó, invitándome a pasar. Me dijo que Béla y Jancsi, su marido, habían ido a Praga algunos días para arreglar un negocio.

—Béla insistió en que, si llegabas a venir, te dijera que te quedaras y lo esperaras. Regresará en uno o dos días.

Aranka hizo todo lo necesario para hacerme sentir bien acogida, aunque me resultó un poco extraño quedarme en casa de gente con la que solo tenía un vínculo vago y que, en realidad, no conocía. A pesar de todo, acepté la invitación. Aunque hubiera querido no habría podido ir a ningún lugar: Tommy, el hijo de diez años de Aranka, se aseguró de ello. Creo que percibió mi incomodidad, así que decidió protegerme y ser mi chaperón. Me acompañó a todos lados: a nadar, a dar largas caminatas e incluso cuando me reuní con antiguas amigas para ir al cine. No me dejó sola ni por un instante.

En algún momento volteó y se me quedó mirando muy serio.

—Magda, por favor, no huyas, no te vayas. ¿Sabes? Mi tío te quiere mucho, estaría muy triste si te fueras. Créeme, ¡es el mejor hombre del mundo!

No pude evitar reírme.

Al día siguiente, Aranka me llevó de compras y me pidió que la acompañara a visitar a unas amigas. Me presentó como su cuñada… y yo no pude negar que lo fuera porque habría creado una situación incómoda.

Esa noche, Béla y Jancsi volvieron a casa. Cuando me vio, Béla me levantó y bailó cargándome por toda la sala y mirándome con sus fulgurantes ojos azules.

Poco después, deslizó en mi dedo un anillo de compromiso. Yo aún no admitía estar lista para dar ese paso, pero, en el fondo, sabía que aceptar su propuesta de matrimonio era la decisión correcta.

La guerra había terminado y, de alguna manera, sobrevivimos a ella. Había llegado el momento de seguir adelante.

SEGUNDA PARTE

MI MADRE SIGUE ADELANTE

16

Cómo construir una nueva vida

Por obvias razones, es imposible comprender por completo la vida que Magda, mi madre, tuvo en el campo de concentración y contó en su crónica. Condiciones, crueldad, asesinatos: las palabras tienen límites. Y, luego, volver a casa y confirmar que tus padres y casi toda tu familia pereció como muchísimas otras, como tantos otros amigos y conocidos…

Tengo en mi posesión una copia del árbol genealógico de los Hellinger, la familia lejana de Ignac Hellinger, mi abuelo. En él, alguien resaltó con marcador a todos los que perecieron en el Holocausto. Hay ciento diecisiete nombres resaltados, ciento diecisiete muertes en una sola familia. De los más de cuatro mil judíos que vivían en Michalovce en 1940, solo seiscientos sobrevivieron a la guerra. Menos de trescientos de las más de siete mil mujeres y jovencitas que fueron deportadas a Auschwitz desde Eslovaquia regresaron con vida. Más de 80% de la población judía de todo Eslovaquia fue asesinada.

Sin embargo, para quienes tratamos de comprender estas cifras, al final, siguen siendo eso: cifras.

Para Magda, Béla y los otros que volvieron a sus hogares, las cifras significan gente. Padres e hijos, esposos y esposas. Niños. Maestros, tenderos, colegas. Gente que conocías porque la saludabas en la calle. En resumen, quienes formaban la estructura sobre la que tu vida estaba construida. Asesinados. Todos.

¿Cómo es posible avanzar y seguir viviendo después de eso?

La respuesta, como mi madre siempre me dijo, es que no tienes opción. ¿Qué más puedes hacer? Magda y Béla se adaptaron a la «vida» en los campos de concentración, y luego empezaron de cero y se adaptaron a la vida fuera de ellos.

Magda Hellinger se casó con Béla Blau en Praga, el 13 de marzo de 1946; sin embargo, iniciaron su vida juntos mucho tiempo antes. En los primeros meses que siguieron a la guerra, las fechas y las formalidades fueron conceptos vagos.

La pareja no tenía más que la pequeña cantidad de dinero que recibió como ayuda del gobierno, y la usaron para viajar a Praga. Béla empezó a buscar trabajo de inmediato. Luego, gracias a un programa del gobierno checo, surgió la oportunidad de que los sobrevivientes del Holocausto se hicieran cargo de negocios y fábricas abandonados en Sudety o Sudentenland, en alemán. Sudety era una región en donde se hablaba predominantemente esta lengua; Hitler la había anexado antes del inicio de la guerra. Ahora era territorio checoslovaco de nuevo. Después del conflicto bélico, la mayor parte de la población alemana de la región fue expulsada a Alemania y, debido a eso, muchos negocios quedaron vacíos. En cuanto anunciaron este programa, Béla viajó para explorar las opciones y eligió un negocio que él y Magda pudieran operar juntos y restablecer por su cuenta.

Entonces se mudaron a Jiříkov, un pequeño pueblo a ciento treinta kilómetros al norte de Praga, justo en la frontera con Alemania. Al llegar, Magda descubrió que su marido había elegido una tienda de telas y mercería para dar continuidad a su experiencia previa como vendedor de textiles. Era una tienda diminuta, arriba había una vivienda a la que se tenía acceso a través de una estrecha escalera de caracol. El inventario era muy limitado y, lo peor de todo, era que se encontraba al final del pueblo, lejos de todo tránsito peatonal.

—¿Elegiste este lugar para que construyéramos un negocio y viviéramos de él? —preguntó Magda.

—No soportaba la idea de estar cerca de mucha gente —contestó Béla, sintiéndose un poco desanimado.

Magda deseó haber viajado con él para ayudarle a elegir. Estaba segura de que habrían encontrado algo más viable; sin embargo, también empezó a comprender el daño que la guerra le había provocado a su marido.

Béla perdió a su primera mujer y a su hijo, lo forzaron a trabajar en el exterior con los *Kommandos*, incluyendo el brutal *Straffkommando* o brigada de castigo, e incluso sobrevivió a un *Zählappell* particularmente sádico. Luego, en los últimos meses de la guerra, padeció otras tortuosas experiencias personales.

Cuando Birkenau estaba a punto de ser evacuado, Béla y los otros hombres con quienes estaba fueron enviados de vuelta al campo principal de Auschwitz. A pesar de los rumores de que tal vez bombardearían el complejo para «desaparecerlo», decidió ocultarse ahí hasta que los alemanes se fueran. Se escondió debajo de una cama y se quedó dormido. Luego despertó por la noche preguntándose por qué solo se escuchaba un silencio absoluto. ¿Ya se habrían ido los alemanes? Salió y encontró a dos de los amigos con los que trabajó en *Kanada*. Ellos lo convencieron de caminar juntos, así se unió a la marcha, más o menos un día antes de que él y Magda se encontraran en la encrucijada.

Después de que se separaron, el grupo de Béla anduvo hasta que por fin llegaron al campo Mauthausen, en Austria. Muchos murieron o fueron asesinados en el camino. Al llegar al campo, les quitaron la poca ropa que traían puesta y les dieron andrajos mucho peores.

Este hecho no significó solamente la pérdida de un uniforme menos deteriorado. Fue una pérdida mayor, y tenía que ver algo que le había sucedido a Magda tiempo atrás en Birkenau.

Cuando era *Lagerälteste* del Campo C, una mujer mayor de Bratislava fue a verla.

—Soy rica, tengo dinero en bancos en Inglaterra y muchos otros lugares. Sin embargo, soy mayor que tú y no creo sobrevivir a la guerra. Tal vez tú lo logres. He visto tu labor en el campo y creo que has ayudado a muchas mujeres. Para mostrarte mi gratitud, te daré un cheque por mil libras. Podrás cobrarlo cuando termine la guerra —le dijo.

En realidad, no era un cheque en forma porque la mujer no habría podido tener una chequera en Auschwitz; sin embargo, escribió en un frágil trozo de papel todos los detalles necesarios. Magda le agradeció el «cheque», guardó el papel y no volvió a pensar en él sino hasta que estuvo a punto de partir de Birkenau, al final. Lo ocultó en su abrigo hasta que se encontró con Béla en la encrucijada y pensó que tal vez estaría más seguro si él lo tuviera, así que se lo dio para que lo cuidara. Béla ocultó el papel en el dobladillo de su uniforme, pero no pudo recuperarlo cuando se lo quitaron en Mauthausen. No sé si habrían podido cobrarlo, pero nunca tuvieron la oportunidad de intentarlo. Es una pena porque esas mil libras les habrían sido muy útiles.

Después de pasar un mes en condiciones deplorables y comiendo muy poco, Béla y los otros fueron enviados a Gusen II, un subcampo de Mauthausen. Ahí necesitaban mano de obra para reparar los tanques de combustible y las alas de una aeronave Messerschmitt que había sido dañada. Fue un poco más sencillo porque no había mucho trabajo que hacer; para ese momento, los alemanes ya no tenían acceso a suministros y no contaban con suficientes refacciones para hacer las reparaciones. No obstante, el lugar no dejaba de ser un campo de concentración, así que había muy pocos alimentos, y palizas y miedo constantes. A principios de mayo los llevaron a otro subcampo, un lugar que estaba en construcción, cerca del pueblo de Gunskirchen. En el camino, un hombre mayor, soldado de la Wehrmacht, le dijo a Béla que esos campos nuevos eran el secreto de Hitler para ganar la guerra a pesar de todo. El soldado estaba equivocado porque, menos de una semana después, el conflicto terminó y el ejército estadounidense liberó ese campo.

Eso fue todo lo que Béla le contó a Magda o a cualquier otra persona respecto a lo que vivió después de Auschwitz. Nunca quiso hablar mucho del asunto, pero sospecho que padeció y fue testigo de cosas terribles. De cualquier manera, durante mucho tiempo le costó trabajo avanzar, y las cicatrices permanecieron en su corazón por el resto de su vida.

La nueva casa y la tienda de Magda y Béla no eran ideales, pero tenían que conformarse. Viajaron por la zona en busca de mercancía para su tienda. Magda encontró en Praga una gran cantidad de seda que pudo comprar a consignación, y esa terminó siendo la atracción estelar de la pequeña tienda. Como había poca seda en la región, la gente venía de lugares cada vez más distantes a comprar. Poco a poco, empezaron a construir su negocio.

Tiempo después, Magda se embarazó de mí. Fui su primera hija. También recibió noticias de que Ruzenka se había casado con su primo, Béla Hellinger, a quien conoció la noche que volvieron a Michalovce. Ruzenka la invitó a visitarla con Béla, así que cerraron la tienda por un tiempo y viajaron los ochocientos kilómetros de vuelta a Michalovce. Magda recordaba que la reunión con la feliz pareja y otros familiares que sobrevivieron, y a quienes no había visto desde Birkenau, fue encantadora. También vio a Jolan, otra prima a la que pudo ayudar en el campo; y al tío Moishe Mendel y su hijo. A pesar de su edad y de las malas condiciones en que llegó a Birkenau, Moishe sobrevivió.

Por desgracia, esa fue la última vez que Magda vio a Ruzenka porque, al año siguiente, perdió la vida dando a luz. Nunca sabremos si su salud se vio comprometida mientras estuvo en los campos, pero se ha confirmado que el hambre y la privación en los campos y los guetos tuvieron efectos negativos a largo plazo en la salud de muchos de los supervivientes y, con frecuencia, en la de sus hijos también.

Yo nací el 5 de julio de 1946 y me nombraron Vera Maja. Al parecer, fui una niña que se entretenía con facilidad, lo cual fue bueno porque Magda debía estar al frente de la tienda mientras Béla viajaba para comprar suministros. Me cuidaba en el piso de arriba, pero cuando sonaba la campana que indicaba que había entrado alguien a la tienda, me dejaba en un lugar seguro y bajaba corriendo las escaleras de caracol para atender a los clientes. Debe de haber bajado y subido por ahí mil veces. A veces me alimentaba, me abrigaba y me dejaba durmiendo en mi carriola, en el pequeño patio, mientras ella atendía a la gente. Creo que me encantaba estar fuera sin importar el frío, dicen que no me importaba que se formaran ráfagas de nieve sobre mí cuando mamá estaba demasiado ocupada en la tienda para meterme. Me acostumbré tanto al aire fresco, que cuando estaba en mi cuna lloraba a menos de que dejaran la ventana de la habitación abierta para que entrara la nieve. Tal vez esto explica por qué siempre me ha gustado tanto.

Año y medio después de que nací, llegó Eva, mi hermana. Ella nació el 12 de diciembre de 1947, y por algún tiempo mis padres gozaron de una vida tranquila y libre. Trabajaron arduamente y disfrutaron de la fuerza de la comunidad.

Como todavía el gobierno racionaba todo, los alimentos escaseaban. Mamá a menudo repetía una anécdota triste pero graciosa de aquella época. Nuestra tienda estaba en la calle principal del pueblo, así que, cuando Magda iba de compras, nos podía dejar, a Eva en su cuna y a mí sentada en el piso de arriba, junto a la ventana del frente de nuestro apartamento. Me decía que no me moviera, y se iba a las tiendas cercanas por los víveres. En cuanto pasaba de una tienda a otra, miraba hacia arriba y me saludaba desde abajo, así podía echarme un ojo mientras compraba. Un día regresó a casa y, cuando entró por la puerta, escuchó a Eva llorando a todo pulmón. Dejó caer las bolsas y subió corriendo por la escalera de caracol para ver qué sucedía. Cuando bajó de nuevo, minutos después, vio al perro del vecino, un gran danés, hundiendo el hocico en las bolsas junto a la puerta, ¡estaba engullendo lo último que nos quedaba de la ración de carne para todo un mes!

Como le prometió a su madre en el sueño que tuvo en la marcha de la muerte, mamá nos crio a mí y a Eva como judías. También nos enseñó a ser amables y generosas, y a compartir de la misma manera que le había enseñado su madre a ella. Esto resultó contraproducente una tarde, cuando nos visitaron algunas familias locales. En realidad, solo conozco la historia por lo que me contó mamá, pero creo que tenía yo unos tres años y encontré una caja de chocolates. El chocolate era un raro lujo porque seguían racionando los suministros, pero yo era pequeña y no lo sabía, así que, sin pedir permiso, tomé los chocolates y los repartí entre mis amigos. Cuando mamá se dio cuenta, se enfrentó a un conflicto: el manjar era muy valioso, pero yo solo hice lo que ella me había enseñado.

Cuando el pequeño negocio de mis padres empezó a prosperar, se presentaron indicios de que la libertad que habían encontrado poco tiempo antes podría estar bajo amenaza. El Partido Comunista ganó las elecciones en las regiones checas en 1946 y, luego, en 1948, el presidente Beneš les cedió el poder a los comunistas por miedo a que los soviéticos se lo arrebataran de todas maneras. Para gente como Magda y Béla, esto significaba que una nueva forma de totalitarismo empezaría a afectar su vida.

Todo comenzó con ciertos detalles. En una ocasión, una dama vino a la tienda y compró seda muy costosa. Preguntó si podía pagar después y, Béla, como siempre tuvo buen corazón, le dijo que sí. Sin embargo, la señora no pagó y continuó así hasta que Béla tuvo que insistir. Entonces la mujer le dijo que su marido trabajaba para la oficina de inspecciones fiscales. Unos días después, nos visitó un inspector, revisó los libros e impuso una cuantiosa multa por un error fiscal que él mismo fabricó.

Luego empezó a presionar a Béla para que se uniera al Partido Comunista. Hacerlo le habría brindado algo de protección, pero no quiso hacerlo. Como era de esperarse, poco después confiscaron nuestro negocio y nos forzaron a comenzar de nuevo.

¿Acaso mis padres habían sobrevivido la opresión más inimaginable bajo el yugo de los nazis solo para encontrarse un día sometidos a los nuevos amos, el Partido Comunista?

Un día, Magda se hartó y, como Israel se había independizado, pensó que había llegado el momento de cumplir su deseo de mudarse al hogar de los judíos que los sionistas siempre soñaron. Sabía que sería difícil y que tal vez tendríamos que vivir en un campamento improvisado durante algún tiempo. Béla no estaba tan entusiasmado como Magda, y los amigos y parientes pensaban que era una locura.

—En este momento, con un bebé y una niña que apenas camina, ¿quieres ir a Israel y vivir en una tienda de campaña en la arena? —le decían a mamá.

Algunos de sus familiares ya se habían ido a Australia y le recomendaron que fuera ahí primero, y que, cuando juntara algo de dinero e Israel estuviera más establecido, se mudara allí. Sin embargo, ella se mantenía firme en sus ideales sionistas.

—Si todos hicieran eso, si todos esperaran a que Israel se estableciera para mudarse, ¿cuándo existiría Israel? —replicaba.

Imagino que, para Magda, las condiciones en un campamento nunca serían tan malas como las que ella y Béla tuvieron que soportar durante la guerra. Y ya con la idea en mente, sería difícil que Béla o alguien más la disuadiera. Así pues, empacaron todas nuestras pertenencias en una gran caja de madera y viajamos a Marsella, Francia, y luego fuimos en bote a Haifa.

Al llegar a Israel, en efecto, vivimos en una tienda de campaña en la arena. En ese momento, miles y miles de supervivientes del Holocausto estaban huyendo a Europa con sus familias. Nosotros nos mudamos enseguida a un *ma'abarot*, es decir, un campo de refugiados. Vivimos en algo que parecía un viejo hangar donde había miles de refugiados y los grupos familiares estaban separados por cortinas.

Béla tenía un hermano, Dezsö. Él había vivido desde 1933 en lo que entonces era la Palestina controlada por los británicos. Se estableció como ingeniero, así que Béla pudo trabajar con él como dibujante. Magda quería conseguir un trabajo que le permitiera ejercer su profesión de maestra de jardín de niños, por lo que se puso en contacto con la mujer que dirigía la escuela en el *ma'abarot*.

—¿Habla hebreo? —le preguntó la directora.

—Solo sé algunas palabras —contestó Magda.

—¿Entonces cómo piensa ser maestra? —preguntó molesta.

—Confíe en mí —dijo Magda—. Aquí hay niños de todos lados y hablan distintas lenguas. Si le demuestro que puedo trabajar con ellos, ¿me dará el empleo?

La directora le dijo a Magda que le daría una oportunidad.

—La dejaré con los niños diez minutos. Si sobrevive, habrá pasado la prueba.

Diez minutos después, Magda tenía a niños de por lo menos cuarenta nacionalidades trepando sobre ella, riendo y cuchicheando. Claro, obtuvo el empleo.

El puesto de maestra en el jardín de niños era muy importante para mamá porque, además de que le proveería un ingreso, le permitiría llevarnos a Eva y a mí a su trabajo. Asimismo, tendría acceso a un poco de la comida europea que servían en el comedor del jardín. Esto le interesaba porque buena parte de los alimentos que servían en las cocinas del campamento era de Medio Oriente, y a Eva no le caían bien.

Como había demasiada gente viviendo en el mismo lugar, la higiene era precaria y las enfermedades se propagaban con facilidad. No se parecía en nada a lo que había vivido en Auschwitz, pero a mamá le inquietaba mucho y, de cualquier forma, si ella y Béla querían construir una nueva vida en Israel, necesitaban salir de esa situación lo más pronto posible.

Magda se enteró de que en Holon, no muy lejos de Tel Aviv, estaban estableciendo un nuevo complejo habitacional llamado Mivdeh Ezrachi, y fue a averiguar qué necesitaba para tener una casa ahí. Encontró una muy pequeña de dos habitaciones, pero para comprarla necesitaba dinero, y ella y Béla no tenían. Por alguna razón, empezó a hablar con un albañil que estaba en el campo y le contó su dilema. El albañil le dijo que él y su mujer estaban enamorados de la pequeña Eva.

—Mi mujer y yo no podemos tener hijos, si nos diera en adopción a su hija, la más pequeña, yo le construiría una casa a cambio —le dijo el hombre.

Yo estaba muy chica y no recuerdo el incidente, pero puedo imaginar a mi madre agradeciéndole y negándose muerta de risa. Ella jamás habría aceptado una oferta así. Al final, solo se tragó su orgullo y le suplicó a Dezsö que les hiciera un préstamo, y él estuvo de acuerdo.

Tengo algunos recuerdos de esa época. La escuelita que mamá estableció en el diminuto jardín atrás de nuestra casa. Ahí se hacía cargo de unos diez niños mientras mi padre trabajaba en el ayuntamiento. Recuerdo que veíamos mucho a Vera Alexander, cuyo apellido de soltera era Fischer. También veíamos a su familia porque vivían cerca, en el cobertizo de empaques de un huerto de naranjas; bastaba tomar el autobús y hacer un breve recorrido para llegar ahí. Stefan, el marido de Vera, era pintor; trabajaba como guardia de seguridad en el huerto y había construido un estudio en un corral de palomas. Tenían dos hijos más o menos de nuestra edad. También recuerdo que tuve un «novio» a los ocho años, era muy celoso; un día ató su muñeca y la mía con un cordel, y si me atrevía a detenerme a hablar mucho tiempo con alguien más, me arrastraba para que caminara.

La vida en Mivdeh Ezrachi era bastante cómoda y nos permitía sentirnos libres; sin embargo, una de las condiciones para vivir en Israel en ese tiempo era que todos los hombres de menos de cuarenta y cinco años dedicaran cada año un mes entero al *miluim*: el servicio militar. Béla tenía cuarenta y tuvo que participar, pero lo odió. Todavía tenía las cicatrices de la guerra y ya no era un hombre joven, así que se sentía muy fatigado, sobre todo porque, para empezar, él nunca quiso mudarse a Israel.

Mientras estuvimos ahí, nos llegaron cartas de la familia en Australia pidiéndole a Magda y Béla que hicieran lo que los demás y se mudaran allí también. Casi todos los integrantes del clan Hellinger —de hecho, casi todos los judíos eslovacos que sobrevivieron el Holocausto— se marcharon a Melbourne en 1948, y en sus misivas no dejaban de decir lo maravillosa que era la vida en Australia.

—Entendemos tu sionismo —le decían—, pero ¡basta! Ya hiciste lo que te correspondía. ¡Ahora ven a vivir!

Durante algún tiempo en la década de los cincuenta Australia cerró sus fronteras y no recibió a más gente, eso le dio a Magda una excusa conveniente para no dejar Israel. Sin embargo, en febrero de 1956, nos llegaron por correo visas para entrar al país. Las cosas eran muy distintas entonces, y la familia pudo solicitarlas a nuestro nombre. Ese marzo Béla cumplió cuarenta y cinco años y terminó su último mes de *miluim*. Magda por fin cedió y tomaron la decisión de mudarse al otro lado del mundo. Yo tenía nueve años y medio cuando abordamos el avión de Air France con unas cuantas maletas.

Para mí y para Eva fue un tiempo difícil porque tuvimos que partir sin decirle a nadie. Mamá insistió en que no podíamos contarle a ninguno de nuestros amigos lo que íbamos a hacer porque no quería que la acusaran de traidora o desertora. De pronto llegamos a un país anglófono y nosotros no hablábamos inglés. Eva y yo hablamos checo hasta que aprendimos hebreo, y ahora teníamos que cambiar de nuevo. Claro, como sucede con la mayoría de los niños pequeños, nos adaptamos muy rápido. En ese momento empecé a usar el nombre de Maya porque me pareció que sonaba más occidental que Vera.

En casi todo sentido, Melbourne estaba muy, muy lejos del pasado de Magda y Béla, pero esta vez pudieron encontrar estabilidad y oportunidades. En la floreciente Australia de la posguerra se propusieron empezar de nuevo a construir una vida para ellos y nosotras.

17

El legado del tatuaje 2318

Cuando Eva y yo éramos niñas, nunca notamos el peso que la experiencia de la guerra implicaba para nuestra Magda. De hecho, ni siquiera tuvimos consciencia del estatus de nuestros padres como supervivientes del Holocausto sino hasta que fuimos adolescentes, e incluso entonces, el tema no formaba parte de las conversaciones de la familia. Para nosotras y, creo que para toda la gente que los conocía, eran una pareja que llegó a Australia y se impuso la misión de continuar con su vida, de establecerse y de crear un hogar adecuado para su familia. La manera en que Magda lidiaba con el pasado era mirando hacia el futuro y no permitiéndose ser una víctima.

En 1956, cuando llegamos a Melbourne, nos acogió la comunidad de eslovacos expatriados. Muchos de ellos llegaron a Australia poco después de la guerra, la mayoría en 1948. A mamá la invitaban a cálidas reuniones para tomar el té por la mañana y la tarde, se reunía con mujeres supervivientes del Holocausto, muchas de las cuales estuvieron en los campos en Birkenau, incluyendo el Campo C. Como en todas las comunidades, a menudo se organizaban eventos familiares, y nosotros asistíamos a la mayoría.

Solo había una mujer que hablaba mal de mamá a sus espaldas, era una prima que también se llamaba Magda: Magda Englander. Con cualquiera que tuviera unos minutos para escucharla, criticaba y, aunque nadie parecía tomarla en serio, tras oír por casualidad algunos de sus comentarios en una ocasión, le pregunté a mamá por qué la otra Magda hablaba así de ella.

—Bah, Magda es estúpida —dijo y, con un tono libre de toda emoción, empezó a contarme la historia de cómo salvó a su prima del doctor Klein cuando estaban en Auschwitz-Birkenau. Me dijo que tuvo que darle una bofetada para hacerla entrar en razón y que comprendiera que el «sanatorio» que el médico nazi les prometía no existía, que se trataba de una cruel broma—. Le salvé la vida en esa y otras ocasiones, y lo único que recuerda es la bofetada —me contó mamá.

Mucho tiempo después, me enteré de las acusaciones de colaboración de las que mi madre y muchos otros que ocuparon puestos de funcionarios fueron objeto durante años, e incluso décadas, al terminar la guerra.

La primera vez que la acusaron fue en Praga, poco después del fin del conflicto. Iba caminando con Béla para ir a ver a su hermano Ernest. Una mujer en la calle la reconoció y se la señaló a un policía que estaba por ahí. El policía se le acercó a mamá.

—Esta mujer la acusa de haberla golpeado en un campo de concentración, debe venir conmigo ahora —dijo el uniformado.

En ese momento, Ernest llegó al lugar. Como era partisano, tenía buenos contactos y pudo mencionar el nombre de algunas personalidades que conocía.

—Yo respondo por esta mujer —le dijo al policía—, le prometo que mañana la llevaré a la estación de policía. No puede arrestarla a menos de que tenga un cargo específico del cual acusarla.

Al día siguiente, Magda fue a la estación de policía y se presentó ante el magistrado, un hombre llamado Korezina, y resultó que él también había estado en campos de concentración y entendía lo que había sucedido en ellos.

—Dígame qué pasó —le dijo a la mujer que acusaba a Magda.

La mujer le dijo que había querido subir a un vagón durante la marcha de la muerte, y que Magda la bajó a jalones y la abofeteó dos veces para impedir que se fuera en él.

—Sé que me salvó la vida, pero no le perdono las bofetadas.

Korezina escuchó con paciencia toda la anécdota.

—¿No le da pena haber traído a esta mujer frente a mí? —le dijo a la acusadora mirándola a los ojos—. ¿No comprende lo que hizo Magda Hellinger? ¿Lo mucho que puso en peligro su propia vida al actuar así frente a los guardias de las SS para evitar que usted muriera? ¡Qué afrenta! Debería estar agradecida con ella y ofrecerle una disculpa.

—No quiero nada de ella. Déjela ir para que termine todo esto —dijo Magda.

El juez volvió a dirigirse a la acusadora.

—Qué vergüenza, después de todo lo que ambas vivieron en los campos de concentración, ahora tengo frente a mí a una mujer judía acusando a otra. Desaparezca de mi corte, no quiero volver a verla nunca.

Luego habló con Magda.

—Estoy orgulloso de usted.

Magda recibió otra orden para presentarse en una estación de policía cuando estaba de visita en Praga. En esta ocasión, el comandante de la estación era un eslovaco que, por casualidad, la conocía. Le dijo que alguien presentó una queja, una mujer llamada Irena que, al igual que la otra, la acusaba de haberla abofeteado. En esta ocasión, sin embargo, no hubo audiencia, el comandante solo le dijo a Magda que la conocía y sabía que no habría hecho eso sin una razón de peso. Rompió en pedazos el documento con la queja, pero quería que Magda estuviera al tanto de la acusación.

La siguiente vez que la acusaron fue en Israel, en el *ma'abarot*, el campo de refugiados. Estaba en la parte de atrás lavando ropa con otras mujeres. Mi hermana y yo estábamos a sus pies cuando, de pronto, una de ellas empezó a gritar.

—¡Es ella! ¡Es ella! ¡Ahí está!

Las otras mujeres que estaban lavando se alejaron de Magda y empezaron a gritar. Ella se quedó ahí con nosotras, sus dos pequeñas hijas, sin saber qué hacer. Finalmente levantó su ropa con un brazo, con el otro cargó a Eva, y me empujó hacia el frente para volver a nuestra tienda de campaña.

Poco después, alguien le dijo que una húngara se había quejado de su comportamiento como *Lagerälteste*, y que un magistrado de Haifa vendría a escuchar sus acusaciones. En un juzgado improvisado, se desarrolló una escena similar a la de Praga. En esta ocasión, la mujer le dijo al juez que Magda la abofeteó dos veces cuando estaba formada para recibir sopa.

El juez le pidió a Magda que respondiera a la acusación.

—Siempre traté de ayudar, pero a veces tenía que ser estricta si la gente no obedecía. Recuerdo que, en esa ocasión, cuatro jóvenes iban cargando un gran caldero de sopa que llevaban a nuestra barraca cuando la mujer que me acusa corrió hasta ellas, empujó a las demás y trató de meter su bol para sacar sopa a pesar de que no era su turno. Esto provocó que las jóvenes perdieran el equilibrio y dejaran caer el caldero: perdimos parte de la valiosa sopa y, para colmo, dos chicas se quemaron las manos. Yo no quería abofetear a nadie, pero tuve que hacerlo para poner el ejemplo. ¿Se imagina qué pasaría si mil mujeres empezaran a empujarse para llegar al frente primero? Es el tipo de caos que a los guardias de las SS les encantaba ver y les daba un pretexto para enviar a todo un bloque a las cámaras de gas.

Luego el juez le pidió a los presentes en la «corte» que manifestaran si sabían algo respecto al asunto, y una mujer madura levantó la mano. Tal vez tendría unos cincuenta años, así que, en la época en que estuvieron en Auschwitz, era mayor que Magda y las otras mujeres.

—Estoy de acuerdo con Magda —dijo la mujer—. Ella era como nuestra madre, nos cuidaba. Nos protegía. Y, a pesar de eso, ¿se atreven a acusarla?

Después de esta intervención, la mujer retiró su acusación y el juez sobreseyó el caso.

Más adelante se presentó otra situación. Esta vez, un juez en Tel Aviv desestimó el caso de manera similar.

Este tipo de procedimientos se llegaron a conocer con el nombre de «juicios a colaboradores» o «de honor», y tuvieron lugar en toda Europa e Israel de una manera más o menos formal.

Algunos fueron intentos genuinos por castigar a judíos que colaboraron de forma activa con los alemanes con el único objetivo de beneficiarse a sí mismos. Es cierto que algunos de los funcionarios ejercieron sus puestos con un entusiasmo excesivo por la disciplina, y varios aprovecharon las situaciones para su propio beneficio.

En muchos otros casos, como el de Magda, por ejemplo, las acusaciones eran la manera en que los supervivientes lidiaban con el resentimiento por lo que habían vivido, y con lo que hoy en día se reconoce como «culpa del superviviente» y «estrés postraumático». Muchos supervivientes eslovacos enfrentaron acusaciones basadas en rumores que se propagaron para denunciarlos y condenarlos solo porque lograron mantenerse con vida durante mucho tiempo en los campos. El Campo C era una especie de ciudad con una población fluctuante de aproximadamente treinta mil personas y, sin duda, muchas de las prisioneras «comunes» que vieron a alguien como Magda corriendo por todos lados, haciéndose cargo y, a veces, incluso amenazando a alguien con una vara, interpretaron su comportamiento como una especie de colaboración con las SS. No estaban en posición de entender que, de hecho, ella y los otros funcionarios no tenían otra opción más que asumir sus puestos; que, si no mantenían el orden o si a los guardias de las SS les parecía que eran demasiado «blandos», los enviarían «por la chimenea» sin pensarlo dos veces; y, por último, que, si no mantenían los campos controlados, las SS podían imponer el orden por medio de la violencia.

No se sabe cuánta gente fue juzgada en este tipo de juicios entre 1945 y 1950, pero se cree que fueron algunos cientos y, entre ellos, a muy pocos se les comprobó que hubieran colaborado de verdad.

El 27 de junio de 2006 fui a la residencia para ancianos para visitar a Magda Hellinger, mi madre. En ese momento tenía ochenta y nueve años y, desde que se mudó con su familia a Australia medio siglo antes, había gozado de una vida placentera e incluso cómoda gracias a que siempre trabajó con ahínco. Béla, su marido, murió cuatro años antes, a los noventa y dos. Ahora, me resultaba muy triste verla tan frágil.

Esa noche, cuando volví a casa, me sentí muy apesadumbrada. Me senté frente al ordenador para responder algunos correos electrónicos y, como por impulso, escribí «Magda Blau» en el campo del buscador de Google. Encontré varios enlaces a los testimonios sobre sus experiencias durante la guerra que había grabado a lo largo de los años para la Fundación de la Shoah, el Museo del Memorial del Holocausto de Estados Unidos (USHMM, por sus siglas en inglés) y otras instituciones. También encontré enlaces a páginas que se referían a otra Magda Blau. Entre esos resultados, uno llamó mi atención de inmediato. Se encontraba en el sitio de internet de la Radio Pública Nacional (National Public Radio o NPR) y tenía un letrero que decía «A Father's Memories of Auschwitz» (Los recuerdos de Auschwitz de un padre). Debajo del artículo principal había un subtítulo: «Debra Fisher on Magda Blau, a survivor she never met» (Debra Fisher habla de Magda Blau, una superviviente a la que nunca conoció).

¿Debra Fisher? ¿Quién era Debra Fisher? Mamá nunca la había mencionado.

Deslicé el cursor por la página y de pronto vi una fotografía de un brazo tatuado con el número 2318. Me quedé anonadada, 2318, ¡era el número del tatuaje de Magda! Sin embargo, el brazo de la fotografía no era el de mi madre. En la nota debajo se confirmaba que pertenecía a Debra Fisher.

¿De qué se trataba esto? ¿Por qué esa desconocida tenía tatuado el número de mamá?

Por desgracia, para ese momento ella no estaba en condiciones de que la interrogara al respecto, su salud se estaba deteriorando con rapidez y, de hecho, murió en paz al día siguiente.

Obedeciendo la tradición judía, el funeral se llevó a cabo un día después. Asistimos mi hermana y yo, el resto de la familia y muchos de los amigos de mamá. Esa noche ofrecimos en casa un *minyan*, es decir, un servicio de oración, y después de eso le pedí a Michael, mi hijo, que me ayudara a buscar la dirección de correo electrónico de Debra Fisher. En cuanto lo obtuve envié un mensaje con algunas preguntas preliminares y, al día siguiente, me emocionó mucho ver que ella había respondido de inmediato y de manera profusa. A medida que fui leyendo, la calidez que manaba de sus palabras me fue reconfortando. Debra había escrito con apertura, compasión y honestidad, lo cual resultó muy conveniente para mí en un momento tan triste y delicado.

Me explicó que tenía cuarenta y siete años, y que era terapeuta ocupacional en Nueva York. Su padre, Oscar Fisher, era húngaro y fue enviado a Auschwitz hacia el final de la guerra. Sobrevivió y continuó con su vida a pesar de que sus padres, su hermano y sus tres hermanas fueron asesinados ahí mismo. Durante muchos años, cada vez que Debra le preguntó respecto a su experiencia en Auschwitz, él le respondió describiendo una situación bastante cómoda. Le decía que solía jugarles bromas a los guardias de las SS y que robaba alimentos sin que se dieran cuenta. Sin embargo, poco antes de su muerte Debra insistió en que le dijera la verdad, que le contara cómo fueron las cosas en realidad. Él respondió: «Si entras a esta habitación, no podrás salir nunca. Nunca». A pesar de eso, Debra se obstinó y le pidió que la dejara entrar. Entonces, su padre le contó la verdad, le habló de todo el miedo, dolor, hambre y crueldad que sufrió en el campo de concentración. Oscar Fisher tenía razón: su hija no pudo olvidar y no volvió a salir de ese lugar. Lo que escuchó la motivó a averiguar más para educar a otras personas.

Oscar murió relativamente joven, a los sesenta y tres años. Su fallecimiento fue producto de la hepatitis que contrajo en Auschwitz. Fue una de las miles de personas que no aparecen en los registros como víctimas del Holocausto, pero cuyas vidas de todas formas se acortaron debido a la manera en que los trataron los nazis.

Tras la muerte de su padre, Debra quiso honrarlo de alguna manera, pero no tenía idea de cómo hacerlo. No obstante, tiempo después, cuando visitó el USHMM en Washington, solicitó en el mostrador de información que le dieran acceso al testimonio de dos sobrevivientes, un hombre y una mujer. El testimonio de la mujer que le dieron era el de Magda. Al final de la grabación, mi madre dijo: «Me llamo 2318, así fue como la gente me conoció durante tres años y medio. No permitan que el mundo lo olvide».

La historia de Magda y, en especial la última frase, hicieron eco en Debra. En ese momento decidió tatuarse su número en el brazo como un recordatorio constante de lo que mi madre y su propio padre vivieron. Tenía la esperanza de que la gente le preguntara sobre el tatuaje porque pensaba que eso suscitaría oportunidades para hablarles a otros sobre Magda.

Me sentí orgullosa de que la historia de mi madre hubiera conmovido a Debra tanto como para inspirarla a tatuarse. Resulta que, antes de hacerse el tatuaje, incluso se esforzó por contactar a Magda para pedirle su autorización. De hecho, consiguió la dirección postal y le escribió algunas cartas, pero no recibió respuesta. Es probable que mamá las haya ignorado porque supuso que Debra sería una académica más que quería escuchar su historia para malinterpretarla y hacerla coincidir con la historia prefabricada que planeaba contar. Al final, Debra decidió tatuarse, pero se quedó preocupada por no haber podido obtener la aprobación de mamá. Tiempo después le aseguré que Magda habría estado muy orgullosa de ella, en especial por su propósito y sinceridad.

Desde que le hicieron el tatuaje, Debra empezó a contar la historia de Magda durante charlas que ofreció en escuelas, iglesias y templos; pero también cada vez que alguien le preguntaba «¿Por qué tienes esos números en el brazo?», como lo habían hecho incontables desconocidos.

«Algunas personas hacen bromas para tratar de abordar el tema —me escribió—. Me preguntan, por ejemplo, si la cifra forma parte de mi número telefónico o número de seguridad social. No me molesta que lo hagan porque, para mí, lo importante es que pregunten. Así puedo contarles que tu madre fue una jovencita a la que alejaron de su familia, que compartió su ropa con unas chicas campesinas, que convenció a las mujeres más fuertes de sostener a las débiles durante los pasajes de lista, y que mantuvo a muchas vivas por, al menos, un día más. Gracias a historias como la suya podemos mantener vivo el recuerdo del Holocausto».

Debra dio fin a su mensaje con lo siguiente:

«Maya, este tatuaje no es algo que me agrade ver en mi brazo. A veces, cuando me ducho por la mañana, incluso desearía que no estuviera ahí. Es feo. Sin embargo, siento que el hecho de tenerlo, de instar a tantos desconocidos a hacerme preguntas sobre el Holocausto y poder contarles la historia de Magda Blau, es lo menos que puedo hacer. Es decir, ¿qué debería hacer la hija de un superviviente que sabe que creció con 'uno de ellos', con uno de esos increíbles seres?».

Después de nuestros primeros mensajes por correo electrónico, nos mantuvimos en contacto y, en los meses subsecuentes desarrollamos una fuerte amistad a pesar de estar en dos lugares del mundo totalmente opuestos.

Tal vez yo no habría descubierto a Debra Fisher si ella no hubiera compartido la historia de su padre en una de las casetas de «Recording America» de StoryCorps en la terminal Grand Central. En 2005, National Public Radio transmitió su historia y la presentó en su sitio en línea; y luego, en 2006, fue publicada en un libro de crónicas recopiladas por Tim Russert: *Wisdom of Our Fathers*. Esta fue la que yo encontré en mi búsqueda.

Después de comunicarme con Debra, nuestro encuentro empezó a cobrar vida propia. A principios de noviembre de 2006, un reportero de *The New York Times* nos contactó y publicó un artículo. Como en ese momento estábamos planeando un viaje a Detroit porque tenemos familia ahí, decidí desviarme un poco para ir a Nueva York y conocer a Debra en persona. Eso suscitó una invitación para que juntas ofreciéramos una entrevista en NPR con Michele Norris en la emisión «All Things Considered».

Me reuní con Debra por primera vez en el estudio de NPR el 24 de noviembre, justo antes de realizar la entrevista. Me simpatizó de inmediato. Era una persona genuina y positiva. Por supuesto, yo quería ver su tatuaje, pero en ese momento lo ocultaba la manga de su blusa. Estaba a punto de mostrármelo cuando se le ocurrió que sería más impactante si lo revelara en la cabina de radio mientras estábamos al aire.

Y así fue. Ante una audiencia de miles de personas, Debra levantó su manga para mostrarme los números en su brazo: 2318.

—Ay —exclamé—, es mucho más prolijo que el de mi madre —la emoción me abrumó y Debra tomó mi mano—. No puedo creerlo —dije. No esperaba sentir tanto miedo al ver el tatuaje de Magda en el brazo de alguien más.

Mientras yo recobraba la compostura, Debra le explicó a Michele que ella también tuvo miedo cuando decidió tatuarse. Nos contó que, en cuanto decidió que no cambiaría de opinión, entró a la primera boutique de tatuajes que encontró en Norwalk, Connecticut. Al escuchar la inusual petición, el tatuador, un hombre alto y barbado que parecía miembro de una pandilla de motociclistas, le dijo que había llegado al lugar correcto. Le contó que él tenía un interés particular en los nazis y el Holocausto, y que durante una época incluso coleccionó objetos originales. En ese momento, Debra estuvo a punto de arrepentirse, pero el tatuador le aseguró que había abandonado su deseo de imitar a los nazis mucho tiempo atrás y que deseaba apoyar su causa. Gracias a sus conocimientos respecto al tema, incluso sabía qué color de tinta necesitaba.

Para cuando la entrevista llegó a su fin, todas estábamos llorando, incluso Michele.

Me dio mucho gusto conocer a Debra, continuamos en contacto hasta la fecha. Toda la experiencia fue peculiar, increíble, pero, más que eso, me animó: su valor para dar un paso al frente y hacer algo, el hecho de que se esforzara por perpetuar las crónicas del Holocausto. Debra encarnó el recuerdo de mi madre de una manera que yo no había podido hacerlo. Mamá hablaba con frecuencia de los campos, pero mi hermana y yo solo escuchamos vagamente. Conocer a Debra me imbuyó el ímpetu necesario para contar la historia de la manera correcta.

Epílogo

Magda nunca quiso que la gente a la que le salvó la vida le agradeciera o la alabara, solo deseaba que reconociera que, en medio de un tiempo en verdad espantoso, hizo todo lo que pudo y que continuó siendo humana a pesar de encontrarse en el entorno más inhumano conocido. Por suerte, a diferencia de quienes la acusaron, hubo muchos prisioneros que reconocieron su esfuerzo y le estuvieron agradecidos.

Ilene Freider Brookler es una prima distante, vive en Estados Unidos, en Florida. Mientras investigaba la historia de su propia familia conoció a Magda y se sumergió en su historia y las de otras *Blockälteste* de los campos de mujeres. Ilene ha realizado una investigación extensa e incluso entrevistó a Magda y a muchas de estas mujeres en la década de los noventa. Tuvo la generosidad de compartir conmigo algunos de los comentarios que las entrevistadas hicieron respecto a su experiencia con Magda.

> Conocí a Magda Hellinger de Michalovce en el campo de Birkenau. Fue en el invierno, en marzo. Me habían robado los zapatos y andaba descalza. Magda me dio un par de zapatos que me sirvieron para protegerme del frío. También me ayudó en otras situaciones, le estoy profundamente agradecida por haber salvado mi vida.
>
> KATARINA KOLLAROVA, *número 26311,*
> *deportada de Hungría en 1944.*

Cuando conocí a Magda Hellinger le pedí que cuidara a mi madre y ella lo hizo. La llevó al bloque donde Marika Klein era la *Blockälteste* y le dijo que la cuidara. Durante las selecciones Marika se aseguraba de que mi madre estuviera en la barraca o en la cocina para que no la eligieran nunca. Magda también visitaba a mamá con frecuencia. Un día se dio cuenta de que no podía hablar y le preguntó qué pasaba. Mamá señaló su garganta, tenía las anginas inflamadas. Si algún guardia de las SS se daba cuenta de ello, la enviaría de inmediato a la cámara de gas, así que Magda hizo arreglos para que un médico prisionero la viera y le quitara las anginas con un cuchillo esterilizado. La operación salvó su vida.

HELEN GOTTLIEB, *número 5968,*
llegó al Campo C de Birkenau con su madre.

Yo soy prima de Magda y también soy de Michalovce. Cuando entró a la barraca con los alemanes, me reconoció. No sé cómo lo hizo, ni yo me reconocía. En cuanto me vio me preguntó «¿Qué haces en este tren húngaro?», y luego me dijo que fuera a su barraca por la noche para que me diera alimentos. También me explicó que las selecciones eran terribles y que no debía confiar en los alemanes. Cuando le pregunté cómo se salía uno de Auschwitz, señaló las chimeneas. Me ayudó cuanto pudo. No fue capaz de salvar a todo mundo, pero ayudó a mucha gente. También hizo arreglos para que me encargara del *Hofkommando*, es decir, el grupo de limpieza. Alrededor de cien chicas teníamos que limpiar las barracas y, gracias a eso, evitamos muchas selecciones porque nos manteníamos dentro. Los alemanes necesitaban que los judíos hicieran el trabajo sucio. La labor de Magda era muy difícil, nadie comprende lo estresante que era mantener en orden a treinta mil jóvenes. Le agradezco siempre haber hecho un esfuerzo adicional para ayudarnos, en especial teniendo en cuenta que casi no nos conocíamos.

ELSA KRAUSS, *llegó a Birkenau de Hungría*
en marzo de 1944. No fue tatuada.

A lo largo de los años, otras personas me han contado sus anécdotas o las historias de sus padres y su interacción con Magda en los campos de concentración. A continuación presentaré este material que ha sido ligeramente editado para darle mayor claridad.

A pesar de encontrarse en aquel infierno, mi madre, Ruzena Neumann, tuvo la suerte de estar con Perle, su madre; su tía Rivka; y dos primas: Esther y Montzi. Uno de los principales factores que contribuyeron a su supervivencia en Auschwitz fue que a veces tenían acceso a comida adicional. Cuando me mudé a Melbourne solíamos pasar por fuera de una zapatería en Toorak Road. Mi madre me dijo que la dueña era Eva, hija de Magda Hellinger, y me contó que Magda había sido *Lagerälteste* en su campo en Birkenau. Me dijo que Magda fue quien «organizaba» la comida adicional para Perle, quien, a su vez, podía compartirla con mi madre y con las otras dos primas y sobrinas que venían de las otras barracas a visitarla. Otro factor para su supervivencia fue que Magda hizo arreglos para que las transfirieran a la fábrica de municiones Krupp, en Silesia, Polonia, y que trabajaran ahí. Esta fábrica ofrecía mejores condiciones como camas con sábanas y mantas adecuadas, ropa más abrigadora y guardias más compasivos. A veces, mi madre incluso podía trabajar en la cocina y eso le daba la oportunidad de obtener más comida. En una ocasión se astilló mientras ensamblaba granadas y, como se le infectó la herida, le dio fiebre. ¡Y le dieron un día libre! Otro aspecto relevante es que los trabajadores de la fábrica no fueron forzados a participar en las marchas de la muerte. Al final, toda la familia sobrevivió, excepto la pobre Montzi, a quien le dio tuberculosis antes de la guerra y murió poco después de llegar a la fábrica.

HELEN GOSTON, *hija de Ruzena Neumann, sobreviviente de la guerra.*

Cuando escuché que la *Lagerälteste* se apellidaba Hellinger y que era de Michalovce, me pregunté si tal vez éramos primas. En nuestra familia había gente con ese apellido que vivía en ese pueblo. Me acer-

> qué a ella y descubrí que, en efecto, estábamos relacionadas. Magda encontró trabajo para mí y para mi hermana Lili en la cocina, eso nos mantuvo alejadas del pasaje de lista y de las selecciones. Más adelante, como tenía contactos importantes, hizo arreglos para que nos permitieran subir a trenes «buenos». De esa manera, Lili, dos primas nuestras y yo pudimos ir a la fábrica de Siemens en Núremberg, y eso nos salvó la vida.
>
> YOLLI FRANK, *número 41663*

Magda fue resiliente, valerosa, intrépida y osada. Siempre conservó la esperanza y el optimismo. Esas fueron las cualidades que le permitieron sobrevivir a las atrocidades de Auschwitz-Birkenau y a salvar la vida de un sinfín de personas. Son las mismas características que le ayudaron después de la guerra.

No solía hablar mucho de su experiencia en los campos de concentración, no se veía como víctima ni guardaba resentimiento. No hablaba de lo que sentía respecto a la guerra ni de su deseo de que la verdad saliera a flote. La única manera en que comunicó el duradero impacto que tuvo la guerra en la mayoría de los supervivientes fue a través de sus recuentos formales y sus escritos. Ahora le cederé la palabra a través de las conclusiones de varios de sus testimonios.

> Quienes sobrevivieron a la miseria quedaron marcados para siempre. Muchos tuvieron pesadillas por el resto de su vida. Cuando los supervivientes volvieron, la gente común no los comprendía, por eso tuvieron que buscar el apoyo de otros supervivientes. Muchos murieron jóvenes. Hubo una mujer que trabajó en *Kanada*, el almacén donde se guardaban las pertenencias de los recién llegados. A menudo se escondía bajo el vestido ropa para pasarla de contrabando a los campos y dársela a las amigas que la necesitaban. Sabía que, si los guardias llegaban a enterarse de lo que estaba haciendo, pagaría con su vida. A veces también pasaba alimentos de contrabando de otras áreas de almacenaje. Cuando terminó la guerra la visitamos y nos dijo que no podía dormir porque tenía pesadillas constantes. Por eso,

trabajaba, limpiaba, cocinaba y horneaba pasteles por la noche. Un día la fuimos a ver para almorzar con ella y notamos que tenía los ojos casi cerrados todo el tiempo, no pudo comer casi nada. Era una mujer hermosa y valiente que se estaba extinguiendo.

Hay algunas personas, escritores, profesores e incluso científicos que, por razones increíbles, tratan de negar que el Holocausto haya tenido lugar. Han afirmado que se trata de un engaño. Otros dicen que pasó hace tanto tiempo, que deberíamos olvidarlo.

Por desgracia, toda la barbarie, el sadismo, los engaños y la crueldad de las SS fueron reales, y su impacto continúa vigente. Vimos a nuestras amigas, a adorables jovencitas, marchitarse. Vimos a guardias ebrios golpear o patear brutalmente a una chica sin poder hacer nada para ayudarla. Como no ayudaba siquiera sentir ira o tristeza, también teníamos que reprimir nuestros sentimientos. A todos los sobrevivientes los afligen, en mayor o menor medida, recuerdos de la crueldad, la enfermedad y la miseria.

Por eso, ahora apelo a ustedes, padres, maestros, profesores, científicos, predicadores, sacerdotes, rabinos: eduquen a los niños y a la gente, hablen de los horrores cometidos por el régimen nazi contra todos los pueblos, no solo el judío. Soy testigo de que nadie estuvo exento. Debemos arreglar lo que está mal, ser comprensivos y atentos con los sobrevivientes. No es correcto que evitemos hablar del tema solo por vergüenza o frustración. No minimicen el Holocausto diciendo que ya pasó y quedó atrás; al contrario, trabajen para que nunca vuelvan a ocurrir tragedias como esta. Jamás.

Notas sobre el destino de importantes personajes de esta historia después de la guerra

Katja Singer fue transferida de Auschwitz-Birkenau al campo de concentración Stutthof en 1944 tras ser acusada por las SS de ayudar a sus compañeras prisioneras a mantenerse vivas. Sobrevivió el resto de la guerra solo gracias a que la cámara de gas de ese campo no funcionaba. Se casó, tuvo hijos y llegó a ser curadora de arte para el gobierno checo. Vivió en Praga. Magda se mantuvo en contacto con ella de manera regular y la visitó varias veces. Salvo por una entrevista que concedió a la revista *Jewish Currents* en 2011, no dejó ningún testimonio del tiempo que pasó en los campos.

Magda también se mantuvo en contacto durante muchos años con Vera Alexander (cuyo apellido de soltera era Fischer) y con su familia, que continuaron viviendo en Israel. Vera participó como testigo en el juicio de Adolf Eichmann en 1961.

Ojzer, el hermano de Magda, se mudó a Israel después de la guerra, y luego a Australia en 1961. Yankel emigró a Estados Unidos y vivió en Hawái y luego en San Diego.

Irena y Piri, las primas que estuvieron con Magda en la marcha de la muerte, vivieron el resto de su vida en Israel.

Marta y su familia emigraron a Argentina poco después de la guerra, justo como lo anunció cuando Magda regresó a Michalovce. Siguieron en contacto de manera regular, y Marta viajó a Australia en 1971 para asistir a la boda de mi hermana Eva.

Tras el prematuro fallecimiento en 1946 de Ruzenka Hellinger, cuyo apellido de soltera era Elefant, Béla Hellinger emigró a Israel y tiempo después volvió a casarse.

Aranka, la hermana de mi padre; su marido Jancsi y su hijo Tommy también se mudaron a Israel. Por desgracia, Aranka murió muy joven, pero Jancsi llegó a los noventa y tantos años. Tommy aún vive en Israel con su mujer, sus hijos y nietos.

Después de la guerra, Magda no tuvo contacto con la doctora Gisella Perl sino hasta 1953. Todavía vivíamos en Israel y mamá vio en un periódico un anuncio sobre una charla pública que Gisella ofrecería para expatriados rumanos. La doctora vio a mis padres en la parte trasera de la sala, hizo una pausa y se apresuró a abrazar a Magda. Hablaron unos instantes y Gisella continuó su presentación. Magda y Béla regresaron a casa, pero luego Magda le escribió una breve carta a Gisella. Como respuesta, Gisella redactó una carta abierta que se publicó en *Új-Kelet*, un periódico en húngaro. De esa carta tomé el largo extracto que se presenta en la introducción de este libro. La doctora Perl llegó a ser una prominente ginecóloga y especialista en fertilidad en Israel. Murió en 1988 a la edad de ochenta y un años.

Adélaïde Hautval fue otra de las doctoras con quien Magda tuvo una interacción relevante, y también sobrevivió a la guerra. Magda la recordó algunos años después, en Israel. Ella y Béla visitaron una avenida de honor frente al Centro Mundial de Conmemoración del Holocausto Yad Vashem, y ahí encontraron un árbol plantado en honor de la doctora Hautval. En 1965 la habían nombrado «Justa entre las naciones», un honor otorgado por la nación de Israel a personas no judías que arriesgaron su vida durante el Holocausto para evitar que los judíos fueran ejecutados. Magda le envió a Adélaïde una foto de ella misma debajo del árbol. Siguieron en contacto hasta que la doctora murió en 1988, a los ochenta y dos años.

Aunque no todos, la mayor parte de los nazis prominentes que supieron el nombre de Magda fueron capturados y juzgados por crímenes de guerra en los años subsecuentes a la guerra. Irma Grese y Josef Kramer fueron juzgados en el juicio de Belsen y ejecutados en 1945. Johann Schwarzhuber nunca llegó a Suiza. Fue capturado en Ravensbrück, juzgado y ejecutado por crímenes de guerra en 1947. Eduard Wirths fue capturado por las fuerzas británicas y se ahorcó en 1945 estando bajo custodia. Margot Drechsler fue capturada y ejecutada por los rusos en mayo de 1945, en tanto que Maria Mandel fue ejecutada después de los juicios de Auschwitz en 1948. Luise Danz también enfrentó ese juicio, pero logró salvar su vida: fue condenada a cadena perpetua. La liberaron en 1956 y vivió hasta los noventa y un años. Josef Mengele escapó a Argentina y vivió ahí hasta su fallecimiento, en 1979, a causa de un accidente cardiovascular.

Glosario

***Aufseherin*:** título otorgado a las guardias ordinarias de las SS. Las guardias femeninas de las SS en todos los niveles se conocían colectivamente como *SS-Helferin*, o ayudantes femeninas de las SS.

***Blockälteste/Blockältesten* (pl.):** persona de mayor edad del bloque; líder del bloque. Un funcionario de prisioneros responsable de la organización diaria de un bloque de alojamiento, incluida la higiene y la distribución de alimentos. En los campos de mujeres de Auschwitz-Birkenau, la mayoría eran reclusas judías.

***Blockführer*:** guardia de las SS a cargo del bloque.

***Brotkammer*:** «cuarto del pan» o panadería.

***Effektenlager*:** conocido como «Kanada». Almacén donde se almacenaban los bienes confiscados a los presos a su llegada.

***Entwesungsanlage*:** instalación para desinfectar conocida como «sauna». Instalación utilizada para el procesamiento de recién llegados, incluidos el corte de cabello y la eliminación de piojos.

***Hashomer Hatzair*:** organización juvenil judía.

***Hauptsturmführer*:** capitán (rango de las SS).

***Kapo*:** prisionero a cargo de un *Kommando*. Generalmente eran criminales alemanes.

Kommando: grupo de trabajo al aire libre.

***Lagerälteste/Lagerältesten* (pl.):** persona de mayor edad del campo; líder del campo. Un funcionario de prisioneros responsable de la operación diaria de todo un campo o sector del campo.

***Lagerführer* (m), *Lagerführerin* (f):** guardia de las SS a cargo de un campamento o sector de campamento. Los títulos completos eran *Schutzlagerführer* y *Schutzlagerführerin*.

***Lagerkommandant*:** comandante del campo. El miembro más antiguo o experimentado de la administración de un campo de concentración.

***Läuferinnen* (f) (pl.):** corredor, a menudo una persona más joven que llevaba mensajes y hacía diligencias para algún funcionario de prisioneros.

***SS-Obersturmführer*:** rango de las SS. Subordinado a un *Hauptsturmführer*.

***Politische Abteilung*:** «departamento político». Inteligencia interna del campo, operada como un brazo de la Gestapo o de la policía secreta nazi.

Funcionario de prisioneros: término genérico para cualquier prisionero que desempeñe funciones de liderazgo u otras funciones oficiales en un campo de concentración a instancias de las SS.

***Rapportschreiberin* (f):** un funcionario de prisioneros que actuó oficialmente como encargado de registros, pero que también desempeñó un papel organizativo en el nombramiento de otros funcionarios de prisioneros dentro de los campos.

***Revier*:** palabra usada en el campo para el dispensario u hospital del campamento (palabra alemana para enfermería).

***Schutzhaftlagerführer*:** puesto operativo de mayor rango de las SS dentro de un campo de concentración.

***Stabsgebäude*:** oficina principal (y alojamiento para el personal de la oficina).

***Stubenälteste/Stubenältesten* (pl.):** «persona de mayor edad» en el cuarto; segundo a cargo de un *Blockälteste*, a veces a cargo de una sola habitación en bloques más grandes.

***Stubendienst/Stubendienster* (pl.):** ayudante de cuarto o asistente de cuarto. Subordinado al *Blockälteste* y al *Stubenälteste*.

***Zählappell/Zählappelle* (pl.):** pasar lista. A veces abreviado como *Appell*.

El complejo de Auschwitz constaba de tres campos de concentración principales: Auschwitz I, Auschwitz II-Birkenau (a menudo denominado simplemente Birkenau) y Auschwitz III-Monowitz. Además, se administraron más de treinta subcampos más pequeños como parte de Auschwitz.

El campo de Birkenau incluía una serie de «sectores» autónomos, designados como B-Ia, B-Ib, B-IIa, etc. De estos, algunos se hicieron conocidos simplemente por su sufijo, por lo que el sector B-IIc se conocía como *C Lager*, o campamento C; y B-IId como *D Lager*, o campamento D.

Agradecimientos

Cuando buscaba un escritor que me ayudara a trabajar las memorias de mi madre, nunca imaginé tener la suerte de que David Brewster estuviera disponible para este increíble proyecto. Hemos disfrutado de una asociación creativa, fuerte y respetuosa, y le agradezco mucho por ayudarme a cumplir el deseo de mi madre de contar su historia. Su increíble talento para escribir fue fundamental para que la historia llamara la atención de los editores de Simon & Schuster.

Ilene Freier Brookler ha estado investigando los *Blockältesten* de Auschwitz-Birkenau durante muchos años y ha entrevistado a muchos de ellos. Me proporcionó, con suma generosidad, una enorme cantidad de material de antecedentes, incluidas transcripciones y grabaciones de entrevistas que realizó con Magda y otros sobrevivientes de Auschwitz.

Michelle Swainson de Simon & Schuster Australia fue quien primero reconoció el potencial de esta historia. Ella y Fiona Henderson me guiaron a través del proceso de principio a fin para hacer este libro y me brindaron un gran apoyo.

Mi familia, incluida mi hija Jenni Lee, mi hijo Michael Lee, mis nietas Arianne Matthaei Fink y Alexi Fink, mi hermana Eva Demsky y su marido David me han brindado aliento y apoyo durante todo el proceso. Mi sobrina nieta Ellie Robinson también ha mostrado gran interés. Lamentablemente no está aquí Des Lee, mi difunto marido y un sobreviviente del Holocausto, para ver el libro terminado.

A lo largo de este viaje he apreciado mucho el apoyo y el aliento constantes de Judy Fischer, Rosie Lew, Cathie Kennedy, Barbara Sacks y Julie Butcher. Gracias también a todos mis amigos, demasiados para mencionarlos, quienes han seguido de cerca el progreso de este libro y se han emocionado al escuchar cada detalle.

Finalmente, gracias al caballero de Perth que, sin darse cuenta, me dio el impulso para escribir este libro después de señalar una omisión en la publicación original de Magda, y a Debra Fisher, quien también, sin saberlo, me aportó todavía más inspiración cuando decidió tatuarse el número del campo de concentración de Magda en su brazo.

MAYA LEE